THE SCEPTRE OF A MANAGER

经理人的权杖

第3版

景素奇 著

企业管理出版社
EMPH ENTERPRISE MANAGEMENT PUBLISHING HOUSE

图书在版编目（CIP）数据

经理人的权杖（第三版）/ 景素奇著. —北京：企业管理出版社，2021.9

ISBN 978-7-5164-2274-8

Ⅰ.①经… Ⅱ.①景… Ⅲ.①企业领导学—通俗读物 Ⅳ.①F272.91-49

中国版本图书馆CIP数据核字（2020）第203401号

书　　名：经理人的权杖

作　　者：景素奇　著

责任编辑：尚元经　郑小希

书　　号：ISBN 978-7-5164-2274-8

出版发行：企业管理出版社

地　　址：北京市海淀区紫竹院南路17号　　　邮编：100048

网　　址：http：//www.emph.cn

电　　话：编辑部（010）68414643　　　发行部（010）68701816

电子信箱：qiguan1961@163.com

印　　刷：北京天宇万达印刷有限公司

经　　销：新华书店

规　　格：170毫米×240毫米　16开本　25.75印张　388千字

版　　次：2021年9月第3版　2021年9月第1次印刷

定　　价：98.00元

第三版前言

“读万卷醒神益智之书，行万里风光旖旎之路。有名师指引，阅无数高人。排扰攘，净心悟。”这就是我的幸福职业观。而做猎头顾问则是实现这份幸福的最佳路径。于是，2003年非典前，我决然从职业经理人转为自我创业，开办了腾驹达猎头公司，自雇成为一名猎头顾问。

职业经理人无疑是市场经济时代最富传奇色彩并且深刻地影响着社会发展的精英群体。创业以来，坐在我面前的高级职业经理人至少万人，每位都是时代旋律下跳动的最激昂的音符，都是色彩艳丽的画卷，都是情节跌宕、引人入胜的图书。在与他们对话的过程中，我有缘分享他们的光荣与梦想，感知他们的才情与奋斗；同时也体味他们的艰辛与失败、困惑与彷徨。正是在这样一次次面对面坦诚相见、一次次推心置腹的过程中，我对职业经理人这一群体产生了更加清晰而深刻的认识。虽然“职业经理人”这一角色我曾担任多年，也积累了可以讲的故事，但只有当我以职业猎头的身份，受各类企业之托，面对这一群体时，我才有机会从更深的层次上分析他们权力的疆界、为人的操守、行权的分寸、协调的技能、格局的高下，并将自己的认知陆续发表在杨光先生主编的期刊《中外管理》上。

2007年，这些文章以《经理人的权杖》为名结集成书，书一出版便深受职业经理人和老板的欢迎,以至传闻“经理人看了不想让老板看”“老板看了不想让经理人看”。由此可见，此书确实道出了职业经理人与董事会或者老板之间那层难以言说的复杂关系。本书之所以触发了如此微妙的反响，是因为洞悉了人性和人心在组织中的诸般表现形式，揭示了高端职场中隐秘的本质。

毋庸讳言，一家公司只要摆脱了夫妻店状态并发展到一定规模，必定会出现职业经理人，即使董事长让自己的儿子出任总经理或CEO，他们之间的关系仍然是老板和职业经理人的关系，是企业的所有者和企业的管理者之间的关系。名义上，董事会制定战略，经理层负责执行，然而除互联网、电商、新科技公司外，大多数公司都是由以创业家为主体的核心团队在经管公司。这些创业老板是投资人、董事、监事、经理人甚至干活工兵的混合角色。身兼数角的老板面对瞬息万变的市场以及各色人等的员工，会使战略和执行间随时出现不可预知的变数。于是在“战略可否微调”和“执行是否坚定”之间便出现了大片的模糊地带，为老板与职业经理人制造了既可喜剧般合力共赢又可悲剧般两败俱伤的舞台。

本书是写给职业经理人的，之所以定名为《经理人的权杖》，是因为：其一，手中不握有权杖，则不能叫职业经理人；其二，老板把这支金灿灿的权杖交给职业经理人，唯一目的就是为企业创造最大的利益（利润）；其三，经理人在舞动权杖时既不能伤到老板，又不能伤及公司，更要避免伤及自身。

权力是人类各种组织中最基本的元素。优秀的职业经理人如韦尔奇等在充分舞动权杖时为股东创造了巨大财富，更实现了自己的人生价值；而也有为数众多的经理人因不善舞动这柄权杖，既败了东家的业，又污了自己的名。那么，经理人怎样做才能赢得利润、赢得老板、赢得组织呢？细读本书，也许能得到答案。

北京大学光华管理学院李博柏教授在为MBA选书时，参考了全球60所商学院教材，最终选定《经理人的权杖》（第一版）。当李教授辗转见到本人时，问的第一句话就是：“你是怎么写成这本书的？”我回答：“权力实践和权力著作是个悖论。用权是人类社会中最基本的实践活动，但为什么真正对经理人有指导意义的著作却罕见呢？这是因为写书的人大多是专家、学者、教授，而这个群体在组织行为中是‘被权力’者，写出来的作品大多是‘被权力’实践的体验，只能站在‘被权力’的角度渴望当权者该如何用权，而用权、授权、造权的人很少写书。这是因为用权、授权、造权者虽有丰富的权力实践经验但不一定有写作能力，有写作能力者不一定有写作时间，有写作时间不一定愿意与人分享体验。大学毕业后，我在基层体验‘被权力’的实践到30岁，在中层体验用权的实践5年，在决策层实践授权、分权达十多年之久，在组织的所有者即老板的岗位上有从2003年初至今的造权体验，对这四种权力实践都有相当深刻的体验和领悟，再加上我愿意和大家分享自己的认知，所以才有了这本书。”

任何一种权力的实践，大都包括以下四部分内容，即权杖、权力、权威、权利。权杖之于经理人就如同金箍棒，它在大海里沉睡时不具有任何意义，只有到了孙悟空的手中舞动起来降妖伏魔才有力量，因此才能叫权力；有力量才有可能打胜仗，打了胜仗经理人才有权威；有了权威才配得上分享部分战利品，所以就有了权利。本书由权杖写起，内容涉及权力、权威、权利。请读者细心体会。

本书第一版共有39篇文章，成文于2003～2006年间，主要首发于期刊《中外管理》。图书再版，删掉了其中8篇，另添20篇。新增20篇主要是2007年后写就的，因此第二版共有51篇。同时，对保留下来的篇目，在内容上进行了较大修改，尽量从现实视角来看问题也令本书逻辑更系统连贯，便于读者阅读。

在第二版图书的修订过程中，笔者遵照出版社编辑的要求，将51篇文章统编为四章：第一章，（经理人）入职前后的纠结；第二章，舞动权杖；第三章，与老板行权的冲突；第四章，离职前后的彷徨。各章核心词分别是纠结、舞动、冲突、彷徨，刚好完成成熟经理人与其种权杖同生共取的一个轮回。

时隔9年，笔者于2020年对本书进行了第二次修订，删去2篇，增加4篇，即成53篇之新版。新增4篇分别为：如何精选你的职场下一站、VUCA时代，经理人如何舞动权杖、通往圣殿的云梯、当老板的十大核心本事。本次修订着重强调了当今时代特色，比如体制内官员转战市场做职业经理人，以及互联网电商科技企业的狂飙突进。有些篇章几近重写，老旧案例予以删除，不断丰富当今案例。

职业经理人队伍是伴随着市场经济的日益深化而出现并发展起来的，中国职业经理人市场至今尚面临着两大考验：一是两千多年官本位封建残余的羁绊，二是非职业化的堵截。没有伟大的职业经理人就不会有伟大的企业，没有伟大的企业就不会有强大的国家。为了中国的未来，我们首先要造就一大批叱咤风云、业绩辉煌的职业经理人！

景素奇

2021年1月

目录

入职前后的纠结

舞动权杖

与老板行权的冲突

离职前后的彷徨

入职前后的纠结

经理人入职前后，一定有很多纠结：入什么样的行，选什么样的企业，跟什么样的老板，与谁共舞？这些都要认真分析评估，同时更要认真评价自己。知己是很难的，需要全面评估和分析。经理人非常希望拿到高薪，就任高级管理岗位，但能力是否与高薪、高位匹配？作者告诉经理人谨防非常高薪和非常高位的陷阱。作者奉劝经理人跳槽后谨记首要的事情是分清敌我，这是做好工作的关键问题，同时告诫经理人千万别把自己当人才。作为职业经理人，要明晰经理人职场的四大角色。入职后除了专业排异外，更严厉的是文化排异，本章将文化排异的大类一一列举，请对号入座。如何正确运用过往经历中积累的职场资源，也是入职后重要的功课。这一切都旨在避免自己内心纠结不已，影响自己权杖能量的发挥。

1

如何精选你的职场下一站

每一个职场人，包括初出校门的社会新鲜人，都面临着未来职场的选择问题，行走职场多年的高阶经理人更是如此。

如何精挑细选你的职场下一站？以我自己的职业发展经历和2003年起做猎头以来的经验，建议如下：四选+规划。四选分别是选行业、选企业、选老板、选团队，规划是你未来中长期的职业规划。其中，如何选老板将在下文“经理人选老板的九大标准”中详细阐述，本文重点谈如何选行业、如何选企业、如何选团队等。特别强调，四选的前提是继往开来，本文先不谈“继往”（“入职前经理人该做哪些功课”中详细论述），只谈“开来”，因为每个人的过往不同，在选择未来时受限不同。

如何选行

关于选行，建议有三。

第一，选择市场容量大的行业。市场容量越大，吸引的资金就会越多，就会有更多的人才进入，才会出现相对大的规模企业，进而吸引更大量级的资金和更高量级的人才进入。职业经理人只有进入大容量的行业，才会有相对大的舞台来施展才华，能量才会得到大的提升，才可能有更好的未来，当然才能拿更高的薪资。如果行业规模狭小，就不会有大量的资金进来，不可能有更多的人才进来，也不会出现相对大的规模企业。有些小行业的全国市场只有百亿规模，还不敌房地产、建筑、机械、金融等行业里一家企业的项目体量。如果创业做老板可以选择小行业入手，做起来后，再跨界经营，但职业人选择在小行业发展则不明智，尽管你很努力、很优秀，但你未来的发展和成长空间会受限，当然年薪也无法同大行业相比。

第二，选双风口行业。双风口是指既符合政策风口又符合市场风口。只有在双风口行业内，企业才能够做起来。如果一个行业很有市场需求，但国家政策不支持，那么在这样的行业里做事必然是鬼鬼祟祟、狼狈不堪。老板会赚钱，但职业经理人不可能有好的职业发展前景。市场上有很多这样的灰色行业，比如黄、赌、毒、地下钱庄。当然，一个行业仅有国家政策支持、没有市场需求也不行。没有市场需求就是不满足资本逐利性，最终这个行业将是一地鸡毛、无疾而终。所以，职业经理人一定要选既符合政策风口又符合市场风口的行业。我创立腾驹达猎头以来，选择雇主客户的原则之一即一直选择符合双风口的企业作为我们的服务对象。特别注意，政府的政策是随时调整的，有些行业过去曾经获得政策大力支持，但随着环境变化，政策发生了转向，这时职业经理人一定要及时退出。当然，也有行业曾经很有市场需求，但随着技术进步、环境变化，市场需求萎缩或消失了，也要及时退出。

第三，选处于成长期的行业。行业处于成长期，业内大多数企业蒸蒸日上、业绩攀升、人才鱼跃而入，企业规模日渐增大，人们信心满满，未来可期。进入这样的行业，会有很多锻炼成长的机会，职业发展机会也会增多，个人收入会持续增长。

如何判断行业是否处于成长期？成长期和成熟期有什么区别呢？可

以从以下三个特征来辨别：一是资金是否持续流入、风投是否看好。成长期行业资金持续进入，成熟行业资金几乎不流入。二是人才流入和流出状况对比，成长期行业人才流入大于流出，成熟期行业人才流入和流出持平。三是行业内龙头企业规模扩张方式，成长期行业的龙头企业靠做市场来扩大规模，成熟期行业的龙头企业主要靠并购来扩大规模。近年来，地产、共享汽车、共享单车、网络教育培训等行业的发展过程即可清楚证明这一点。如果你是通用类岗位人才，处于高段位者永远可以在成熟期行业的头部企业跳舞；否则，成熟期行业慎入。

如何选企业

在选好行业的前提下，该如何选企业呢？行业是赛道，企业就是选手。我的建议如下。

首选行业中处于上升期的企业。怎么判断企业是否处于上升期？最明显的特征有三点。第一，企业正在持续招兵买马，人员规模正在持续增加。回顾企业近期，半年或一两年内是否在持续招人，员工规模是否在持续扩增，如果是，这家企业处在上升期。第二，从风投的角度看，最好选择完成了 B 轮投资的企业。投资一般有天使轮、A 轮、B 轮和 C 轮，完成了 B 轮融资的企业，原则上就步入了上升期。第三，了解一下企业的市场销售是否已经打开局面且在持续增长。在做了以上三个明显特征判断后，再评估以下选项。

二是选择管理相对规范的企业。相对规范的企业，做事有制度、有流程、有规有矩。就怕谁说了都算或谁说了都不算的企业。

三是选择职业化程度相对高的企业。什么叫职业化？大家都按职业意识、职业习惯、职业规范做事，有比较好的价值观和底线；而不是天天宫斗，派系纷争，尔虞我诈，不把工作当回事，不把客户当回事，人人都逃避责任。职场人就要到职业化程度相对高的企业去工作，大家相处起来不累。

四是选择企业文化相对丰富且有弹性的企业。企业文化是虚化的，但每时每刻又都感受得到，就像空气和水，须臾不可缺。然而企业的文化味又千差万别，有激进的，有简单粗暴的。原则上，职场人还是喜欢文化相对丰富有弹性的企业，在一定规则的基础上做事，尊重人性，能发挥人的创造性和积极性。人们能在企业里获得尊重感、成就感和价值感。

如何选团队

为什么要选团队？选团队是很多职场人容易忽略的一点，但其实十分重要。因为你在工作时，除了和老板沟通外，还要面对你的同事。你的工作是在老板的领导下，和团队的同事们一起完成的；老板不一定天天见，而团队同事是你要朝夕相处的。团队中有人和你过不去，你的日常工作会很难受。

怎么选团队呢？

第一，面试过你的那些人，将来就是你的领导、同事。他们给你的感觉是否舒服，气场是否契合，相互之间认同感如何？如果是流水线面试，面试你的人一般有招聘负责人、人力老总，业务线有业务老总和专业线的领导，最后才是总裁或者老板。如果是群面，面试你的人虽然不是你的直接领导，但将来一定是同事。你在面试过程中，是否跟这些人气场相合，是否对得上眼，沟通是否顺畅？如果在面试过程中，有些面试官看你不顺眼，或你看对方不顺眼，沟通不畅，勉强凑合，那就要慎重考虑。你的面试官原则上是企业主流文化的认同者，如果你们相互感觉不舒服，那你进去后，会和其他大多数人合得来吗？肯定合不来，所以一定要选团队。

第二，背调一下你未来的主管领导和主要合作岗位上的同事。仅有面试时的感觉还不够，还要背调一下，找熟人了解一下。流水线面试的时候，有些岗位上的主管没有面试你，但你进去以后要长期和这些岗位上的人共事，所以有必要了解一下情况。这些比较容易了解，因为都在同行或圈子里，私下打听便可知道性格上是否存在重大偏差。曾经有位经理人，入职前就知道他的上级气量狭小，对下属刻薄狠毒，但他上级的上级面试了他，没有让他的上级出现，且他对自己的智商和忍耐力很有自信，所以就入职了，最终还是折戟沉沙，试用期没过就被排挤走了。当他向上级的上级递交完辞职报告，走出办公大楼的时候，收到了上级的一条短信："要不回来再战一把？"这样的妖魔上司，相处起来太难了。

第三，向曾在这家企业工作过的同岗同级人士了解一下该岗位的生态环境，也就是你未来要面对的生态环境。选择的询问对象，一定不能是离职太久的，也不能在该企业或该岗位工作时间太短。近一年内离职且在企业工作了四五年以上者，最好是在该企业内得到过提拔和重用的，这些人给出的信息会有参考价值。工作不满一年甚至试用期都没过的人，给出的信息不宜作为参考。

结合未来规划

除了选行业、选企业、选老板、选团队外，还要考虑自己的中长期职业规划：入职这家企业准备干多长时间，干到什么程度退出，在这里实现的阶段性目标是什么，这个阶段性目标和你未来的职业规划以及下一步的职业选择是什么关系。我建议最好是阶梯式关系。如果选择这项工作和未来整体职业规划发展不一致，就不要勉强。如果你只是走一步看一步，这种选择往往会陷入职业的布朗运动。如果在这家企业实现的阶段性目标与未来的职业规划属于台阶式链接，就值得尝试。切勿追求完美，以致错失机会。

2

经理人选老板的九大标准

做职业经理人和做老板只有“跟”和“选”的差别：做经理人要入对行，跟对人，做对事；做老板是入对行，用对人，做对事。因此说，选老板，是经理人跳槽时的一门必修课、基本功。

上一篇我们讲了经理人跳槽时如何选行业、选企业、选团队，本节讲如何选老板。之所以单独拿出来写，是因为经理人跳槽时最纠结的往往是选老板，而其实相当多经理人在选择老板时存在着重大误区。

打工有打工之道，其中选择老板是道中之道。跟错了老板，枉费青春不说，还有可能风险频发，甚至有牢狱之灾。

职场人遇到不顺或干了一段时间后，都会考虑是否跳、如何跳、跳向哪里。尤其中高层经理人更是前思后想，多方了解，希望找到值得自己为之奋斗的企业和老板。很多经理人朋友向我咨询这方面的问题，我也经常看一些职场人士的文章及议论，结果我发现：相当多的经理人在选择老板时存在着重大误区。

职场人士期望的好老板

我们先来看看经理人是怎么评价老板的。

依据我平时的访谈以及各种场合的随机统计，职场人士心目中的好老板排在前三位的特征分别是：厚道、诚信和人品好。当然，职场人士心中好老板的标准还有很多，不过只有上述三条是共同的期望。

上述三条好老板的标准，都是从道德层面来评价的。职场人士期待这样的老板，自己跳槽时选择老板的标准也是这样的，认为只有这样的老板才值得跟随。

其实，我要告诉职场人士的是：这三条标准只是一厢情愿的良好愿望，甚至说是评价和选择老板的误区。因为用上述三个道德标准来评价老板是否优秀，就像用是否和狗打架、是否和猫共处、是否会上树等标准来评价一只母鸡是否是好母鸡一样。其实评价母鸡好坏的关键指标应该是产蛋的数量和质量。

以道德论老板，作为普通员工未尝不可，但作为经理人要寻找舞台、有所成就和发展，这样评价和选择，就等于缘木求鱼。这并不是说老板的道德水准不重要，而是说选择老板不能简单地依据道德化的“好人坏人”标准。

那么该如何选择老板呢？

九大标准是什么

不同于一般员工，经理人评价和选择老板，应该参照以下九个指标。

（1）是商业英雄

一流企业的老板首先是商业英雄。评价老板是否是商业英雄有四个标准。

第一，老板一定有想干大事业的英雄之志。小富即安的老板肯定干不成大事业，而没有大事业平台，职业经理人是没有施展空间的。

第二，老板要有英雄之气。要有气吞山河的气概，有海纳百川的胸怀，有受挫而东山再起的韧性和豪迈。

第三，老板曾有过英雄之事。这个老板一定有辉煌的往事，从做成的事情中体现出过人的智慧。这个事情就是：一般人做不了，他做成了；用常规的方法做不成，他通过创新方法做成了。在这种情况下做成的事情方可称为英雄之事。

第四，老板要有英雄之魂。老板要有一套商业思想和信念，对事情的发展变化有自己的独到见解，而且见解深刻，能够让人折服，让很多人追随他。

（2）能自我提升和突破

能够自我提升和突破的老板方能使企业不断地提升和突破。企业发展是分阶段的，要经过创立、成长、成熟、突破等阶段，而且是不断循环轮回的，在循环轮回的过程中逐步壮大规模。如果老板不能够自我提升和突破，企业会定格在一定规模上，始终不能突破。只有老板实现了“工兵型—管理型—领导型—投资型”的自我进化，企业才能逐步发展壮大，才能跟着进化，实现质的提升和飞跃。经理人常说的企业瓶颈其实往往就是老板的瓶颈。

那么怎么能够看出老板能否实现自我提升和突破呢？两条标准：一是能够持续学习和深度学习；二是能够学以致用。许多人能够做到第一条，但做不到第二条，不仅不会学以致用，而且学而被用，即学习后被他人利用。

（3）能看大势且顺大势

眼光敏锐者能够率先看到商机，能够判断大势和潮流，并能顺势而为。任何个人和组织无论有多么大的能量，都只能顺大势，很难改变大势。现实中，很多老板之所以不能顺大势，是因为根本没有眼光，看不见大势；或者看走眼，看错了大势。其结果不是顺势而动，而是乱动、盲动、逆动，试想这样能有什么结果？更有甚者，盲目自信“英雄造时势”，结果就在超级自信和狂傲的驱使下摧残自己，不仅成不了英雄，而且成了他人饭桌上的话柄。伟大的拿破仑后期打败仗的原因就是逆大势而动：天下人都厌倦了战争，他还持续发动战争，结果成为阶下囚。

（4）能防范风险，更能应对危机

老板有预见性是一方面，更重要的是能应对突如其来的重大危机。衡量一个老板能否成大事的指标，就是在毫无预见的情况下，能否积极沉着应对飞来横祸，并将危机转化为机遇。一般人都是在预见和防范风险，而老板做企业，仅有防范风险的本事是根本不够的，必须练就危机应对能力——在毫无预见的情况下，把灭顶之灾化为向前发展的财富和机遇。只有能够应对危机的老板，才能使企业关关难过关关过，事事不成事事成。所以经理人应选这样的老板：泰山压顶不仅腰不弯，而且还能闲庭信步登泰山，一览众山小。

（5）善于用人

干大事必须得有一帮人，所以老板必须是善于用人的人。老板要善于用各种性格的人、各种来路的人、各种技能的人，甚或能够用鸟人。

企业生存在社会环境当中，因此老板必须千方百计培养和维护企业的生态环境，否则等于没有空气和阳光，企业也就不能生存了。维护企业的生态环境必须有正，但仅有正是不够的，必须奇正并用。

（6）善用现代管理工具

做小企业靠信任干活，靠情感维系，做大企业就不能简单依靠信任和感情。人是最靠不住的。要做大，只有善用现代管理工具。没有最现代化管理工具为基础的管理系统，无论经理人团队多么优秀，都做不出一流的企业，做不成行业冠军和伟大的企业。现代化的管理工具，是随客观环境和技术环境的变化而变化的，而且不一定花钱。紧跟时代的技术工具越来越多，用好了效率大大提升，成本大大下降，效益增长。

（7）年龄优势

一般人对这条会持怀疑的态度。殊不知，大器晚成终究是个案，年轻人总是在年长者的怀疑、批判、斥责声中一步步成长。在现实的市场竞争当中，总是那些被怀疑、被轻视、被批判的狂妄年轻人战胜了轻视他、怀疑他、批判他的老前辈。当然，企业家凭着年轻成就的霸主地位，在他日渐成长变老的过程中又会被后来成长的年轻企业家继承性地否定掉。综观古今中外的历史兴替，也能发现同样的规律。

所以作为现实的市场竞争，在各种素质要素基本相当的情况下，年轻也是一种竞争的资源优势。年轻人拥有激情、创新力、失败了从头来过的机会，以及相对贴近市场的敏感认知。当然年轻也有限度，在传统行业里企业家的年龄应该是 30 岁以上。

（8）敢赌

敢赌是指敢于决断和冒险。企业的成长道路就是老板下对赌注的冒险之路。当然，人们可以事后复盘，而事实上，老板在重大决策拍板的一刹那，大多是凭决心，凭着敢于赌一把的习惯。创业成功纯粹是小概率事件，从创业成功再到把企业做大到行业龙头，更是万分之一的概率。所以，能够快速决断、敢于冒险的老板才能干成大事。作为经理人，跟随不能决断和冒险的老板，最多是混口饭吃，而不能成就一番事业。老板之所以赌，不是好赌或不会科学决策，而是在实际商战中，由于各种资源条件限制，有效信息不能穷尽，所以在信息不全、瞬息万变的情况下只能赌。这与看大势不矛盾，看大势是战略层面，而决策敢赌是战术层面和操作层面。

（9）耐得住寂寞和禁得起诱惑

耐得住寂寞，是优秀老板必备的素质。当大家都耐不住的时候，老板还能耐得住；当大家都退走的时候，老板还得凭借着信心和毅力在孤独中坚持、再坚持，直到黎明来临。与耐得住寂寞相比，更需要有忍耐力的是禁得起诱惑。老板最大的敌人就是诱惑，最致命的缺陷是禁不住诱惑。利益的诱惑会使老板失去理性辨别的能力，会在“再也不能错过商机”的冲动下去追逐诱惑，结果诱惑变成了迷惑，迷失了方向，在迷局和乱局中奋勇搏杀，耗尽了体力、精力和智慧，最后灭亡在乱阵之中。天下的老板，有的耐不住寂寞，有的禁不起诱惑，而绝大多数是既耐不住寂寞又禁不起诱惑。无论这三类中的哪一类老板，都不可能成就大事业。经理人跟随这三类老板，最终会和老板一起耐不住寂寞，禁不住诱惑，于乱哄哄的闹剧中收场，白白蹉跎岁月，枉费心血、精力和智慧。

选老板需躬身自视

经理人年龄不同，志向不同，选老板也有所不同。

（1）年轻经理人如何选

年轻的经理人应该选成长行业中的潜力企业，与行业共成长，与企业共发展。因为成长行业需要更多的体力和精力，需要突破性的创新，所以年轻人无论从体力、精力还是创新性来讲都适合。尽管成长性行业里的企业存在众多的不确定性风险，但毕竟年轻经理人追求的不是稳定而是成长感和成就感。如果年轻人过于求稳，说明心态趋老，属于没大出息的那一类。

（2）年长经理人如何选

年长的经理人宜选成熟行业的企业。因为成熟的行业和成长的行业刚好相反，一切都成定局，尽管成熟行业里的企业老板也整天喊创新，但这种创新大多是经验型创新、技术操作层面的创新。年长的经理人讲究更多的是秩序和稳定，虽精力和体力不足，但经验丰富，拥有应对风险的智慧，所以更适合在成熟行业里的企业做事。然而完全成熟的行业企业中，元老阶层都已经形成，因此年长经理人进入成熟行业里的成熟企业风险往往很大。怎么办？那就选择相对成熟行业里仅相对成熟的企业，因为这样的企业刚刚伴随行业走过超常规发展阶段，在行业里已经初步奠定了龙头地位，需要经过相对规范的管理来夯实发展基础，这时年长的经理人进入最是时候。

（3）有志创业的经理人如何选

从个人职业规划诉求来说，有志于创业的经理人应选完全新生行业或成长行业里的新创企业。只有在这样的企业里做职业经理人，才有可能跟老板学到创业经验。进入成熟行业里的成熟企业做职业经理人，学的一套管理和经营企业的经验，对创业不仅起不到积极作用，反而有极大的负面影响。

（4）无心创业的经理人如何选

现实中更多的人选择一直做职业经理人，因此最好选择成熟行业里的龙头企业，或者成长后期的明星企业。只有一直在明星企业里做，才能确保自己的职业生涯不贬值，才能从一个明星企业平台跳到另一个明星企业平台。不然，跳到了一家二流、三流企业工作一段时间后，就很难回到一流的企业平台上了。这是很多处于转型期、职业规划不清晰的经理人遇到的最大问题和风险。

远离疯狂的老板

老板也是人，不可能永远正确。随着企业规模增大，事业越来越大，有的老板自己承受不了财富、荣誉、权力的压力，就飘飘然了。欲使你灭亡，先使你疯狂。当老板开始发狂甚至越来越疯狂时，怎么办？经理人在老板疯狂、自己无能为力时，必须尽快远离，避免殃及自己的职业发展。否则，等待你的有可能是痛苦、遗憾、风险，甚至是牢狱之灾、性命之虞。

3

入职前经理人该做哪些功课

经理人跳槽前，选好了老板，只是完成了一门功课，还有其他功课要做。选好了老板，老板所在的企业不一定要你，也不一定适合你，你也不一定能干好，因为选老板只是一个视角，还要照照自己，透视企业。这些功课包括：从七方面盘点自己，四方面盘点企业（企业不等于老板）。另外，应注意最基本的两不原则：一不要是舞台就上，二不要追求完美。

职业经理人离职话题的职场关注度一直比较高，因为它带来的通常都是烦恼、震荡和风波，甚至有的老板和职业经理人声称要把对方“弄进去”。这与老板和职业经理人最初谈“恋爱”时的甜甜蜜蜜、相见恨晚形成了巨大的反差。为什么双方在同一件事情上的态度会前后判若两人，是什么原因造成的，能否规避，如何规避？

其实，在很多情况下，离职悲剧的祸根在入职前就已经埋下了。一般来说，老板和职业经理人相互之间有两段信息不对称时期：一是职业经理人入职前后的不对称，这时职业经理人掌握的信息少，比较被动；另一个是职业经理人离职前后的不对称，此时老板掌握的信息少，比较被动。正是由于这种信息不对称，才造成了许多问题。

那么作为职业经理人，入职前该做些什么工作呢？

首先盘点自己

职业经理人欲进入一家企业之前，应该做些什么？应该首先盘点自己。

（1）盘点自己的职业类型

企业发展是分阶段的，用人也是有阶段性的。企业的存在大致可划分为七个阶段：创业、成长、成熟、战略突破、战略转型、问题暴发、关门倒闭。排除创业和关门倒闭两个阶段，其余的五个阶段都是可以再循环的。而企业在不同的发展阶段需要的是不同类型的职业经理人。

企业发展的阶段性，决定了职业经理人的类型也是与之相对应的：创业型、成长型、成熟型、突破型、转型型、问题型和关门破产型。作为职业经理人，应首先盘点自己是这七种里的哪一种。

（2）盘点自己的适应规模

仅有上述七个阶段的分类盘点还不够，职业经理人还要盘点自己适合什么规模的企业。从雇员规模看，同一管理级别跨规模跳槽，几乎是不现实的。除了雇员数量，企业规模还包括：资金规模、资产规模、行业跨度、管理半径等等。这个盘点应以自己工作过的企业规模为依据，而不应以自己的主观臆断为准。有人认为自己曾在业务往来中接触过某类规模的企业，或者分析过某类规模企业的案例，就认为自己是某类规模企业的经理人，这就像看过别人游泳就认为自己会游泳一样不足为据。

（3）盘点自己的适应级别

职业经理人应判断自己究竟适合企业的什么管理级别，是一级管理者，还是三级、五级管理者。不同级别的管理者，其权力的灵活度是不一样的。也许你管理着近千人的团队，但你只是个五级管理者；也许你就管理着几十人的团队，但你是一级管理者。不同级别的管理者承担的风险和压力也是不同的。基层经理人越级跳到高层管理者的位置上，刚开始时会很不适应。

（4）盘点自己的适应岗位

职业经理人还应继续盘点自己是什么岗位类型的职业经理人。从企业的横向组织结构看，管理岗位分为：人事、行政、信息、财务、研发、生产、市场、营销、客户服务、公关等等，自己是单一的专业岗位类型，还是跨专业岗位的人才？对于不同专业类型的职业经理人，岗位需求的素质模型是不一样的，跨专业跳槽是比较忌讳的。

（5）盘点自己的适应行业

俗话讲“男怕入错行，女怕嫁错郎”，目前市场上的行业数以千计，新兴行业又层出不穷，自己究竟适合在什么行业干？作为高层，跳槽时行业跨度不可太大。有人认为自己的学习能力很强，入行快，但无论多快，都要有一个过程，这个过程需要成本。这个成本有的是短期一次性支付，有的甚至是职业生涯始终都要支付的。比如说，有人自豪于什么都干过。什么都懂，这背后就是什么都懂得不深，有时会给新东家不知如何使用的感觉。需要说明的是，在大型国企，因为通常其市场化程度比较低，因而可能不遵守这一市场规律。

（6）盘点自己的职涯走势

职业经理人跳槽时还要盘点自己的职业生涯走势：是处于上升通道，震荡整理阶段，还是下降阶段？如果在上升通道，是处于什么性质阶段的上升通道？如果处于震荡阶段，能否打破震荡，如何打破？是通过跳槽打破，还是通过充电来打破？如果是处于下降阶段，是顺势而为，还是抑制下降，重新步入上升通道？

许多职业经理人的职业生涯走势一般只有唯一一个上升阶段，然后就开始下降，如同简单的抛物线，而其职业拐点，通常就在 38 岁左右（主要是指专业总监级）。这类经理人的职业轨迹在水平方向上只有年龄一个延展坐标。而一些成功经理人的职业轨迹之所以盘旋上升，在于其不只有时间一个延展方向，还有个人持续能力和拼搏精神的延展方向，形成了一个立体的坐标空间。

（7）盘点自己的薪酬走势

一般来讲，薪酬走势和职业生涯走势是同步的。每个职业经理人都希望自己的年薪越来越高。但现实中，如果自己的职业生涯正处上升期，薪酬待遇可能是逐步增高；如果是走下降趋势，或是震荡阶段，特别是如果职业环境有重大变化时，则不一定了。不要以过去的行业以及高薪区域的薪酬水平来要求现在的水平。盘点薪酬走势，应该与职业环境变化结合起来。

借外脑以反观

自我盘点在一定程度上就是自我评价，而自我评价与自己实际水平的匹配度是职业经理人盘准自己的关键。

人们对自己的评价一般高于自己的实际水平，自我评价和实际能力的差距与年龄呈相反趋势：以 40 岁为分水岭，年龄越轻评价的膨胀系数越高，年龄越大越接近自己的实际水平。正是由于人们自我评价不准确，所以就出现了"不知道自己不知道""不知道自己知道""知道自己不知道""知道自己知道"等可能。

所以，职业经理人应该寻求第三方对自己的评价。经理人通常寻求的评价者是自己周围的同事朋友，但是因碍于情面和专业化程度不够，他们的评价往往是有偏颇的。因此，经理人有必要寻求专业职业顾问对自己进行评价。随着市场化程度的逐渐提高，专业化的职业顾问队伍会逐渐壮大，专业水平会越来越高。

职业顾问对你做评价时，往往站在第三方的角度，会比较客观地评价你的职业状况和走势。涉及薪酬问题时，会把这个行业的平均薪酬告诉你，而且也会告诉你在不同职业环境内，市场上大致的薪酬范围。

评估入职企业

对一位职业经理人来说，不应该寻找最好的舞台，而应该寻找最合适的。为此，就必须要对拟入职企业进行评估。

（1）评估企业的发展阶段

评估自己的能力类型是否与企业的发展阶段相吻合。企业发展是有阶段性的，企业处于什么阶段，要先搞清，基本方法可以多种多样，越是有规模的企业越容易了解。

（2）评估企业的雇用目的

评估企业招聘的目的和自己的职业发展目标是否一致，专业和行业是否对接。如果不一致，自己能否修正目标；若不能，则不要入职。企业招聘的目的一般情况下是为了企业的发展，但有时也不尽然。有些可能是为了解决人事纠纷等复杂问题，或者只求暂时过渡。尤其当某一强势人物离去时，打破了企业原有的平衡体系，会造成短暂的人事风波，此时不明就里的人进去，会被莫名其妙地卷入其间。作为职业经理人，你也许只想踏踏实实干事，却很可能成了企业政治倾轧的工具乃至牺牲品。一般情况下，一个强势人物离去，企业至少波动一年以上，甚至三年。当然，如果你是问题型职业经理人，又是问题型中的人际问题型，那么你完全可以走马上任，大刀阔斧地替老板当一杆好枪，然后在平息各种混乱中立足并获得发展。但这样的职业经理人，通常很难在一家企业“善终”。

（3）评估企业的文化环境

每家企业在创业成长过程中，都形成了自己特定的文化风格，包括价值取向、行事风格和习惯。作为一名职业经理人，进去之后千万不要想着首先改变企业文化，而应该考虑自己能否适应，最低标准是能否忍受，若不能适应和忍受，则不要进去。即使强人进入，也是在潜移默化中逐渐改变原有文化的。新进职业经理人无论处在什么位置上，都相对弱势。

（4）评估入职风险

职业经理人在经过上述对企业的评价以后，应有大致的概念：如果自己的能力类型和企业发展阶段相一致，企业招聘的目的和自己的职业发展目标趋同，企业的文化和自己的风格相类似，基本上就可以入职。这种情况下，还要做一下进入企业的风险评估。

由于信息的不对称性，你在外围了解的信息和企业内部的实际信息相差很大。一般情况下，外围了解的信息至多只有 20%。即使这 20%，也有一个代表性的问题，纯负面或纯正面的信息均不可靠，应该均衡了解。同时要有心理准备，进去以后还有更多的信息（尤其是负面信息）等着你心惊肉跳，即使优秀企业也是这样。所以，入职前的风险评估以及相应心理准备都要做充分。比如：把已知的负面信息放大三四倍，你心理上能否承受？若能承受，尽管上任；反之，则要慎重。

细心签订“四书”

评估工作做完后，进入企业前还应有一项工作，那就是签订“四书”。“四书”具体说，就是劳动合同书、经营目标责任书、保密协议书、退出协议书。劳动合同书是最基本的协议书，相对规范的企业都有这样的协议书；经营目标责任书是指自己在合同约定期限内应完成的目标任务，同时也应注明企业要提供的基本支持；保密协议书约定双方应相互遵守保护商业秘密，包括违反了如何处罚等内容，这既是对职业经理人的约束，又是对企业的约束；退出协议书约定任期多长时间、到时如何解约和续约、提前退出办法和提前解约办法等等，这也是对双方的约束。

所有的“四书”，都是约束双方的。相对成熟规范的企业应该有这些协议书，而且可能是非常详细和具体的。当然，这些对草创企业或者刚刚步入成长阶段的企业而言并不完全适合。

不可忘记的两大原则

职业经理人在寻找自己的舞台时应注意两不原则：一是不要是舞台就上，二是不要追求完美。

许多职业经理人离职时比较匆忙，也许仅仅是为赌口气；离职后发现后路不是很好找，于是匆忙凑合着找一个并不适合自己的工作，也没有做风险评估；匆忙上阵后又发现诸多的不合适，结果又匆匆离职，导致职业生涯轨迹混乱，同时对企业也不负责任。所以，离职要慎重，入职更要慎重。不要随便一个舞台就上，要既对自己负责，又对企业负责。

当然，也要忌讳追求完美。有些职业经理人长期“待岗”，其根本原因是苛求完美，寻找企业时非要与原来就职的企业相比，非要寻找一个理想的标准企业来入职。有些人求职时非常固执，死咬职位、薪酬不放，结果往往错过了不错的机会（其实许多企业暂时给你一个低半格职位，也是一种平稳过渡的策略）。固执的时间越长，自己越不容易找到工作。远离职场时间长了，一般半年时间自己就不在职业状态了，职场的竞争力会大大下降，而自己对职场不敏感了，换句话说就不能与时俱进了。如果考虑到竞业禁止，休息两三个月可以，如果休息时间太长，对自己的职业发展将极为不利。

4

“非常高薪”害苦多少经理人

选老板和选企业取决于个人的眼光和自我认知。有自我认知，能否自控则是很关键的因素。自我控制力集中体现在怎样面对高薪和高位的诱惑。许多经理人不仅追求高薪，而且把高薪作为证明自己的标准和炫耀的资本。然而福兮祸所伏，大大超过自己能力的“非常高薪”往往给自己今后的职业生涯埋下隐患。

“非常高薪”大多出现在以信任关系为导向的企业的特定阶段。这类经理人一旦再就业，高薪历史将是其甩不掉的职涯“病毒”。

职场中，有谁不想拿高薪？尤其是高级经理人，不仅追求高薪，而且把高薪作为证明自己的资本。然而“非常高薪”往往给自己今后的职业生涯埋下隐患。

“非常高薪”是指那些明显超出职场中该职位或该能力平均年薪水平的高薪。下面上场的，就是一位曾经拿过“非常高薪”，随后三年无职可就的经理人。

曾拿百万年薪，三年无职可就

T先生是一位年薪曾超百万的经理人。他在D公司工作两年，刚入职时是一名中层经理，半年后提升为总裁助理，又过了半年提升为副总裁。升职为副总裁后，年薪跃升至130万元（2005年的薪酬），高出同行同职经理人平均薪酬水平一倍以上！可惜只拿了一年，他就离开了。而离开后，T先生曾拿“非常高薪”的代价是待业三年。

T先生刚离开D公司时就委托猎头推荐工作，当时他只是强调不能低于原来130万元年薪的水平。其实，从猎头的第三方专业角度看，他的资历应该拿50万元合适，顶多60万元，而他本人三年里远离了主流职场，价值在持续下降，年薪价格更应该下降为30万元以下。但他仍坚持“年薪百万以上，否则没有意义”。

其实他离职后的三年中，我一直寻找推荐他的机会，均因他要求太高而未果。他自己三年内也没有找到满意的工作，只是在朋友处“帮忙”，主要是做些参谋咨询的工作，因不拿工资，不受约束，自然也就没有了经理人的职场核心——权杖。尽管“顾问费”同过去的年薪是无法相提并论的，但我清楚他为什么宁愿“帮忙”——不掉价，因为年薪没有掉下来。

在本书本次修订时，我再次采访了这位T先生，发现近十多年，他再也没有登上过一流企业的平台，而且断断续续，薪酬可想而知。只是随着年龄增长，T先生心态变得平和多了。“非常高薪”把这位禀赋不错的经理人最好的职业青春期（35–45岁）糟践得一塌糊涂，几乎对行业没有啥贡献，可惜得不得了！

大家会说，T先生只是把百万年薪咬得太死，才有此职场困境。但是我们近年来在接触大量经理人时发现一个共性：凡是D公司出来的高级经理人，再就职普遍困难。而且类似D公司这样给高薪的企业，其经理人离职后大多存在着较长的职位休闲期。实际上，与市场平均年薪水平偏离度越高，离职后就业越困难。为什么会这样？

“非常高薪”背后的职场心态

薪酬博弈五花八门，背后充分体现了管理中约束和激励并用的较量。

（1）付高薪老板的如意经

那些支付给经理人“非常高薪”的老板是怎么考虑的呢？他们认为：只要给了经理人超出市场平均水平一倍以上的薪酬，就会有以下收获。

第一，经理人会有自豪感，会主动宣传企业。“非常高薪”令经理人在职场上很有面子，腰板很硬，在家里家外都风光，因此必然会到处宣传企业的好，会说老板好话。其实许多经理人聚集在一起，会互比老板；尤其老板给经理人的薪酬待遇，是大家普遍关心的话题。

第二，经理人会无须扬鞭自奋蹄。心情愉悦了，经理人会全力以赴地为公司奉献。特别是，经理人的工作不是单纯靠时间和体力累积的，是超越8小时的，是动用知识、能力、智慧，依靠个人和社会资源的综合性、高品质、多维度工作。只要心里愿意了，不仅工作品质会上来，而且效率也会显著提升。两年的活儿一年可能就干完了，公司的发展速度可想而知。

第三，有利于构建和谐的劳资关系。一年赚两年的钱，经理人何乐而不为？经理人自然感谢老板，于是构建起了双方和谐关系的基础，而不去计较其他个人得失。

第四，老板对经理人的去留有主动权。有了“非常高薪”，经理人会非常珍惜这份薪水。老板要求严格点，经理人也能接受。苦点累点，经理人也都忍了。有点个人困难，经理人自己和家人也都帮着克服了。所以支付“非常高薪”的老板对稳定经理人队伍、掌握经理人的去留握有更大主动权。

第五，有利于吸引人才加盟。经理人拿了“非常高薪”，圈内自然都会知道，口碑相传之下，会有更多优秀的经理人奔赴而来。这些经理人一旦拿了“非常高薪”，自然会像陀螺一样开始新的高速运转，重复前任道路。

第六，高薪有利于养廉。这是这类老板算的精细账，事实上也是非常有效的。但老板也有没算到的时候，那就是经理人的人心在变化。

（2）拿高薪经理人的小算盘

经理人是如何盘算的呢？正如前面的老板换位盘算过的。

一是很好的饭碗感。面子有了，饭碗不错，在这里干一年等于在其他地方干两三年，值得铆足了劲儿拼命干。

二是有舞台感。由于有优越的饭碗感作基础，自然是主动地把自己的知识、能力、智慧都充分用上，积极性和创造性都发挥出来，于是展示了自己的才华，舞台感也满足了。

三是有成就感。正是由于舞台感得到了满足，千方百计地把工作干好，于是干出了成绩，成就感大大地增加，信心也足了。

四是奠定了未来的高薪基础。经理人想：即使将来离开了，有过高薪的辉煌经历，职场身价自然有了，便于找一个更高薪的岗位。其实这一步经理人算错了。问题恰恰出在离职以后。曾经的“非常高薪”成了他再就职的障碍，让这些经理人背负着沉重的包袱，结果求职的成本越来越高，错过了许多大好机会。

（3）招聘企业对“非常高薪”的顾虑

我们了解过的很多用人企业都认为，这些曾经拿过“非常高薪”的经理人，在市场上是很难谋到原来水平的高薪工作的。“非常高薪”的出现，是基于某些企业在特殊时期、特定环境的薪金政策。但事实上，职场上的薪酬毕竟大多仍是趋于平均水平，尤其是成熟了的规模型品牌企业，其薪酬体系都是结构化的，不可能为了一个人才打乱整个薪酬体系。对那些刚刚拿过“非常高薪”的经理人，成熟的规模型品牌企业一般是拒绝的，原因有三。

一是这些经理人心理上很难忘却高薪。这正像一个吸过毒的人很难从心理上戒掉毒瘾一样。

二是制度文化与信任文化的冲突。有些拿过“非常高薪”的经理人尽管愿意屈就，但依然常被拒绝。因为“非常高薪”大多出现在非规则时期以信任关系为导向的企业的特定阶段，这类经理人一旦进入制度化的企业后，会出现大量的不适应和排异反应。

三是老板的风格差异导致心理不适应。即使这类经理人进入的仍是以信任关系为导向的成长型企业，但因为老板都有鲜明的个性，所以经理人往往会拿过去的好处与现实的不足相比。这样一比心理就失衡了，高薪没有拿到，工作也不好做，还不如不干，于是禁不住精神的折磨，而愤愤然离职。一旦拿过“非常高薪”，经理人的职业稳定度就差了。因此，规模型的品牌企业不愿意接受这些经理人。

事实上，这些顾虑是有道理的，而且也是拿代价换来的。

（4）告别“非常高薪”的原因

既然“非常高薪”这样好，而未来再找又这样难，为什么经理人还要离职？要回答这个问题，需从以下几方面来分析。

第一，阶段性使命完成。老板高薪诚聘人才的初衷是什么？除了前面分析的如意经外，还有一种是老板没有讲出来的：企业的阶段性用人需求。企业的发展周期是有阶段性的，每个特定时段需要对应的阶段型经理人冲锋陷阵。高薪诚聘都是明显带有阶段性，绝对不可能长久。一旦问题解决，经理人也只好离开了。

第二，不可能长久处于亢奋状态。人不可能总处在高度的紧张状态。经理人拿着高薪，拼命干一两年，就会松劲儿。该干的活都干得差不多了，潜能都发挥出来了，本事也都亮出来了，再继续创新就很难了。

第三，家里人开始做工作了。经理人投入工作的时间和精力多了，用于家庭和生活的时间必然会少。刚开始家属会因高薪而承担更多的家庭责任，时间长了就不能忍受了。

第四，经理人心理发生了变化。刚开始，经理人心存喜悦和感激。时间久了，这种喜悦和感激自然消失了，认为高薪本来就是自己应该得的。工作问题积累，与老板摩擦增多，会使经理人心态渐渐失衡："我本来就应该得更多！"随着矛盾的积累，钱都是小事，更主要是"老板不尊重人，太刚愎自用，老板阻碍着企业发展……"总之，老板的问题罄竹难书，于是经理人忘记了自己的身份，超越自己的权责，开始挑战老板的权威，觊觎老板的法器——紧箍咒。这一挑战不要紧，必然是经理人走人。

第五，企业实施低成本战略需要。企业从发展的角度来看，都会谋求降低人工成本，而裁老总是降低人工成本最快的方法。这就是为什么许多企业的老总换人如同走马灯。

（5）难甩掉的"高薪病毒"

常年观察，"非常高薪"经理人再就职历程大概有如下六个阶段。

第一阶段：刚离开时不着急。因为高薪时期确实太累了，同时也积累了一部分财富，于是以休息为主，以寻找工作为辅。

第二阶段：边休息边找工作。最初对工作不太在意，而且给出的薪水往往很难达到自己的预期，所以一牛气就错过了好的工作机会。

第三阶段：以找工作为主。休息一段后发现新工作并不像自己想象的那样追着自己，于是变得相对着急，托朋友放开了在圈外找，找了半天也没有找到，因为人家一听要的薪酬大多给吓住了。

第四阶段：委托猎头公司推荐工作。这是高级经理人主要的找工作方式。猎头公司从专业的角度，一接触就会大致判断出这些"非常高薪"经理人的真正市场价位。即便有企业出得起高薪，但对经理人往往有更高的要求。再加上用人企业一般拒绝这类经理人，所以这类经理人通过猎头找工作也有一定困难。

第五阶段：四处递简历。"再闲下去人就废了"等议论从亲友那里不断发出，于是乎自己心里也毛了。情急之下，就开始到处递简历，也顾不得面子了。像这样级别的老总，一旦通过公开递交简历找工作就不值钱了，价格会飞流直下。

第六阶段：犹豫彷徨，飘忽不定。由于自己的价格飞流直下，自我定位混乱，于是就出现以下情况。一是随便找一个企业。但薪水同原来的高薪相比也许下降了三分之一甚至腰斩，心里能好受吗？工作能尽力吗？当然工作也干不好。二是由于拉不下情面，就勉强答应朋友"帮忙"。总之，薪酬是大大降低，职业飘忽不定，这个过程大概要经历三五年。试想一位经理人的职业辉煌期最多也就十年，这一晃三五年就过去了，再等到重新定位恢复职业常态何其难也！

而且，原来一两年挣的"非常高薪"，在后来的职业休闲期和飘忽期又都给拉平了，甚至还不如那些一直薪酬正常稳定的经理人。这就是职场，这就是人生，很平衡。如果拿过"非常高薪"，但自己不留恋、不贪婪，即便后来少了，但综合起来能赶上平均水平；如果自己贪恋"非常高薪"，其结果必然是综合起来连市场的平均水平都赶不上。贪恋的结果，就是让你重新失去原来拥有的。

对于这些曾拿“非常高薪”的经理人，其实猎头也为其鸣“冤”。拿高薪不是他们的错，但负面的结果却让他们背负了。哪怕你是非常优秀的经理人，一旦打上“非常高薪”的经历，基本上就携带了“高薪病毒”，伴随你至少三五年。所以说，“非常高薪”确实害苦了一批经理人。

（6）谏言平常心

高薪是经理人的梦想，是自己能力的客观反映。但经理人不可忽略一点：长江后浪推前浪，尽管新的职位不断产生，但更多的新职位是给新人准备的。所以，与其盘算着挣“非常高薪”，不如盘算如何适应和走进新时代，保持旺盛的斗志，尽可能地延长职业青春。

5

当心“非常高位”的陷阱

高薪是经理人的诱惑之一，高位是更大的诱惑，尤其对30岁上下的职业经理人，高位远远大于高薪的诱惑。实际上，“非常高位”比“非常高薪”更害人。面对“非常高位”的诱惑，要能禁受住，如果不能，等待你的将是职业生涯无尽的折磨和痛苦。

比“非常高薪”更害人的是“非常高位”。它通常是偶然且短暂的，但后遗症却是长期甚至致命的，而且只能自己承担。

所谓“非常高位”，就是经理人在企业中的职位远远高于其实力，从人力资源的角度讲就是人职不匹配，或说人事不相宜。

29岁集团总裁的沉浮

媒体曾经爆炒张伯宏。他出生于1988年，20岁不到即以百万年薪出任某一公司CEO,刷新了“80后”任高职的纪录。之所以出现这种特殊现象，一般都是企业特殊运营阶段的特殊需要，于是年纪轻轻就被幕后的投资人推到了本不该出现的危险前台。因为做猎头工作，笔者能经常听到或接触这些传奇人物，和这些“过眼英雄”聊天的过程中发现了众多共性的东西。OFO 单车的戴威 25 岁就坐了董事长的高位，后来这一沉寂，不知到何时再爆发。

不只是浮躁的网络公司，传统行业也有这样的故事。下面出场的是一位 29 岁就出任某著名集团公司 CEO 的青年。

这位青年才俊，应该说资质、禀赋都是上乘的，从外在形象到内在气质都非常好。本科是国内名牌，硕士是国际名牌，毕业后进入名牌企业，又跳槽到另一名牌企业做子公司副总，然后用一年时间就从副总到总经理、到集团副总裁、再到集团总裁。但随后，只在集团总裁的职位上做了半年，便落了下来。这家公司到今天依旧蓬勃发展，然而这位曾经最年轻的集团总裁，在此后三四年时间里却一路下滑，一直滑落到公司一个次要部门经理的岗位上。

我对他说：“许多和你一样年龄的人，也许终其一生都不会有你如此的高位和今天你拥有的财富。你对今后的职业生涯有什么打算？”他回答说：“我也很疑惑，此前也看过您的有关职业生涯的文章，所以才慕名而来，希望您能把我推荐到合适的岗位上。”在沟通过程中，我发现这位年轻人的职业诉求（比如行业、企业、职位、薪酬等）远远高于同龄人。而我明白：一般传统行业里，总裁级别还需要再长他十岁左右的资历，而且需要更扎实的中高层锤炼和积累，而他没有。他在短短几年中像坐电梯般直上直下。从这一点来说，他的心理诉求过高，非常不利于找到合适的工作。

25 岁“非常高位”的噩梦

大家很想知道“非常高位”者是如何被提拔起来的，那么我讲一个我亲历的案例。

很多年以前，我到一家刚经历一场人事地震、处在余震之中的企业工作。无奈之中，我提拔过一位“非常经理”F8。

我上任后不到半个月，一个重要的部门经理辞职了，却没有合适的人选来接。怎么办？于是我大胆提拔了F8。当时他也就二十四五岁，在只有七八个人的小部门担任经理，而且担任这个职务还不到半年。当然我也担心他过于年轻，经验欠缺，然而当时企业乱哄哄的，实在无人可用，只好让F8兼任两个部门的经理，当然工资也长了一级。F8当时也担心自己胜任不了，但有我的鼓励和支持，就应了下来。刚兼任的时候，他非常用心，加班加点。但仅半个月就提出辞呈，因为新岗位的能力需求同他的能力相比实在高出太多了。新的部门同他原来的部门相比，人数多了十倍不止，行政上虽然与原来的部门是同一级别，却是三级管理，他下面有主管，主管下面有组长，而每个组长管的人比他原来一个部门的人都多。工作的复杂性可想而知，这对于他这个只有25岁的人来说是无法承受的。这一点最初我确实考虑不足，怎么办？我继续安慰和鼓励，令他继续坚守，同时答应寻找接替人选。

他兼任这个大部门的经理，前后大约两个多月时间。这两个多月“非常经理”生涯对他造成了极大的伤害。后来他变得非常消沉，干脆连那个小部门的经理也不想干了，说这辈子都不想做管理，只想踏踏实实做专业。两个多月的噩梦，确实伤了他，听说他再也没有干过管理工作。后来我听人说，他“恨”我，因为我让他挑了他担不了的重担。由此我悟到：职场中要“害”一个人很容易——只要把他提拔到他力所不能及的“非常高位”上。

“非常高位”者的落位宿命

上面讲的是一个经历“非常高位”从此拒绝高位的案例，而现实中多数人经历“非常高位”后会有些“上瘾”，念念不忘。

职场中之所以会出现“非常高位”现象，经理人的个人原因是很小的，主要是外界原因。非常时期才会有“非常高位”产生。一旦非常时期过去了，“非常高位”者就必然要回落到他的本位。然而人不是物，客观需要他回落，但主观上却回落不了，于是人落而心不落，甚至思恋和苦恋，进而影响整个职业生涯。

因此，升到“非常高位”，非本人原因；但落下时的痛苦，却要本人承受，而且还会持续发酵。比如：用人企业对曾经有过“非常高位”的人一般避而远之。为什么？因为担心其心理上回落不到正常状态，而有一种“非常心态”：过高地评估自己，做过一些正确的事，就把自己当作真理的化身。不幸的是，他们中的一部分人在后来的职业生涯中的确摆不正位置，携带着高度自恋的病毒，开始了职业生涯的逐步滑落。一位曾在 30 岁做到企业顶级职位的经理人，刚刚而立就无事可做了。他自己也很苦恼，毕竟还年轻，还想建功立业，但机会难寻。结果，30 多岁便成了闲人、“剩人”。

“非常高位”者的下一步

曾经有过“非常高位”经历的人该如何拓展自己未来的职业生涯呢？建议有四。

（1）正确评估自己的旧日辉煌

曾经的“非常高位”是财富吗？不尽然，是问题吗？也不全是。那是什么？

我的答案：是经历，只是一段经历。就像一个人即使有过贫穷苦难的童年，也没有必要去掩饰或宣扬一样，因为贫穷苦难的童年不是财富也不是耻辱，只是经历。把它只当作财富或耻辱，都不是健康的心态。人的经历有时是不由自己选择的。自己曾经的“非常高位”，也未必是自己可选择的，只是企业发展到特殊阶段的特定事件。自己也许真的能干，但仍有很多客观因素是自己甚至幕后操纵者都不能把握的，是不得已而为之，或者是顺势而为之。那么作为被推上前台的你，还有什么可自豪和称道的呢？所以，曾经的高位实际上只是一段经历，千万别当成什么财富和宝贝，更不要认为自己个人有多么了不起。

（2）不要念念不忘，要淡然处之

有过非常高位经历的人大多自我崇拜，时不时就提起“想当年”，而且兴奋不已，想起眼前的现实又失落至极。好汉不提当年勇。我经常接触创业失败的人，这些昔日英雄往往会说：给我推荐一份月薪只 5000 元、奖金提成自己挣的工作。其实这些创业失败的英雄大多有过高薪的历史，之所以甘心挣 5000 元月薪，是因为他们能正确看待自己，知道过去的高薪是怎么回事。自己真正创过业，才知道自己的斤两。这就是健康成熟的心态。所以，有过“非常高位”者，对自己曾经的高位不要念念不忘，而要用平静的心态去看，淡然处之。只有以平常心态看待这段经历，才能继续拓展出健康的职业生涯。

（3）持续学习纳新

职场人士必备的能力之一就是学习。这是一个高速转型的时代，即使拥有博士学位，若不持续学习，原有的知识也会变成古董，也会很快成为“文盲”。学习不仅是一种状态，更是一种能力。要培养学习能力，进而通过学习培养新的职场能力。有过“非常高位”的人，当从高位下落时，就应当继续学习，培养新的能力。只有学习新的东西，才能重新梳理旧有的经验，并培育新的知识体系、新的能力模型、新的思想观念和价值体系，为开辟新的职场成就做铺垫。

（4）另辟职场

自己一旦从“非常高位”落下该怎么办？

从最合适的位置起步，重新干起。像前面提到的那位29岁就做了知名大集团总裁的，能够在同一组织内部正确地对待职位变迁，自己成了下属的下属，而原来的下属成了自己的上司，还能够坦然相处，是很了不起的。这是一种胸怀、一种气概。

还有一种情况，当自己做到了一个成熟行业的最高职位后离开了，企业甚至行业内都没有合适自己的职位该怎么办？那就重打鼓另开张，通过学习，开辟新的领域。只要自己不断学习，调整好心态，培养新的职场能力，积蓄新的职场能量，肯定能够创造新的职场成就。

慎登“非常高位”

早知今日，何必当初！与其痛苦地落位，不如当初莫登高位。

人的组织属性当中，有一个重要属性就是“自知”——自己要清楚自己能够做什么，能够做好什么，哪些是超出自己能力的。当企业组织把自己强行安排在“非常高位”时，应该严词拒绝，而不是盲目高兴。曹丕被曹操立为太子，回家后激动地拉着未来的老岳丈说：“你不知道今天我心里有多高兴啊！”倒是他的未婚夫人说：“你不应该高兴，你应该感到沉重才是。重担行将落在你的肩上，该有多重，你应该感到有压力。”只有那些实力不够的人被提到“非常高位”才会感觉到兴奋，兴奋之余是过把瘾，过把瘾后无所适从、无能为力，所以“非常高位”是害人的。尤其民企人力资源十分缺乏，又发展快速，往往使很多人都登上了“非常高位”，又从“非常高位”上跌落。“要想升职快，就到民企来”，有些民营企业把根本不够经理人资格者提拔到经理人的岗位上，结果害了一批人。

有人会说：如果通过自己的努力，把“非常高位”变成“正常高位”，不就没问题了？事情可以这样假设，理论上也是有可能的，但现实中鲜见登上“非常高位”而不跌落的。

6

跳槽后，谁是敌人谁是朋友

作为职业经理人，选择进入一家企业，需要知识、信息、眼光、智慧、自我认知和控制力，需要过五关斩六将。进入企业后要生存下来需要更多的修炼，其中第一要务是认清谁是你的敌人，谁是你的朋友。这个问题是生存下来的基础。不然，权杖的边还没有摸到，就被敌人干掉了，而且，朋友也会成为你的敌人。

一个职场人，新进入一家企业组织，包括其他组织，必定有欢迎你的人，也有排斥你的人。欢迎你的人会帮助你解决问题，度过文化排异期；排斥你的人则会加剧你的文化排异。因此必须分清谁是你的敌人，谁是你的朋友。

谁是敌人，谁是朋友

一般情况下，将你引进企业的人都是你的朋友。如果是经理人，最能帮助你的是老板，他最渴望你成功。谁会排斥你呢？一般情况下，是由于你的到来而受到直接和间接利益冲击的人。不过你不要太在意，只要心里明白：这些和你有利益冲突的人，是要通过你的努力、勤奋、业绩来赢得认可尊重的，也就是说你要拿出真本事赢得“敌人”的尊重。当然，也有另外一种情况，有欺生心理的同事是你的敌人，善心助人的同事是你的朋友。

拿什么标准来判断敌友

职场人在刚加盟企业时，如何快速认清谁是朋友和敌人呢？一个简单的判断方法是：朋友给你的是私下的劝告和引导，以及公开场合的鼓励；而排斥你的人给你的多是公开场合的指责和揪住问题后的抨击，以及私下的迎合。不过要分辨清楚，直接招聘你进来的上司，有时公开场合也会批评你，其实是在似贬实褒，或者是在给你创造快速与他人融合接近的机会。如果刚进入组织，老板（上司）就大肆褒赞，有时会适得其反害了你，这叫好心办坏事，这样的上司不懂心理学。

敌友是变化的

不过，敌人和朋友也是变化的。当最渴望你成功的朋友都变成你的敌人时，你的“死期”就到了。我曾经见过这样一位经理人，是人力资源部最先面试引进的，但由于表现不好处处碰壁，在人力资源部的帮助下转换了两三个岗位，而后把人力资源部都得罪了：把人力资源部经理的好心劝告当成对自己的责难。最后人力资源部放弃了保护，他立即被辞退走人。还有的人刚去就和老板直接博弈，把老板保护自己的做法当成限制自己发展，把老板的有限放权当成不信任自己——把朋友当敌人了，还怎么活呢？

旧识并不都是朋友

有些职场人，刚加盟一家企业（组织），发现这家企业里有若干旧识，有一种喜逢知音的感觉，陌生恐惧的心里立即增添了温暖，迫不及待地找旧识倾诉交心，问东问西。旧识问你，则有问必答，而且实情相告。这都是职场大忌，原因有四。第一，与旧识分别多年，相互之间不一定完全了解，并不知道旧识在心理和品格上的变化。第二，你的到来对旧识是否构成利益上的威胁，你并不完全清楚；而旧识相对你来说是老人，他清楚你是否和他有利益冲突，假若有利益冲突，旧识有可能成为你的敌人。第三，你对旧识在组织中的职业生存状态和利益结构并不了解，你初来乍到和他打得火热，虽然旧识没有直接伤害你，但相关利益冲突者有可能间接伤害你；又或者旧识在组织里正是被排挤的对象或是负面人物，你与他过于亲热，有可能很快被组织将你和他划归一类，白受牵连。第四，你不知道旧识是如何来到这个组织的。假若你不谨慎，无意中透露甚至到处广播自己和某某过去认识、在某个时期内某个单位是同事等等，在这个频繁跳槽的年代，也许旧识为了简历好看，刚好隐瞒了和你同事过的那段简历，你的举动恰恰揭了旧识的老底，置他于尴尬境地。那么他为了自救，很有可能暗地里做些小动作，令你稀里糊涂地蒙冤，甚至不清不白地没有过试用期。所以跳槽到新单位遇到旧识，应该保持一份清醒和适度的距离。

原来的同事并不一定和你没有利益冲突

有些职场人，刚加盟一家企业，自我感觉不错，就立即向刚刚离开的企业的同事广播炫耀，吹嘘新企业多好，抱怨老企业多么不好，不分对象到处说自己是通过什么关系到了新企业，甚至把跳槽过程中一些比较隐秘的事情都讲了出来。这样做有可能带来什么后果呢？既然你能从老企业跳槽到新企业，那说明新老企业之间有关联性。同行是最常见的关联，即使不是同行，也有可能存在产业链关联，即使表面看来没有任何关联，事实上也有可能存在很多社会关系关联。一般情况下，新老东家之间或多或少存在利益关联，而这些关联你未必清楚。任何一次跳槽都是一次利益主体的转换，过去的朋友也许变成了敌人，过去的敌人也许成了利益同盟者。除了明面上的利益转换，新老东家之间也许暗地里有很多利益相关者，你根本不可能知道。但利益相关者有可能担心触及他们私下的非阳光利益，因而旧同事有可能成为你的敌人，新东家里旧同事的利益相关者就有可能暗中来伤害你，但你并不知情，还把他们当朋友。所以，跳槽到新东家，应该闷一段时间，低调一些。

平常心是避免麻烦的法宝

以上所谈，职场中的经理人尤其是高级经理人更应该谨记。

当然，职场人也没有必要成天提心吊胆，感觉处处有潜伏者，搞得自己噤若寒蝉，如惊弓之鸟一般。应该将心态放平和，坦坦荡荡，没有必要犯低级错误。其实上述所讲的都是职场人尤其初涉职场不久的人常犯的低级错误，究其原因就是他们管理不了自己的情绪和心理活动，爱自我炫耀、张扬甚至心理脆弱。如果自己有平常心，跳槽有什么好炫耀的，也许就有可能减少一些不必要的麻烦。

7

空降经理人千万别把自己当人才

职业经理人初进一家企业后，除了搞清谁是敌人谁是朋友，还有一个重要的自我内心修炼，那就是千万别把自己当人才。一旦以人才自居，就会表现在口头和行为上，于是乎等待你的将是轰轰烈烈的开场，灰溜溜、惨兮兮的逃离。从此，这家你曾经奋斗过的企业将成为你的伤心欲绝之地。在权杖未握牢之前，自视人才的结果就是被权杖痛打。

空降经理人能否在企业生存下来，干出成绩，除了主观的努力、能力、经验外，还有一个重要因素，那就是心态——如果总把自己当人才，认为自己是被请来的，结果往往是试用期不过就卷铺盖走人。

英年经理人入门折戟

下面出场的，是我见过的最把自己当人才的经理人。结果，三个月试用期没过就被降职减薪，五个月后就被辞了。

此公，富有才情，年方三十，以40万年薪（2007年）加盟大M集团，任职某中心副总经理。行前找我做入职咨询，开口就是："您帮我分析一下，此次大M集团诚邀我加盟，是让我冲锋陷阵，还是革故鼎新，抑或是力挽狂澜？”我一听，就知道心态不对，太把自己当人才了！若不及时调整心态，根据我的经验，百分之百要出问题。于是我答道：“你说的这三点都不是，无论大M集团邀请您的初衷是什么，作为个人，您首先需要抱着学习的心态。这么大一个企业集团，能走到今天是无数人的教训、经验和智慧的结晶，任何个人的能量都很难与之匹敌。作为个人，加盟企业首先应该学习已经积累下来的经验智慧。在学习的基础上，才有可能适应、生存和发展，否则是自找麻烦。当然，这也不是说让你缩手缩脚，像刚毕业一样。”

听毕，这位经理人似乎认同了我的观点，并拿出小本记了不少我和他交流的内容。我心想：又麻烦了，太书生了！这位年轻人从我这里离开时，变得很谦虚，甚至有些谨慎，一反一小时前见我时的傲然和自信……可能是我们的沟通在起作用？我心想这也麻烦：短暂的个把小时沟通，就有如此大的改变。我担心他在入职后把握不好尺度，更何况他刚刚30岁的年龄，正在忽左忽右、忽冷忽热的职场布朗运动期。而且我还担心他承受不了这40万年薪的压力……

事实上，这位年轻经理人入职后的表现正是忽冷忽热、忽左忽右，心态始终把握不好。他很想表现好，可要么过了，言行盛气凌人；要么不够，凡事小心翼翼。结果，半年不到灰溜溜走人。

如果说30岁还幼稚，可即使40岁以上的经理人，也会犯这类错误。尤其刚从知名外企跳槽空降到民企的经理人，最容易犯这种错误，比如K林先生。

此公40岁时从某知名外企中国区副总经理跳槽到规模比较大的民企，两年时间换了三家公司，其中还休息了将近半年，平均在每家企业也就半年。

他找到我做职业咨询，见面的第一个问题就是：“每次老板都是把我当人才诚邀加盟，当人物似的优待，什么要求都答应我，可进去以后就满不是那回事，处处掣肘，根本施展不开，最后我不得不离开。您说这是什么原因？”

老板视“才”如宝的五步棋

在和K林的沟通中，我发现他在三家民企的工作经历有一个共同的特点，就是老板都太把K林当人才了。

第一步，进去前老板真把K林当人才。老板姿态很低，虚心求教，而且无论是行业前景，还是职务、薪酬、工作条件都非常有吸引力，再加上老板的诚心和热情，K林先生终于忍不住欣然冲了进去。

第二步，老板郑重宣布公司引进了高级管理人才，担任××高管职务。在老板的心目中，K林就像熊猫一样宝贝。

第三步，K林提的很多工作上的要求，老板也都答应。

第四步，很多场合，讨论问题时老板总是当着大家的面问K林意见，K林也热衷于展示自己，证明自己的能力和老板的器重。

第五步，K林说怎么办就怎么办。某些情况下，老板更进一步讲：他的意见就是我的意见。

上面的老板五步棋，K林打心眼儿里受用。其实正是这五步棋害了K林。

经理人自比管仲六连步

不仅老板们把K林们当作人才，就连K林们自己也把自己当人才。从另一角度讲，之所以老板把K林们当人才看，是因为K林们自己把自己当人才看，在老板面前吹嘘了一大通，最后老板发现上当了，于是又千方百计想把K林们逼走。

下面，我们就演绎一下K林们把自己当人才的过程。

第一步，进来前以师自居。K林们有时尽管嘴上谦虚，但心里并不谦虚，认为老板请自己来，就是解决问题的。进来前老板向自己逐一请教了许多解决问题的办法，那么进来后自己就应按与老板沟通好的来解决问题，并向老板申请了许多特权，把自己当成了企业的救世主、老板的老师、治愈其他员工的医生。

第二步，入职后高傲，蔑视一切。K林们把自己当成了救世主，所以把自己的心态放到了比普通员工更高的位置上。试想，提前有老板亲授的尚方宝剑，进到企业后能把自己的身段降下来吗？很难。所以，蔑视一切，甚至包括老板。

第三步，口无遮拦，轻狂至极。正是由于有如此高傲的心态，所以才在言行之间透露救世主和老师的做派："你们不行！你们要行的话，还请我来干吗？"甚至认为老板也不行，因为老板也解决不了问题，所以才请我来。于是处处以教训的口吻对待元老："你们这种做法太老旧了，太落后了，太土了！必须彻底改变。"曾有外企工作经历者甚至会说："你们中国人怎么怎么……"

第四步，生搬教条。语言轻狂外，还表现在实际操作上，把过去在其他企业的经验做法往本企业套，随意改变企业现有的流程制度，以为自己过去的操作办法就是先进的。

第五步，批量裁减员工。更有甚者不顾实际情况，大胆起用所谓先进的绩效考核方法。这几乎涉及每个人的饭碗，通过搞末位淘汰，批量裁减员工。

第六步，招募新人和旧臣。裁减员工的同时，又不得不招募新员工，甚至招聘自己的旧部等。

成为“人才”后的步步深渊

让我们分析一下K林们上述做法的严重后果。

第一，被妒火烧烤。高级的职务职权、丰厚的薪酬待遇、特殊的工作条件，再加上老板的诚心和殷勤，能不招人嫉妒吗？从人性来讲，空降进来，没有任何业绩就有如此优厚的待遇，谁不嫉妒？所以，空降经理人首先遇到的是老板以外所有员工的嫉妒之火。

第二，成为众矢之的。入职后，老板公开肯定你是引进的高级人才，并把你当人物宝贝似的供着、敬着，这不就等于宣布了别人不是人才？老板在抬高你的时候打压了其他人，你的存在给他们的生存造成了威胁，于是你不仅成了大家妒火中烧的对象，又成了箭靶子。

第三，遭暗器袭击。高傲的心态、救世主般的口气、教训人的嘴脸，都在无形之中伤害着各层面员工的自尊心，试想这些人能不反击吗？他们会用各种办法，一剑挨一剑刺向你。也许你会感觉到，也许你根本就没有感觉到，因为你正忘乎所以。

第四，遭众人围攻，步履蹒跚。随意改变制度、修改流程，其结果是触动了人性中的第二天性——惰性。只要做制度和流程的改动，就会改变大家的舒服程度，这一改动不要紧，你等于与大家为敌。你让别人不舒服，别人能让你舒服吗？群起而攻之，甚至公开和你近距离肉搏战，你感受到了大家要把你压倒，却只能步履维艰接着前行。

第五，遭遇组织抗击，变成“残废”。绩效考核涉及每个员工的切身利益，末位淘汰会使绩效差乃至平庸的员工心生恐惧，批量裁员等于端掉了他人饭碗。新官上任三把火，裁减员工是最厉害的一把火，烧得人心惶惶、人人自危，于是大家开始有组织地反击。你的令发不下去了，你失去了眼睛、胳膊和腿，就变成了“残疾”。所以我曾说：上任就裁员是不通人性的，而没有人性的经理人能把企业做好吗？

第六，老板忍不住出手，经理人由残疾变囚徒。遇到了整建制的抵抗和正规军的反击，你火冒三丈，把一个个经理、总监开掉或逼走。你急需把自己从残疾恢复成肢体健全者，于是快速招聘人马，甚至招聘旧臣部下，于是乎新的问题出现了：新人同样不了解情况，会在你的指挥下共犯常识性错误，于是新人团和老人团打将起来，企业一团糟，正常的经营无法保证。这时老板出面了。第一，质疑你的能力：为什么搞得一团糟？本来让你来推进企业发展的，你倒好，把企业带入了战争状态。第二，质疑你的动机：你干吗总换老人？不断招聘自己的旧臣，动机何在？这样下去，企业即使不崩盘也变味了。再加上众多老人的鼓噪，以及语重心长的忠告——“我们离开了无所谓，您可要小心某些人的动机不纯，千万警惕啊！”更有好事者，会抓住K林们新政后带来的问题不放。于是，最初老板眼中的红人，会迅速从残疾人变成阶下囚，彻底败倒。这就是经理人太把自己当人才的悲惨下场。为此，我建议：空降经理人千万别把自己当人才，无论入职时多风光，都应遵循角色规则。

入职之后，只是员工

人才是需要吸引的，员工是需要凝聚的。人才不吸引是进不来的，员工不凝聚是干不成活的。众多K林们遇到的问题，就是没把自己的身份搞清楚：进门前是人才，企业会用各种办法吸引你；进门后就变成了员工，只不过级别不同。是员工就需要凝聚，凝聚靠什么？靠文化凝在一起，靠制度聚在一起。而文化需要认同，制度需要遵守。K林们乐在发动企业文化的“革命”，何谈认同？总是随意超越制度、改变流程，又何谈遵守？

为什么会这样？原因就是K林们没把自己当员工，没有把自己当成企业人，依然自视人才，当成局外人。自己的心没有沉下来，是不可能对企业真正负责的。这样的心态造成的后果，是留下一个烂摊子让老板收拾，带来阵痛和苦果让其他员工承受。企业要他何用?

因此，无论多么大腕儿的经理人，空降后要想把事情做好，第一要把心态调整到位，把姿态放下来，先把自己当员工看，老员工才会把你当成自己人看。自己都把自己当成了局外人，他人怎么会把你当成局内人？局外人也许能看明白事情，但一定做不好局内的事情。

我也常听有些经理人讲："老板请我来，就应该给我创造一个宽松的工作环境，让我痛痛快快地干一场。"我就反问一句："凭什么？"老板要是能把所有的事情摆平，还要你来做什么？况且是老板请你来，但其他人并没有请你来，凭什么其他人都得为你服务？

所以，经理人正确的想法和做法应该是：自己为自己施展才华创造宽松的环境。不仅如此，凭借自己的能力和智慧，还应该为更多的员工创造宽松的环境。这才是经理人的职责。如果自己真有才的话，应该用在这个地方。

总之，经理人要想做出成绩，不能仅仅停留在做事的层面，而应该迈上更高的做人层面。否则，你还只是一名专业技术人员。如果你讨厌复杂的人际关系，那么劝你还是专心做一名专业技术人员，当然也就别再奢求高级经理人的薪水和待遇。

8

职场经理人的四大角色

不以人才自居，正确认知自己的角色，是职业经理人握到权杖、正确运用权杖的前提。作为一名职业经理人，哪怕是董事长一人之下的总裁、CEO，也要了解你在组织中的四种角色，即领导者、管理者、被领导者、被管理者。在不同情景下，对自己的角色认知清楚，才会准确地发挥自己角色的功能。

笔者自从大学（企业管理专业）毕业参加工作起，从最初的一名普通员工成长为一名中层管理人员经过了6年的时间，后又在中层管理岗位磨炼了5年，接着在企业高层领导者岗位上历练至今。2003年创业，专做高端猎头服务，算是明白了“读万卷书不如行万里路，行万里路不如阅人无数，阅人无数不如名师指路”。无论是旁观居于企业高位的明星经理人，还是再回首自己的如烟往事，皆层云胸中，感慨万千，越发觉得角色意识在职业发展的过程中实在太重要了。没有角色意识，一个人就不好找准自己的位置，就不会有准确的角色定位。定位不准，也就谈不上顺利成长和成功。

人生是个大舞台，每个人都是演员，只是角色不同罢了。自己所扮演的角色是否成功，是否演到位，关系着个人人生的成功与否。当然，要把自己的角色演好，除能力外，角色意识非常重要。观察你的周边，往往会发现有人不是没有能力，也不是不努力，可就是与成功无缘，重要的原因就是缺乏角色意识。一名经理人在工作中担任着管理者、领导者、被管理者、被领导者四种角色。要想干得出色，换句话说要想成功，就必须同时把这四种角色扮演好，缺一不可。

管理者的角色

作为一名经理人，他的首要任务是把员工管理好，把方方面面的工作安排得井然有序、有条不紊，从而维持日常工作的正常运转。连正常工作都维持不了的主管肯定不是合格的主管，也就是没有演好管理者的角色。某单位曾发生这样一件事：一位处在比较重要管理岗位的员工离职时，接管工作的主管不认真履行交接手续，认为交方是一起工作多年的同事，不会出问题，所以草草签了交接表，没有认真检查核对，而且还允许已离职的员工滞留在已是自己的工作岗位上好几天，自己也不好意思表示异议。几天后，随着这位接管工作的员工逐渐熟悉新接手的事务，才发现已离职的前任给他的后续工作埋了好多“地雷”，而且还牵涉资料的严重丢失问题。而离职者已经跑到了另外一家同类的公司上班。结果可想而知，不仅接管工作被动混乱，而且公司的正常经营也受了很大影响。这种现象在当今技术含量较高的科技型企业尤为普遍，因此数据公司、研发公司特别重视知识成果管理，特别在意竞业禁止规定。实际工作中，人们往往把握不好管理者这个角色，不愿管、不敢管，尤其涉及情感方面的事情，就更是如此。不好意思，怕得罪人，做老好人，或认为鸡毛蒜皮的小事不值一管，都会导致工作状态混乱无序，甚至引发严重后果。这就是没有扮演好管理者角色的结果。

领导者的角色

何谓领导，就是帮助下属发现问题、解决问题。新冠疫情暴发前，某企业中一位从来没有做过业务的人力资源老总临时接管湖北大区总经理，在2020年带领员工打了大胜仗，成了全集团增长率最高的团队。这可是一家零售企业，靠的是什么，就是领导力。他帮助下属发现问题、解决问题，和做得好的下属一起总结经验，并推广经验。领导就是帮助员工“出主意，想办法”。这话说得非常通俗易懂。其实领导和管理是相对而言的，如果说管理是为了组织规范有序，那么领导就是要使组织活跃起来，从规范状态变为激发和运动状态。管理工作和领导工作相结合，就是要求在规范有序的状态下，尽可能地发挥出每一名员工的创造性和积极性；如果说管理是为了让组织维持日常工作正常运转，那么领导就是让组织不断地创新、不断地超越。综合起来讲，管理工作和领导工作相结合，就是在保证组织正常运转的前提下，通过领导者的领导力来改变原有工作程序中不合理的地方，使工作的程序、组织结构、人员组合发生质的改变，从而产生乘法效应；通过领导者的领导力来调整每一名员工的精神状态，让其在宽松愉快的氛围下工作，从而达到使员工积极发挥潜能、主动张扬个性和彰显智慧的目的，不仅提高日常工作效率，而且提高日常工作的品质，优质高效地完成日常工作。如果单纯从人的角度来谈管理和领导，可以这样说，管理是限制人性中对工作的不利因素，领导则是通过艺术的手段使人性中有利于工作的要素张扬出来。

现实工作中，不乏这样的经理人，性格四平八稳，管理部门以不出乱子为最高准则，工作上挑不出什么毛病，部门也能稳定正常运转，可就是没有什么突出的特色和优势。长此下去，员工也都安于现状了，认为目前平平稳稳就很好。若有一位员工提出不同的建议和主张，即使领导不说什么,周围的员工也会“好心”相劝:“还是甭冒尖了,折腾什么呢?把自己手头的活干好就是了。”一个组织若形成这样的氛围，迟早会遭淘汰。因为这样的组织压抑了人的创造性,组织也就丧失活力而停滞不前了,而社会在前进，市场环境在发生变化，一个不变的组织在日新月异的环境下生存和发展几乎是不可能的。一个组织变化和前进的速度只有高于社会平均前进的速度才会发展，否则最多也只是维持现状，一般情况下是会被淘汰的。领导必须要有领导的角色意识，要与时俱进，引领组织前进。如果没有这种角色意识和能力的话，还是及早退出领导岗位，纯粹做一个被领导者。即使是一个小小的班组长，仅领导了几个人，也必须有领导角色意识，否则是不称职的。

被管理者的角色

经理人能把本部门工作做得很好，这样的中层既是成功的管理者，又是出色的领导者；但就是与其他部门关系紧张，与平级的管理部门搞不好关系，其原因就是没有演好被管理者的角色，或者说根本没有意识到自己是一个被管理者，没有被管理者的角色意识。创利大户（功高于他人的部门经理）或主要管理部门的负责人很容易成为这种人。主要业务部门或主要管理部门的负责人认为自己功劳最大、最重要,因而不服管,甚至不服高一级领导的管理。这是十分危险的。一个组织之所以正常运转,就是因为有不同的部门在维持。就像封闭的自行车链条一样，缺少任何一个链环，自行车都不可能正常运转。不同的管理部门履行着组织的不同职责，如果有一个部门的负责人不服管，那么整个组织不就不能正常运转了吗？如果多个部门负责人不服管，那么整个组织就瘫痪了。经理人和组织中的任何一员，都应接受管理，努力扮演被管理者角色。实际工作中，有些人可能扮演管理者和领导者时角色意识很到位，但往往没有被管理者的意识，即使接受了他人的管理也不情愿。因为在这部分人的意识当中，被管理是一件不光彩的事，尤其自己在下属面前接受他人的管理感觉面子上过不去，这就是人们常说的“能大不能小，（这种人）吃不开”。其实，这种人就是缺乏角色意识，自己在面对管理者时就是一名被管理者。作为被管理者，不接受管理岂不是不正常的吗？作为被管理者个人来讲，不是处于危险的境地吗？因为你在违反组织制度，打破组织的游戏规则，意味着要动乱，这难道还不危险吗？这样的部门负责人，此时应设身处地地想一想，当你在按规章制度管理他人时，他人不服管，你会是什么心情，你会怎么想？你会首先意识到，此规矩要破了，他人就会跟着效仿，规章制度将变成一纸空文，组织将会乱了。在日常的管理工作当中，往往是越重要的管理部门负责人，被管理的角色意识越差；功劳越大的部门负责人，越容易居功自傲，总想超越被管理者的角色；权力越大、级别越高的领导，越容易在有意无意间忽略了自己被管理的角色。其实，越是位高权重的领导，越要注意要有被管理的意识，因为这时一般的管理者是不敢贸然去管理高一级领导的，如果高一级再不自觉，又没有角色意识，那问题可就大了。高一级有特权，很快就会传染给相关部门和相关负责人，他们自己会主动给自己授予特权，这样组织的规章制度就成了橡皮筋儿，不起作用了。制度面前不能人人平等，大多数人就会有意见，就会影响到正常的工作和员工积极性的发挥。作为领导者是最不希望这样的，可这又是谁造成的呢？这就叫作茧自缚，自己给自己出了一道难题。怎么办？解铃还须系铃人。领导者自己要有被管理意识，愉快地接受他人的管理！如果你是一位想成就一番事业的人，如果你是想把自己的组织打造成一流团队的人，如果你想使你的属下个个都是精兵强将，那么就请你培养起自己被管理的意识，扮演好被管理者的角色。只有如此，你才可能是个出色的管理者，你的人生道路才会越走越宽广，你才会是成功人士，你才会步入事业的顶峰。

被领导者的角色

工作中往往有这样的情况，有的经理人有很好的群众基础，不但本部门的人拥护他，周围的人也说他不错，可他为什么就是升不到更高一级的领导岗位上呢？也许好人的优点他都有了，群众拥护，同事有口皆碑，可就是在领导的眼里不是好干部。原因就是这样的部门负责人缺乏被领导的意识，他可能愿意接受同级别部门的管理，但不愿接受上级领导者的领导，不仅不认为这是犯上，而且还向下属和同级别的人炫耀自己有勇气，因此他得到了群众的拥护，受到了同级别同事的称赞，然而他却气坏了领导。试想，这样的人哪一个领导愿意重用？也许大家会说“领导都愿用顺毛驴儿”，其实这错不在领导，而在下属。作为下属，由于考虑问题的角度不同、信息不对称，结论不可能完全和领导一致，思路不会有领导那么全面。因此，当领导做出决策、下达命令时，下属最好贯彻执行，愉快地接受领导，把领导交给的任务保质保量地完成。作为领导，采取点手段和艺术来调动员工的积极性是再正常不过了；作为下属，这时应该主动配合领导把自己的积极性发挥出来，带领自己的下属一同发挥出积极性来，而不应该是“少给我玩儿这一套，这点把戏我还看不出来，这是让咱继续拉套呢，不上他的当”，甚至公然站出来，揭穿领导的“把戏”，和领导对着干。本来领导的一片好心好意，让这样一位敢于犯上的没有被领导意识的部门负责人给搅和得难以收场，大煞风景。试想，这样的下属，这样的部门经理，哪一个领导敢用、愿用？领导就是要保证组织目标的实现，需要大家精诚团结，亲和一致。领导无论是做决策、下命令、采取领导艺术调动大家的积极性，都是为了组织目标的实现。作为下属自然要执行决策和命令，接受领导的调动艺术。即使“识破”了领导的领导艺术，也不要自作聪明，张扬出去。其实作为下属，也应该主动地猜测领导的领导艺术背后真正的用意，并主动向领导的用意方向去努力。只有这样，领导的领导艺术潜能才会发挥到极致。只有这样做，作为下属，你的被领导的角色才会扮演到位。当然，对领导的违法乱纪的“艺术”，你可以不配合，也不能配合。

演员就要演好角色。一名经理人，即使是集团公司总裁级的经理人，也要演好自己的四种角色。这不是一件容易的事，但也不是一件难事，关键在于是否有这四种角色意识。有了角色意识就有了演好的前提，余下的就是能力的问题。如果这四种角色都演好了，可以说您的事业是成功的；如果您在生活中的角色也能演好的话，那么您的人生肯定是亮丽鲜活的、多彩多姿的、风光无限的。

9

空降经理人如何度过文化排异期

职业经理人除了明白并扮演好职场中的四种角色外，还有一个纠结就是文化的排异性。一般情况下，专业的排异性很小，主要是文化排异，这是不可避免的。因此，本篇告诉职业经理人度过文化排异期的五大铁律。度过排异期，然后才能有机会舞动权杖。

空降到企业的经理人在试用期结束时面临着转正与否的问题。能否转正关键看两条：一是专业能力，二是对企业文化的认同度。本篇主要谈后者。

几乎每一名空降经理人进入企业后都面临着同一个问题，那就是对企业文化的排异反应。这种排异反应很正常，关键是排异的时间长度、激烈程度。正常情况下排异期是3 ~ 6个月，超过6个月就属于超长，很难生存下来。我见过不少老总专业能力没有问题，就是文化排异反应过于激烈，要么被否，要么自否，因此往往过不了试用期就走人，这对双方都是损失。

下面出场的，就是一位因文化排异过于激烈而愤然辞职的经理人。

愤然辞职的理由

我见过这样一位老总，他刚刚在一家近3000人的民营企业工作了两个月，最终忍无可忍离开了。聊天中可以看出，他是带着怨恨离开的，说到激动处就骂将起来，用他的话来讲：“这两个月简直是住监狱！”过后我调研了一下该公司，还是一家很不错的企业，在某一细分制造业位居三甲，年营业额20多亿元。

我问他是怎么去的，他回答道：“咳，朋友把我的简历挂在网上，被他们搜到了，老板的秘书就跟我电话联系。我们电话沟通了两次，网上查询资料，通过圈内朋友了解，总体感觉还不错。春节前，老板来北京出差，我们就见了面。聊得非常投机，老板把他的宏伟蓝图做了激情发布，对人才的渴望展露无遗，我被感动了。春节后，我到南方出差，顺便到企业看了看，老板热情招待，并领我现场参观，力邀我加盟，出任常务副总裁，给予了翻倍的年薪承诺。很快，三月上旬我就走马上任了。”

走马上任后怎么样？他对我的问话做了如下回答。

“第一，协议迟迟不签。理由是先干再说，最好过了三个月再说。

“第二，常务副总裁的职务迟迟不任命，只给了个董事长助理的身份。说是平衡其他人的关系，便于生存下来，适时再任命。

“第三，工作内容也不是全面的经营管理工作，而是只给了个负责筹备上市工作小组负责人。说是小组，就我一个人，连个文员秘书都没有！搞个什么东西还得低三下四地求办公室主任和秘书。我以前担任上市公司（国有企业）总经理，什么时候这样憋屈过自己，这次算把我憋闷死了。

“第四，原来许诺的年薪，到月头上该发时，迟迟到不了手。我问财务，磨唧了几天后，财务给了一张农行卡。我到银行一查，鼻子差点没气歪，只有区区8000元，距离承诺的薪酬差得太多！于是我去问老板是否发错了，老板解释说：没有错，只是不便走财务，怕大家知道了元老间不好平衡，就这 8000 元也算是最高的。不足部分到我这里领现金就是了。老板虽这样说，但其实没有给。过了几天又找老板，老板说：从安全角度考虑，先放我这里。如果你需要，给你也行。我借口说家里用钱，老板就给我了，一数，与最初的承诺还差 40%！我问老板是否错了，老板说：余下留着年终发。我说这与当初沟通的不一样，老板说：全公司所有人都是先发 50%，余下 50%绩效考核后发，你这 60%还是权衡后的结果。看来还是照顾我了。承诺的薪资就是不给，我也没有办法，总不能去抢。

"第五，原来承诺每个月有四天集中回京休息的假期，也不给了。到日子总是不同意，安排了很多事情，并说：所有人都不休息，春节集中放假 45 天。

"第六，老板说话江湖气息太浓，有点'黑'的味道。尽管不是说我，但听着也不舒服。

"第七，管理混乱，毫无章法，各种安全隐患随时都可能发生。

"第八，七姑八姨都在关键岗位上，我说谁也不听。连老板一个跟班秘书在公开场合都能给我派活儿，对我根本不尊重。

"尽管如此，我还是坚持了两个月。中间沟通了多次，老板都口头答应，但实际中就是照旧，所以我就离开了。"

国企老总到民企的文化冲突

其实这位经理人反映的问题归根结底是文化冲突问题。他原来在国有上市公司任总经理，跑到南方某地级市的民营加工制造业企业，文化冲突必然是有的。更何况这家企业从来没有用过如此高级别的经理人，老板根本不知道如何与一名高级经理人打交道。这就像一位十分草根的人陡然娶个公主，尽管两人一见钟情，但真过起日子来必然会冲突不断。

因为经理人有自己的风格，企业也有自己的积习。两者走在一起时，必然有相互的排异反应。

经理人会想：是你企业、你老板把我请来的，我不是普通的打工者，企业应该顺应我。这种想法合乎情理，但不现实。老板也清楚这一点，主观上也想对经理人好一点，但老板做不到。因为企业原来的整套系统正在运转，企业文化就像空气一样渗透进组织的各个毛孔，大家都习惯了呼吸这样一种空气。陡然进来一位经理人，感觉空气味儿不对，非要换成他自己过去经常呼吸的空气。换的结果是经理人一人舒服，所有的人都不舒服，包括老板。甚至大家呼吸了这种新换的空气后，可能由于不适应，引起综合征，企业死亡。这不是没有先例。

作为老板，引进空降经理人就是想改变企业现状。但换空气只能一步步来、一点点换，每次换都在大家可适应的范围内，经过长时间的量变积累，引起质变。这是变革企业文化应该遵循的发展道路。因此经理人必须明白这一点，跳槽前应该有所选择，如果文化差异特别大，就不要去了。如果自己的适应能力特别强，倒不妨试试，就像唐骏从微软跳到盛大，居然能够干满三年。

官人到民企的文化排异

前面是国有企业上市公司总经理空降民营企业因文化排异导致失败的案例，但两者还同属于纯粹的企业，只是国有和民营之分。下面谈一下政府公务员跨界空降民企的文化排异。自 2014 年以来，政府公务员，尤其处长和司局长们下海到民企当老总的案例比比皆是，成功者有，失败者也不少，甚至有些高调去，灰溜溜走。这些敢于下海到民营企业去的处长、司局长、县市长们，能力应该不成问题，问题是从甲方到乙方的文化排异。

2020 年，疫情期间，一位体制内核心权力部门的处长入职一家民营企业，而这家民营企业还是相对规范化和职业化的。前六个月，工作干得不错，在老板的直接领导下，帮助企业解决了几个多年顽固问题。老板很肯定他的工作，但他本人却极其郁闷痛苦，起因是和他同时期进公司的另三个人年薪比他高一级、两级甚至三级，那三位是从市场上招聘来的，年龄都比他小，天天坐办公室啥事都不干。

在这位处长的试用期内，我定期或不定期主动与他沟通。三个月后，他因负责的项目有明显进展，自信心提升了，怨气也大了，说这太不公平了，总是忍不住冲动想找老板和人力资源老总去谈涨薪问题，都被我摁住了。我和他讲：这是市场化的民营企业，你拿到的每一分钱都是老板给的。老板是怎么想的，老板是怎么算账的，一定要明白。企业要生存发展必须有利润，没有利润企业也就没有资格存在下去。这利润就是每个员工的价值贡献，一个岗位有时会招两三个人赛马，谁的贡献大就留下谁。试用期过后谁会留下，当然是对企业有价值贡献的；如果要留下一个的话，一定是贡献最大的；做了同样的贡献，谁会留下，当然是工资低的。在同一时期，做了同样的贡献，要留下一个，谁会留下，是在公司时间久的、相对的元老，因为元老和新来的人相比，还有历史贡献。这就是民营企业文化，与政府体制及国有企业是完全不一样的。

当然，除了能办事、有价值贡献外，老板有时也有多维度考量，看能否长期共事，能否大用、重用。看你面对不公平的环境，是怎么考虑和应对的？如果仅考虑眼前利益，斤斤计较；如果遭遇不平，直接去要、去闹，甚至不惜牺牲工作……如果没有上述负面因素，这人就可以用；如果不计较个人利益，这人就值得长期用；如果能够包容忍让不公、考虑周全，这人就有提拔重用的可能性。这就是市场，从政府出来的人，到市场就要面临这样的文化排异。

我见过不少从带“长”的岗位下海到民企的政府公务员，觉得自己终于自由了，于是一年跳一次甚至两次，沉不下来，甚至把政府内的人际斗争、权力游戏移植到民营企业。这就很难在民营企业生存下来。跳了几次后，就跳不动了。当然，做大了的民企有时比国企还国企，也有派系纷争、人事斗争，但民企最终是要靠利润生存发展的。每个人对企业的价值和贡献，老板都明了于心。

这位处长在试用期之所以薪酬低，是因为前几年这家企业用过一些体制内的人，不仅没有做成事，还搞人事斗争耽误事。有一段时间，老板不用体制内的人，但是遇到了一些难题。我建议他试一试体制内出来的人，能够入对门、找对人、说对话、办对事。老板听了我的建议，就试用了这位处长，一试，有疗效。既然是试用，自然不愿意付给市场上该岗位应有的薪酬，试用期因工作卓有成效，不仅转了正，薪酬也涨了20%，恢复到了市场薪酬水平。

其实体制内出来的人大都还是有本事的，那为什么有人没做成事情呢？核心原因就是受困于官人转战市场所必经的文化排异，没能尽快融入民营企业的文化氛围。

前面谈到的这位处长，如果不是猎头推荐，老板不会试用；如果没有作为猎头顾问的我一直跟他保持有效沟通，面对薪酬不公的问题，他会怎样做呢？恐怕会忍不住去跟老板讲，去跟人力资源老总讲，要求给他涨薪。如果得不到及时回应或涨薪，就会心情不好，带着气愤和郁闷的情绪干活。遇到工作的难题，不那么上心去做，工作效果就会大打折扣，过不了试用期。即便勉强过了试用期，老板和他本人都觉得没多大意思，很快又会分手。这样他就有可能在离职后进入自由跳槽的怪圈，职业生涯都会毁弃。

其实，很多体制内出来的人，没有遇见好的猎头顾问从中穿针引线，给予有效的专业咨询，做好心理按摩疏导，结果被市场残酷棒击，陷入职业生涯的布朗运动之中，本人很难再步入正常的职业发展轨道，对社会也是极大的人才浪费。本来好端端的一棵职业经理人的苗子，因为文化融入问题被摧毁了，实在可惜。

互联网经理人与传统企业的文化排异

2020年9月，我见到一位实现了财富自由的互联网牛人，30多岁，半年前加入一家传统企业，担任互联网商业模块的CEO。试用期没过，就愤然辞职，原因是：初期无法与集团职能管理部门的人沟通，与人力、财务、法务、审计、行政等都发生摩擦；三个月后无法跟老板沟通，老板非要插手具体工作怎么做，开会的时候与老板谈崩了，情绪上来，当场辞职走人。

互联网商业虽只诞生了20年，却几乎改变了人类的一切，影响着社会的方方面面，传统行业正在被互联网冲击和颠覆。做传统生意的民营老板也希望能在互联网的领域有所斩获，让自己的企业长出互联网的翅膀，飞翔在新时代的天空。仗着资金、资源的优势，老板们兴冲冲进军互联网，期冀把现有传统生意改造成互联网模式。干互联网生意自然需要互联网人才，于是很多互联网企业的经理人或有潜质的互联网人才被挖到了传统企业，开始了传统企业嫁接互联网生意的新创业。

为什么这些互联网经理人愿意到传统企业来开疆拓土呢？互联网领域的经理人最具创新、创业的基因，干到一定程度后，大多想自己独挑大梁创业。有些经理人就这样依靠过往大企业的光环，吸引到一些风投或天使投资，开始了自己的创业梦。然而，创业成功的概率是极低的。在煎熬中遇见传统企业的老板垂青，如同久旱逢甘露，欣然不已。这些曾经创业的互联网经理人，非常清楚纯互联网型创业公司的短板——只有商业逻辑，没有实际应用场景。而有现成的应用场景，正是传统企业的优势。此外，传统企业老板有现金流，而且在行业内有一定的影响力。

于是，这些互联网经理人和传统企业老板一拍即合——被老板的伟大商业梦想所打动，能获得很高的薪酬及股权激励，同时还被给予很大自主权，于是激动万分、义无反顾地加盟传统企业，开始了互联网与传统企业资源整合的伟大创业。可惜的是，理想丰满，现实骨感，希望变成失望只是时间问题。

一部分互联网经理人进入传统企业后没多久，就发现自己什么都干不成。尽管这些传统企业的老板们，梦想是伟大的，雄心是万丈的，心意是真诚的，更砸了不少钱，却都无济于事，原因就是文化的冲突。这些冲突体现在以下六个方面。

第一，薪酬。传统企业都是固薪为主，股权激励为辅。互联网经理人在入职前，认为固薪比在互联网企业时翻了倍，感到非常满意，进入后才发现自己这点固薪与其他高管相比实在是不好意思说出口，就是个中层经理的收入水平，渐渐地心理不平衡。至于老板给予的高股权激励那是远水，解不了欲望的近渴。

第二，固有的流程制度体系约束着自己。自己想干什么都有人卡，啥都干不成，只有在电脑上编代码和画图没人管。因为传统企业就是通过流程、制度、体系来管人管事的，而互联网企业则主要是靠目标牵引，过程自主，所以互联网经理人到传统企业总感觉啥也干不成。

第三，成果得不到认可。自己受委屈憋闷着干了几个月，就几屏代码和图表，别人看不懂，老板不明白，干的成果大家都不认可，老板也不知道该不该认可，因为超出了老板的认知边界。传统企业干的事情都看得见摸得着。做公共事务的同事，帮助引荐了几个人，办了一些事情；做企业文化的同事，也设计了 VI、BI，印制了册子，举办了活动，网上做了推广；更不用说传统的拜访客户，实实在在的销售业绩摆在那儿。

第四，老板亲自插手。本来说好了，经理人干自己的，老板啥都不管，但经理人的成果超越了老板的认知边界，老板起急也不置可否。一些老人趁机开始嚼舌根，于是老板忍耐不住就亲自过问，甚至亲自部署、亲自指挥，用自己的传统认知来评判互联网经理人做的事情。这种不在一个频道上的对话，让互联网经理人内心极度不爽，因为老板这些打法太传统了，如果这样打，还要互联网经理人干吗？于是矛盾就产生了。

第五，不在一个频道，无法沟通。在矛盾纠葛中前行的互联网经理人，渐渐发现与老板和固有的传统团队，根本就无法沟通。怎么能把传统的生意模式搬到互联网上就叫互联网生意模式了？互联网生意模式之所以优于部分传统生意，就是标准化，数字化，去掉了一部分人为的操作，大大节省了人工成本，体现出极强的竞争优势。比如同是卖保险，传统卖保险和互联网卖保险，服务理念和成本相差悬殊，传统保险服务业的成本主要是外勤展业的人工成本，而互联网保险的这部分人工成本几乎为零。做传统保险的老板和互联网保险的经理人彼此是很难沟通的，二者不发生冲突碰撞才怪呢。

第六，传统企业做互联网生意的巨大障碍，就是做传统生意的经理人根本不可能支持老板做互联网生意。禀性直的，会公开反对老板做，对待老板请来的互联网经理人，更是公开抵制、诋毁、打压、阻碍。老板得平衡这些新老矛盾。企业中原有做传统生意的经理人干的都是主业，会认为钱是他们赚的，凭什么要给那帮骗子、孙子造？平时言语间充满了仇恨，行为上最大限度地给予抵抗。这是传统企业请来的互联网经理人遭遇的最大抵抗。

因此，传统企业老板是很难把互联网生意做起来的。无论是王健林的非凡梦，还是恒大、融创、碧桂园、格力等老板的互联网雄心，都半途而废，不了了之。放眼市场，还没有见过任何一家传统的公司做成互联网生意，没有一个传统商业巨头在互联网领域有所建树。传统生意的大佬们，都是地上奔跑的狮子、老虎、大象，而互联网虽然很草根，但是天上飞的小小鸟，这是传统工业生意进化的结果。狮子、老虎、大象多么强壮，但就是飞翔不起来；而互联网经理人，作为鸟类一族，也慎入传统王者组织,谈文化融入是没有结果的苦肉计。两者就不是一类动物，各有自己的领地。

有互联网经理人曾经问我，为什么这些传统商业大佬，就不能做一个投资者？把钱投资给这些互联网人或互联网投资基金，啥都甭管，没准会给你个意外的惊喜。我回答，这些大佬是不会这么干的，因为他们是商业英雄，他们骨子里有一种执着坚韧的品质，血液里流淌着亲自操盘的澎湃激情，追求的是亲自把事情做成后的成就感。如果不这样，他就不会有过往的成功，这些已经是他们的习惯。他们已经很有钱了，追求的是他自己做成了这件事，对纯投资赚钱兴趣不大。如果想通过投资来获得互联网商业上的成功，那不是他们，那是投资家的事情。因此，互联网经理人慎入传统企业。

传统企业不利用互联网工具来做经营管理一定会被淘汰，但传统企业进军互联网鲜见成功。如果把传统生意比作搞煤炭贸易，过去通过骡马来运输，后来就要用火车来运煤，但千万不可在原有煤炭贸易生意的基础上造火车、造高铁，那是造不出来的。工业时代的企业家们，是不可能成为互联网大佬的。大家不都见证了王健林和马云、董明珠和雷军的对赌吗？

在这方面有太多的案例。无论多少传统大佬砸入了多少重金，挖了多少知名的互联网人，都以失败而告终，原因就是文化差异。传统企业的文化是什么？是组织为大，是流程至上，是固薪结构为主，是制度，是层级报告，是服从命令，是绩效考核文化。这与互联网公司中只有大的方向，没有具体的工作目标、任务指令完全不同；与互联网公司的开放、平等、分享、去中心化文化截然相反；与互联网公司只以成败论英雄，结果导向的创业氛围，无时无刻不在变化的生态环境完全相悖。

传统企业的做事方式和方法是工业化时代的产物，是在外部环境相对稳定的前提下实现内部流程化、制度化、体系化的产物。而互联网超越传统、升级换代、新生而来，否定了传统企业中繁琐低效的流程体系制度，创造了看似无序的却有效率的创业、创新、创造的基因。

非互联网经理人与互联网文化的排异

近年来，互联网企业对传统行业攻城略地，几乎所向披靡，传统企业纷纷倒下。互联网成为这个时代的商业霸主，但并不就此罢休，互联网巨头纷纷利用平台流量的优势，进军线下市场，比如盒马生鲜、饿了么、美团等。于是，他们又从传统企业招聘职业经理人，来打理线下生意。互联网企业生意规模做大时，产生大量的社会问题，于是又聘请了大量做公共事务的人，这些人有的来自传统企业，有的是来自政府的公务员等。这些非互联网人才在加盟了互联网后，面临着巨大的文化反差，也有融入问题。

部分传统企业的职业经理人加盟知名的互联网企业，反映最多的痛苦体验是：工作没计划，天天变，绝大多数项目虎头蛇尾，一项工作刚展开，又来了另一项工作，原来的工作不得不停下。从来也没有人问一下为啥停，来个经验总结什么的，感觉每天在毫无秩序中运行，惶惶不可终日。此外，组织每天变来变去，人员走马灯。所以，实在受不了这种无序杂乱的工作生态。

互联网文化的核心是创新。组织只有一个大方向，在这个大方向的前提下，无法阶段量化工作，也无法量化每个人每一天每一分钟干什么，只能靠强大的内驱力，不断地创新创造。所以，人与人之间也不会有明确的组织体系关系，没有严格的流程、制度，不会等级森严。任何人都可以畅所欲言，分享自己的想法，可以对他人的想法提出质疑。因为没有经验可参考，没有固定的商业模式可抄袭，大家只能试错。有人提出思路，大家讨论、争执，认为逻辑上可行，就可以试试。于是大家都在试，不行了，再探索，再尝试。所以，组织里没有权威，没有核心，给人的感觉就是每天都在变化。

非互联网企业的经理人，过往在其他组织都熬成了油条，发言时左顾右盼、思前想后，照顾他人的面子，生怕伤到了谁。在这里如果还这样，也许开几次会，就没人叫你了。自认为很正确的观点一出口，很多人包括你的下级，会劈头盖脸驳斥一番，你会感觉很没面子。作为经理人或体制内的官人，过往大小是个领导，带百十来号人甚至更多，同僚、下级谁不给你个面子，在这里统统没有了，连面子的概念都没有。

企业做大了，有一定的社会影响力，就需要公共事务人员。互联网公司的公共事务也不同于其他商业驱动型的电商公司，几乎很少主动找政府，政府来了，也不希望公开攀附。另外，凡是非互联网人士能到技术驱动型公司工作的，都是非常优秀且做到一定级别的，一般都 40 岁以上了，而这里的平均年龄不到 28 岁，几乎差一代人，你说怎么沟通？这才是最大的文化差异。

外企职业经理人与民企文化的排异

2008 年以前，外企职业经理人可牛了。这些年，光环渐失，但还是有些外企职业经理人总怀着一种拯救的情怀加入民企或本土其他类企业。外企职业经理人到民企感受最大的文化差异就是工作无章可循、无规可遵；缺体系、缺流程、缺制度；认为民企太土，方法论太少；企业变化太快，天天变来变去，有制度也不管用，完全是老板口谕，说变就变，前后冲突，不知该如何操作；老板说话不算数，诚信度不够；外企是先讲好再干，而民企大多是干了再说。

在外企工作久了的职业经理人，已经习惯了靠流程制度做事，我称之为流程主义者。只对流程负责，不对事情本身负责，离开了流程制度就不知道该怎么干活了。所以，外企职业经理人进入民企、国企后无所适从，文化冲突太大。

度过排异期的五大铁律

前面列举了“空降兵”遭遇的常见文化排异。其实，不只是文化差异大才有排异反应。大多数经理人跳槽后都面临着文化排异反应，哪怕是文化非常接近的企业。你不排斥企业，企业组织也会排斥经理人。那么空降经理人该如何度过排异期呢？

（1）先适应企业文化

空降经理人必须从思想理念上明白：企业不可能按照自己习惯的文化风格行事，只能自己去逐步适应企业的文化风格。只有适应下来，才会稳定，稳定后才谈得上发展。发展后靠自己逐步积累起来的权威，才有可能逐步去影响和改变企业文化。

（2）保持学习心态

学习心态是经理人度过文化排异反应期最有效的良方。空降经理人之所以对企业有排异反应，根本原因还在自己的思想状态。首先，认为自己高明，自己是人才，自己是老师。其次，自己要拯救企业于危难，有救世主姿态。再次，吹牛。“大得多的企业我都操盘过，这区区小企业小菜一碟”——不可一世的狂傲。此外，到企业后用挑剔的眼光一看，发现这也不对，那也错误，自己把自己定位成挑错专家。不挑错似乎就显示不出自己的水平，这是空降经理人最常见的毛病。大凡这样心态的人，正常情况下都过不了试用期。

正确的做法是学习。就像前面提到的国有企业那位老总朋友，总觉得自己是上市公司总经理，空降后觉得民营企业管理太混乱、太不规范。这种空降经理人要想生存下来几乎不可能。他应该这样想：企业发展到这么大，肯定有成功之处，是千里挑一的企业，它的成功之处在哪里？我先学习企业成功的一面，找出企业好的东西。抱着这样的心态就能够尊重企业，尊重老板，尊重创业元老，而不是一味找毛病。空降经理人不能期求把所有企业好的一面都统一在一家企业上。只有抱着学习的心态，才能快速度过文化排异期。

（3）把自己当成员工

我专门有一门课程："进门前是人才，进门后是员工。"经理人进门前，企业把你当人才，自己也应该把自己当人才；进门后自己应该把自己当员工，当然企业也必须把经理人当员工。若不这样，都会有问题。还说唐骏，进门前把自己当人才，为自己谈了一个不错的筹码，先亿元加盟盛大，后10亿加盟新华都，但他进门后就是员工了。很多高级别的经理人，尤其体制内做到很高位的官人，如果进门后还把自己当人才，肯定会早早离开。把自己当员工不能停留在口头上，而是必须融入日常具体事务当中。空降经理人先把自己当员工：要求别人做到的，自己应该先做到；别人不能做的，自己也不能做。不能把自己凌驾于制度之上，因为制度包含着真正的企业文化。其实很多流程和制度，初时看着别扭，遵循两三个月后就习惯了。

（4）沉心做事

空降经理人度过文化排异期最直接的方法，就是沉心做事。沉心做事，才会发现流程为什么是这样设计的，制度为什么是这样规定的。流程、制度中沉淀着太多的历史因素，只有熟悉一家企业最基本流程、制度，才能了解企业的历史和文化，才能以比较全面、发展的观点去看待企业的问题，提出的解决方案才能有的放矢，才能让大家口服心服。否则，飘来飘去，看到的都是表象，听到的并不一定是真实问题，或许只是代表一部分小团体的利益。这样只会延长自己的文化排异期。

我见过不少经理人不沉心，总有一种随时都要抽身走的感觉。试想这样的经理人，企业能安排重担给你吗？有很多经理人抱怨企业不相信自己，自己没事干。其实据我观察，根本原因就是经理人不沉心，不在工作状态，拿着工资在应付差事。这种状态下，老板能给你派活儿吗？不然你干了一半，抽身走了，老板找谁去接？不沉心的经理人做事，“不干是零，干了是负数”，干还不如不干。所以，越不沉心越没有机会沉心做事，就会越飘。经理人心一飘，就不可能赢得老板和企业的信任，于是企业就对经理人产生文化排异作用，而且反应会越来越激烈。空降经理人只要稍微心浮，就会表现在言行上，就会引起排异文化反应。我接触的无数事实证明了这一点。

（5）要划清敌友

一个人进入企业组织必定有欢迎你的人，也有排斥你的人。这在前面《跳槽后，谁是敌人谁是朋友》中讲得很细致了，在这里把主要观点再次罗列出来。欢迎你的人，会帮助你解决问题，度过文化排异期；排斥你的人，会加剧你的文化排异。所以，你必须分清谁是你的敌人，谁是你的朋友。一般情况下，将你引进企业的人都是你的朋友。最能帮助你的是老板，他最渴望你成功。谁会排斥你呢？一般情况下，是由于你的到来在企业内部产生直接和间接利益冲突的人。刚加盟企业，如何快速认清谁是朋友、谁是敌人呢？一个简单的判断方法是：朋友给你的是私下的引导和劝告，以及公开场合的鼓励；而排斥你的人给你的多是公开场合的指责和揪住问题后的抨击，以及私下的迎合。

10

经理人如何运用手中资源

经理人入职后还有一种纠结：个人过往经历中积累的社会资源能否用到工作中来？如何看待个人资源的使用问题，使用过程中把握住哪些度？这也是经理人权杖发挥作用的重要因素。

有太多的企业在招人时看中的是经理人手中的资源。殊不知，对资源的过分依赖，对企业和经理人，都是一种灾难。

我曾写过一篇题为《职场资源，经理人创业的泡沫》的文章。其实，即使经理人不创业，只是跳槽空降，其积累的职场资源也存在着如何调用的问题。

四大资源使用病

经理人空降到企业要想把工作做好有千万个要素，其中如何使用自己积累的职场资源至关重要。在长期的猎头工作中，我发现经理人在这方面往往存在四种问题：一是一毛不拔，二是等价交换，三是挤牙膏，四是高估资源价值。

（1）一毛不拔

有些经理人加盟企业后，始终不把资源用在自己的新工作中，反而利用工作之便大量套取公司资源。结果可想而知，其工作一直做不好，没有成绩，在公司徘徊一阵后离职。再换一家公司照样做不好，因为抱着同样的态度—— 一毛不拔。这部分人的心理活动比较复杂：一是高度自私；二是对企业前途缺乏信心，进而担心自己的资源投进去后打水漂；三是自己始终抱着要走的想法，没有沉下心来把自己当成企业的人，所以也就不可能对企业有什么贡献了。这种人属于失败情结严重的人，是绝对不可能对企业做出任何贡献的，除了成本以外还是成本，应坚决请其走人。

我一直认为：在企业中最不能存在的一种人就是负面思维的人，不但对企业没有贡献，还对企业有极大的破坏作用。自己整天凄凄然不说，还影响到周围的人。如果是主管,还将影响到下属的情绪。本来艳阳普照，只要他一在场，就会立即阴云密布。

（2）等价交换

还有一类经理人加盟企业后希望把自己的资源输送给企业，但有一个前提，就是把自己的职场资源和企业做交换。他认为自己过去积累的资源属于自己，组织要用，拿钱来换。更有甚者，创造条件，变着法子让组织用上自己的资源，然后把自己的资源待价而沽，和组织做交换。如果交换起来不太方便，就借助第三方出面。总之，做事的前提是自己的资源换了多少钱，而不是把事情做好了没有。这种经理人属于典型的向钱看者，个人利益高于一切。因为这类经理人的目的是换钱，而不是工作，所以期盼这样的经理人把工作做好是很难的。

（3）挤牙膏

现实中还有这样一类经理人，加盟企业后在日常工作中企业也能用上他的资源，但他不知何故就是特别吝啬自己的资源，除非万不得已或者老板明示，好像自己的那点资源多么宝贝似的，要像挤牙膏一样一点一点挤出来。这类人就是人们常说的格局太小、气量太小，虽不会有什么大的破坏作用，但一定不会有大出息，难担大任，所以不能重用和大用。

（4）高估资源价值

与前面三类相反的一类经理人，就是特别看重自己资源的价值，也急于展示自己的资源。往往刚加盟，对企业还没有初步的认识，就急于向老板献计献策：企业应该开展什么业务，我有不少什么资源，我认识某某……急于把自己的资源用上。当追问一句有没有具体想法时，他会接着说：我们公司有什么资源，在这基础上，稍做整合就有不菲的营收，并举出某某企业做这件事情，一年收入多少多少，咱们做肯定只会比他们多。决策者再问还需要投其他资源吗？回答是不用，或者说很少的投入就可以，大有一种经营模式谈笑间就可成功的气势。

这种特别看重自己资源的经理人，大多属于过分乐观者。其实现实中一个企业做成一种业务模式是非常辛苦的，是长期不断试错探索出来的，绝非搬来就能成功。我写过一篇《一位 CFO 创业失败后的痛定思痛》：成熟的管理团队，同样的员工队伍，同样的客户资源，同样的业务模式，所有事情都在经理人团队的掌控之中，仅仅是老板退出了，公司换了掌舵人。结果三位核心管理者带领大家干了一年多，却赔得一塌糊涂，最终黯然收兵。试想，一位空降经理人新进入一家企业，就想利用自己的资源开创出一种新的业务模式，谈何容易！

应循序渐进，逐步渗入

那么空降经理人该如何对待自己过往积累的资源呢？答案是：循序渐进，逐步把自己的资源渗透进企业现有正常的业务中来。

（1）不要成为“江湖中人”

作为经理人，应该根据企业的发展需要，结合自己的实际工作岗位，一点一滴地把自己的资源渗入进来，既不能冒进，又不能瞻前顾后。如果你对企业发展有信心，请不要吝惜自己的资源；如果你对企业发展没有信心，请尽快离开，避免犹豫不决，误人误己。经理人只有把自己的心态调整好，才能对企业发展有利，才能把自己的资源放进组织当中。在组织利益和个人利益冲突时，应该放弃个人利益来维护组织利益，否则根本称不上职业经理人，只是走江湖的。现实当中，有些人自称经理人，其实江湖味很浓。

经理人作为职场高端人士，必须专业做事。什么是专业做事呢？第一是用心，第二是专精，第三是分享。经理人加盟企业后，应该和企业分享自己的资源，既然企业为你付了薪水，你就应该把自己能够用在工作中的资源用上。那些拿着高薪而不贡献资源的人，根本不配做经理人。

（2）不要为了使用资源轻变模式

一般来讲，成熟的业务模式都有存在的道理。业务模式的核心，就是企业的业务流程，和以业务流程为核心的诸多服务和管理流程。企业业务流程不是随随便便形成的，是多年经验与教训的集合，由企业知识持续累加而成。业务流程上，流动的是企业的现金流和信息流。业务流程一旦形成，不要随便改动。因此，空降经理人只能逐步完善流程，逐步利用自己过去积累的经验对现有的业务流程作补充和发展。

业务流程就像长江一样，由数不清的支流汇入，逐渐形成汹涌澎湃的江水，最终归入大海。企业发展壮大的过程也是这样。经理人要求为自己的资源独辟业务模式，就像岔开长江水，形成另一条江河，从长江主干流再分支流。这在自然界是不存在的，管理活动也不能这样，不然怎么会说“人法地，地法天，天法道，道法自然”呢。所以，不能说自己的资源多么丰富，就让企业为自己开辟一条渠道，那是不现实的，也是天真的。

能力比资源更重要

经理人空降到企业后，比资源更重要的是能力。有很多企业陷入招聘误区，认为经理人的资源很重要，甚至在招聘时特别强调资源。尤其是创业期和成长初期的企业，会特别招聘有背景资源的经理人。但这样的企业十有八九是做不起来的，因为这样的老板同样陷入了一个误区：认为只要有资源就能把企业做起来。其实仅有资源是不够的，资源只是做成事情的一个要素。找有资源的人不如找有能力的人，因为有能力的人能找到企业所需的资源，能够把各种资源要素整合为一部赚钱的机器，源源不断地为企业赚取利润。

有些经理人在应聘时，口口声声说自己资源丰富，作为招聘官千万记住：这类人不可任用。因为在现实中，人看重什么就会依赖什么。我见过一些特别强调既有资源的经理人，入职后表现不佳，甚至对企业有害。其问题主要表现在以下四个方面。

（1）资源用不上时，怨气冲天

强调资源重要的人，往往不太重视自己的能力建设，在入职后依赖自己拥有的资源，而这些资源企业一时半会儿很难用得上。资源用不上，这些人的价值得不到发挥，就开始抱怨或泄气，认为自己不受重视，负面思维开始起作用，在企业内部散布负面消息，给企业带来伤害。

（2）用了资源而事没成，四处指责

如果企业用了资源但事情没有做成，这类人又会讥讽其他人甚至老板是笨蛋。殊不知，做成一件事情不是一点资源就够的，需要更多的资源和更多的技术操作手段，需要有天时、地利、人和等众多要素。众多要素中有一个要素没做到位，都可能导致事情做不成。怎么自己贡献了那一点资源就必须把事情做成呢？没有做成，别人就一定是笨蛋吗？

（3）用了资源把事做成，翘尾巴

这类人还有一个毛病：一旦企业用上自己的点滴资源，就大吹特吹，说某某是自己搞定的，其实他也就是牵线搭桥而已。如果搞定这件事需要一万个要素的话，牵线搭桥只不过是一万个要素中的一个，但这类经理人却认为自己的贡献是万分之万，这就是自我认知力和自我控制力极差者。

（4）有矛盾时，依仗资源卡企业脖子

特别看重资源的经理人还有一个毛病，就是与企业有冲突或自己心情不佳时，依仗自己掌控的资源来卡企业的脖子。既然资源是做成事情的要素之一，那么，有它虽不一定做成，但没有它就一定做不成。这样的行为会造成企业的内耗，对企业损害很大，这就不是简单的成本问题了。更有甚者，离开后还利用自己掌控的资源来要挟或报复企业，使企业遭受重创。所以，企业招聘经理人时千万不要招聘特别看重资源的人。

我跟踪分析过，凡是特别强调资源重要的人，一般都做不成事情，因为他们要么能力不行，要么心态不健康。能力强的人不会看重自己的

资源,知道资源只是一个微不足道的要素,距离做成事情还差十万八千里。心态不健康,只强调自己的资源重要,其结果是当企业用到自己的资源时,总感觉自己吃了多大亏,企业占了多大便宜,想着自己为企业付出的太多了,企业应该给自己什么奖励等等。结果,特别看重资源的经理人就会成为企业的成本和包袱,要其何用?所以,招聘时把特别看重资源的经理人筛出去是最佳的选择,让他们自己去独吃那些不可能变现的资源吧。

舞动权杖

经理人经过慎重选择，进入一家企业，解决了诸多纠结后，余下的就是如何舞动权杖的问题。这既是一门科学，又是一门艺术。

本章对经理人如何获得权杖、舞动权杖等问题做了详细剖析。其实经理人对权杖的认识存在着诸多误区：比如经理人加盟一个组织往往看重人权、财权，其实真正应该要的是知情权、话语权、做事权。同时告诫经理人有了权杖后，要舞动权杖，首要的是如何与“皇亲国戚”周旋，如何换下属，如何招到核心员工等。招到员工后，如何考核试用期员工，如何辨别组织里的八种人谁是有用的，如何给“防火”英雄记头功，如何管理“鸟人”，如何用好能人，如何对待热情高能力低者，尤其不要被怀才不遇者蒙蔽了眼，如何通过满足员工的需求来调动员工的积极性，如何惩治民营企业内部腐败，正确诊脉员工“瞎忙”的病因，如何有效颁行新制度，如何决策。同时，对并购项目经理人、轮岗经理人、扶正经理人如何舞动权杖也做了分析。

1

空降经理人如何握到权杖

士兵打仗，手中得有枪，枪是士兵的第二生命。经理人要想干事，首先得有权杖，没有权杖啥事都干不成。权杖是经理人职业的生命线，但权杖是怎么获得的，许多经理人在这个问题上存在误区。

空降经理人失败的案例比比皆是。失败的原因很多，但大多与权力有关。这里就包括经理人如何要权，如何用权，如何授权，如何辞权等。本文先讨论职业经理人空降企业后，该如何取得应有的权力，即：如何握到权杖？

手无权杖的窝囊经理人

我接触过许多职业经理人，他们的失败多多少少都与权力有关。

有这样一位经理人，他进入一家颇具规模的民营企业，居然五年时间都没有真正接触过“权杖”，当然也没什么成绩。结果，薪金一降再降，最后企业老板只能客气地请他走人。人能修炼到这种程度着实“难能可贵”，可谓“忍者神龟”。其实我指的不只是那位经理人，更是那位老板——

能够忍耐一位职业经理人五年不出业绩。为什么这位经理人没有握到权杖呢？原因当然有很多，可抱怨的也很多，而真正的原因是这位职业经理人是第一次就职民企，过去长期在国企、外企干，权力大多是组织系统配给的，陡然跳到了民企，不知道如何得到权力！试想没有拿到权力钥匙的经理人，如何开动团队这辆列车？

被权灼伤的悲情经理人

与上述案例相反，更多的职业经理人要权过早、揽权过多、用权过度，结果事情没有干成，反而伤了自己，最后一声叹息，悲情别离。

我有一位朋友，2010 年前后离开外企到江苏一家民企去做高薪经理人。不想，一个月就回来了。为什么？他说老板对他的授权有问题。上任时刻，企业老板说得明明白白，作为经理人的他可以全权处理一切事务，而且是当着全体中层经理以上人员的面公开宣布的。有了尚方宝剑，他信心百倍地给大家发号施令，布置任务，三令五申，发号令的时候老板也在场，并没有反对。可事后大家就是按兵不动，或软磨硬抗。私下一打听，人家说了：已经请示董事长啦，董事长不让这么干，董事长另有指示……这下我的朋友冲冠一怒，挂印而去。人们多会认为这是老板的错，我倒觉得不尽然。错还在这位经理人对权力的理解不够。要权是对的，但他要得太早，用得过猛，自己反而被权力打懵了。

那么作为职业经理人，该如何实实在在握到权杖，并行使权力呢？

悟透权力是什么

权力是什么？权力是干成事情的必要条件，而不是充分条件。权力用得过早，会导致孤军深入，根本不可能有力量，只有被消灭的份儿。

权力用得过猛，一定会折的，更何况空降经理人相对于原有力量处于弱势，如此刚性地使用权力，只能是自己伤痕累累，败下阵来。其实，老板放权就应该是一个逐步的过程。如果一上来就大撒把，不出乱子才怪呢。

（1）权力不是要来的

经理人不能要权，只能通过做事情让老板授权。而做成事情的数量和质量，决定了老板授予权力的范围和大小。

关于责任、权力、利益三者的关系，人们的理解多是似是而非。我们通常说“责、权、利”，殊不知这三者不仅是匹配关系，更有先后次序关系。许多经理人上任后，为了显示自己的威风，先要权，而不说责任，把要的权说了一个够，而责任不提，或者一提到责任就要权，把二者并列起来。这都是不明白三者的顺序关系。

职业经理人上任后，不应急着要权，应先要活干。承担了责任，当然就有了对应的权力。即便责任，也要一点一点地领取。正确的做法是：先领一件具体的事情干，在你负责事情的过程中，无需申请，权力自然就到你手上了。当你运用了权力把事情干漂亮后，正常情况下，这项权力自然就归你了。不仅如此,你很有可能第二天就接手类似和关联的事情。在干的过程中，类似和关联的权力自然也就获得了。如果你还能把事情干好，这些权力自然又都归你了。而且还会有更多更大的事情等着你去做,自然也就有更多更大的权力等着你来掌握。但如果你没有把事情干好，即便获得权力也很快会被收回。这就是有些职业经理人上任多年却什么权力都没有的原因。

经理人履新要牢记：不要一下子领太多任务。领太多责任，要么压垮自己，辞职走人，要么把事情耽误，丢人现眼，黯然下台。

（2）信任决定授权

老板并不是天生吝啬权力。不授权是因为不放心，还不够信任。信任是授权的前提，而且是一步步建立起来的，绝不是简单靠合约和协议。对职业经理人的信任，包括能力信任和忠诚信任两方面，也就是对专业化和职业化的信任。赢得老板对能力的信任比较容易，靠业绩就可以，但对忠诚的信任就不那么简单了。这是两个不关联的指标，然而却关联着授权的程度。

职业经理人的忠诚度等同于其职业化程度，这点一定要正确认知，不是对老板拍马屁就可以的。从老板的角度来看，担心职业经理人的忠诚度，就是担心职业经理人可能做的四件事：一是江山野心，二是财富流失，三是资源转移，四是成心捣乱。作为职业经理人，如能闯过老板心头的这四道坎，你就赢得了老板的忠诚信任；再加上你能够取得老板对你的能力信任，那么授权根本就不是问题。反之，授权只能是梦想而已。不难理解，一个初来乍到的职业经理人，凭什么让老板把权力移交给你？

信任程度，大致与亲疏远近相一致。那么空降经理人在老板心目中的信任指数是多少呢？主要取决于以下六个方面。

一是与经理人过去的职业级别成正比。原则上，越高级别的职业经理人，其职业化程度越高，否则很难干上去。所以，职业经理人过去的级别，是检验其职业化程度的重要指标。

二是与企业的规模和品牌成正比。越是品牌企业和规模企业，其职业化程度越高。

三是与受教育的程度成正比。

四是与年龄成正比。这主要是价值取向固化的结果。

五是与家庭文化背景良好程度成正比。

六是与猎头公司的长寿程度成正比。随着企业的规模越做越大，用人层级越来越高，仅靠传统的人脉关系介绍已经不能满足企业发展的需要，而公开招聘来的人其信任度更是最低。于是就出现了专业化的人力资源猎头公司。越有品牌、成立时间越久的猎头公司，其推荐的职业经理人的信任度越高。因为生存时间越长的猎头公司，其对存量人才的考量越仔细。这就是为什么高级职业经理人一定要通过猎头公司来找工作，而不自己亲自去应聘的原因。

当然，以上这些都只是证明你过去的职业化程度，而且是理论信任指数。要把这些理论信任指数化为实际中的信任指数，则靠进入公司以后实实在在的一言一行、一件件小事来验证和巩固。俗话讲："路遥知马力，日久见人心。"

（3）能力和忠诚决定信任

一般情况下，老板授权遵守这样的授权原则：有能力没"追求"的大用，没能力没追求的用其忠，有能力有追求的有限地用，有追求没能力的坚决不用。

这里讲的"用"就是授权，"追求"是指经理人觊觎江山的野心。欲望本是正常的事情，但在大多数老板看来却是不职业、不忠诚的表现，这也是中国传统文化长期影响的结果，并将影响到经理人的岗位稳定性。

（4）婉拒有时收获更多

世界就这么拗着劲：有人要权力，老板不给；你不要权力，偏偏有时老板非要把权力给你。

面对此种情况怎么办？得具体分析：如果老板突然把权力授给你，超出了正常的信任范围，你感觉有些意外，应坚决拒绝。如果纯粹是授权，而没有责任作配套，也不能要，要拒绝。如果有配套责任，责权匹配，老板也真心授权，但因为是初次，你或许担心权力会给你带来麻烦，你则可以委婉拒绝。越是这样，老板越会把权力授给你。因为你敬畏权力，而不是贪权，老板会觉得敬畏权力的人才能把权力用得谨慎，而不肆意妄为。其实，有些职业经理人只不过是性格直爽，要权直说，目的是纯正的，但却往往事与愿违。

（5）用权先打小胜仗

获得权力早了不行，但晚了也不行。

空降经理人进入企业，打乱了原来的权力分布和利益均衡，许多双眼睛全盯着，期盼者有之，观望者有之，看笑话者有之，使绊儿捣乱者更有之。尤其企业文化不太健康的企业，更是人心叵测。如果权力要早了，自己使用不起；如果该拥有权力时没有赢得权力，你将干不成任何事，人们会议论纷纷，有人起哄，有人不把你当回事。所以，作为经理人，该出手时坚决出手，靠打几场漂亮的胜仗来赢得人心。注意，刚开始做事情，不要贪大贪多，要积小胜为大胜；此时做事最有利的一面就是老板会坚决地站在你的一边，要充分利用这一优势。刚出山的诸葛亮靠火烧博望、火烧新野两场小胜仗镇服“元老”关羽和张飞，就是一个很成功的示范案例。

当然，对权力已经结构化和秩序化的外企和国企没有必要这么费劲，但也不是简单地一坐上总裁的宝座，人们就听你的，服你的。也许你有权，但不一定有威，也要通过持续地打胜仗积累奠定自己的权威，握稳权杖。

2

空降经理人如何行使基本权力

空降经理人的权杖都有哪些，是传统意义上的人权、财权、物权吗？不是。那是什么？

说到权力，可以细分为很多种，职业经理人不可能一下子全都握到手，只能有步骤地逐步获得。很多人认为：人权、财权、物权是最基本的权力，也是最重要的权力。其实，对空降职业经理人来讲，这些权力都是表象的权力，真正的权力恰恰是那些大家平常都忽视但始终在使用的，即知情权、话语权和做事权。掌握不到这三种基本权力，其他所有权力都将名存实亡或适得其反。

要权之前先做什么

空降职业经理人在进入企业前后了解以下三件事，对握到权力大有帮助。

（1）了解企业引进经理人的背景

企业引进职业经理人，一般出于以下考虑。

第一，企业阶段性发展的需要。企业引进职业经理人，一般是在自身处于突破阶段、转型阶段和问题阶段时。如果是问题阶段，你要分清是什么问题，是经营问题，还是管理问题，抑或是人事斗争问题……若是人事斗争，则要分是股东之间的斗争，管理层之间的斗争，还是股东与管理层之间的纠葛。不同的背景下，老板对职业经理人的期望是不一样的，与之对应，职业经理人要权、用权的方式也是不一样的。

第二，老板尝试引进职业经理人。这样的老板对职业经理人持好奇态度，一般期望值比较高。职业经理人面对此种情况时，接权、用权都要慎重，因为老板根本就没有使用职业经理人的经验。这时，你要耐心与老板沟通，引导老板授权分权。如果企业遇到复杂的问题，你要先了解清楚人际关系，然后才动作。如果自己没有这金刚钻儿，就不要揽这瓷器活儿。家族企业在发展过程中大多会遇到这类问题。

（2）了解前任经理人离职的原因

如果企业原来有职业经理人，那么要大概搞清楚前任走人的原因：是他主动请辞？动因是什么？是因为企业内部的问题不可调和，是企业病入膏肓而选择逃离，还是因为他受到外界诱惑远走高飞？了解的目的是为避免重蹈覆辙，也为避免触及老板的伤疤。

（3）了解企业原来的权力分布

职业经理人的进入必然改变原来的权力配置和分布，为此你就必须了解企业原来的权力配置和分布。不仅如此，还要了解该企业发展史上权力的更替情况：是一直由老板一人独揽，还是分散在若干元老手中？是权力混乱、权责不清，或是存在大量权力真空？如果老板一直大权独揽，你就要做好老板的参谋助手，从中一步步承担更多责任，分到更多权力，这对性格平和的智慧型职业经理人是一件不错的事情，前提是老板不能糊涂和发疯。如果权力分散在诸多元老手中，空降经理人反而不太好办，因为利益错综复杂，如果大老板又不很强势，那你的沟通成本将会大大增加，搞不好会“死”得很难看。

如何握到知情权

了解了上述情况，最多只做到了知彼，而且还只是彼的“过去时”。孙子云：“知己知彼，百战不殆。”殆，只是没有危险，并不等于胜利。要想胜利，还有无数的工作要做。

这就需要执行力。执行力就是在实施具体方案过程中遇到主客观具体问题时体现出来的实际操作能力。落实到握权，就是经理人在进入企业过程中，该如何有步骤地握到细分的真正权力。

（1）知情权是最基本的权力

拥有知情权就是你要掌握有关重要信息。如果你什么都不知道，或知道的都是虚假的,做事的效果可想而知。许多经理人对这一点不太注意，其实知情权是第一关键权力：你可以参加什么级别的会议，可以听取什么人的汇报，可以看到什么文件和数据等。有些职业经理人进入企业后的职位很高，甚至是副总、总经理，但有时还不如一名中层经理掌握的信息多，这在家族企业非常普遍。

知情权非常重要。也因此，信息屏蔽是企业权力斗争当中最常见的。比如：老板为了处理某一高管，往往会把这位高管应该知道的信息千方百计屏蔽掉，比如把他调离到相对封闭的岗位上，再比如送去培训或外出考察，以留出一个比较长的信息屏蔽期，然后才开始动作。而竞业禁止期，其实质就是知情权的反用——让你对企业从知情变成不知情后，方可进入对手企业任职。

所以说，职业经理人时刻都应关注自己的知情权。如果自己该知道的信息却不知道，或老板有意对你屏蔽信息，那就说明你和老板之间的信任发生了问题，自己的未来很可能会有变数。

（2）参加会议的学问

那么空降经理人该如何得到知情权呢？这比要其他权力的学问大。

除了职务上规定要参加的企业公开会议外，你还要多参加和接触半公开的会议，以合适的名义接近信息的集散地，多与“信息中心”的人员发生工作往来。有些会议的会后和会前，往往是信息最真实、最关键的“会议”。要争取参加这样的会议，但不能硬性参加，而要顺势。作为职业经理人，如果你的职位比较高，这样的会议往往处在可参加和不可参加之间，也许你在元老中获得的信任度不够，但又不能明示，所以职业经理人要明白自己的处境。有的职业经理人会选择退却规避，结果长时期接触不到核心信息。积极正确的做法是积极参加此类会议，除非明示不让你参加。这一点你要充分利用默认心理，只要你参加一次，下次也就顺理成章了。除上班工作时间了解信息外，你还可以充分利用 8 小时之外多了解信息。

（3）利用共享平台获取信息是最快捷高效的

目前各企业基本上都有共享信息的平台，一入职就会有个工号，有了工号就等于有了身份，可以进入企业的信息平台。身份级别不同，可以进入不同的信息平台。这些平台有企业自己开发的，也有利用企信、钉钉等办公软件建立的企业信息沟通平台，这里面有业务信息、经营信息、管理信息，以及其他各种即时交流的碎片信息。可以认真细致地多翻翻前期的信息，这样便于了解企业近一时期的制度、业务、经营、文化、人事等方面信息。

（4）学习官方文件是获得信息正确有效方法

一个传统企业组织官方信息有三大类。年度工作总结和计划、公司制度、会议纪要。作为空降高管，有条件的话，一定要阅读，首先读公司制度、了解企业组织日常运行底线及规则，可以避免闯红灯；第二是阅读近三年来的公司的工作总结和计划，可以了解公司战略及经营方向，了解公司真实的工作成绩及有关问题，以及任务和目标达成度，从而了解公司的执行力；第三是阅读近半年的例会工作纪要，知晓公司日常运营中存在的问题及解决方法思路等等。

（5）知情权的“三不要”原则

空降经理人行使知情权时，要注意遵循“三不要”原则。一不要频繁找人谈话。许多职业经理人一上任，以了解情况为名，频繁地找人谈话，像工作调查组似的，搞得人心惶惶。尽管你拥有知情权，可以找下属谈话，但是这样做往往效果不好。正确的做法是多用心听，多用心观察。二不要包打听。如果你见谁都想问，不仅积极作用不大，反而让人反感。三不要搞小动作。如果为了获取情报信息，用些见不得阳光的小动作，让人看低了不说，或许还会被认为你人品有问题，甚至被人抓住把柄，反搞得自己很狼狈。

如何掌握话语权

话语权是职业经理人仅次于知情权的基本权力。俗话讲，没有调查就没有发言权，所以许多企业在职业经理人上任初期，会尽可能多地安排调查了解。作为职业经理人，更多应是自己主动了解信息。前面已经谈到了如何把握知情权，目的就是多了解信息，根据自己的观察判断，包括通过老板、同事以及下属、客户、合作方等的微信及微信朋友圈尽可能多地了解你职业生态中与工作有关的信息，进而从自己的角度形成独立的判断，得出解决问题的办法和结论，然后在适当的场合提出。

职业经理人第一次行使话语权，一般是在入职后与公司员工（主要是中高层）的初次见面会上。这次行使话语权的目的是为了让大家认识你，所以要展示自己的风格，精心准备一两句话，最多不超过三分钟，给大家一个概念。

（1）说话之前要“沟通”

余下的话语权就靠自己努力了。一般情况下，要在自己充分知情的情况下，形成独特的观点和看法，到任后一定时期内形成一个报告。这个报告,需要提前和有关人士（包括老板）沟通。即使是自己主管的工作，在刚上任时你也要和关键人士沟通，取得基本一致的意见后，再公开行使自己的话语权。要避免不经沟通就开口讲话，这种急于亮明自己观点的做法，一是很容易得罪人，二是容易闹笑话。所以行使话语权是一件非常慎重的事情，说就要说到点子上，而且说出的观点有理有据，可操作性强，能够立即见效。

（2）说话之后要“执行”

一般情况下，职业经理人行使话语权后，大家认为观点正确、方案可行，紧跟着就要执行。谁来执行？当然是谁提方案以谁为主来执行。所以当你提出某个观点时，不仅要考虑到观点的依据，还要考虑到可执行性，尤其是自己的执行程度。在行使话语权时就要将其视同自己的战前宣言，做到成竹在胸。

即使老板没有给你行使话语权的机会，自己感觉时机成熟时也要创造机会表达自己的看法，否则可能错过做事的最佳机会。话语权的行使，其实就是为自己寻找切实可行的一件具体工作做。因此经理人在行使话语权时，要有的放矢，要量力而行。入职前你可以海阔天空畅谈，但入职后行使话语权时就要谨慎从事，做到言而有信。在你没有成熟可执行的方案时，千万不要受人诱使或激将，草率行使话语权。

总之，机会是自己努力争取来的，要经历观察学习的过程、不断提升认识的过程，也是自己深入企业实际、洞察秋毫的过程。发现机会、利用机会，把握机会，创造机会，这应该是职业经理人入职后必修的一门课程。

（3）话语权的“三不”原则

一是不说假话。言为心声，不是心声的话不要说。错误的心声，也比正确却言不由衷的话令人听着舒服。二是不要高谈阔论。这世界会说的人多，会做的人少，做企业是实实在在的事情。有些经理人行使话语权时高谈阔论，讲得激动人心，但就是言之无物。三是不随便乱说。不要为了讨好大家随便乱说，要对自己的话负责。所以在行使话语权时要考虑成熟，要有条理性、结构性、逻辑性。另外，不可执行的话不要随便说。

如何行使做事权

充分表达话语权，就是为自己争取做事的机会。有了做事的机会，就有了相应的权力。

（1）不露“野心”地拿到权力

提到做事的权力，有人马上会想到人事权和财权。但是如果你直接说要人事权和财权，很多人听了会很反感，尤其是老板。怎么办？

不妨把这些敏感的权力进行分解，这些细分权力会随你要做的具体事而来。比如：做事需要动用组织成员，自然你就具备了调配人事权，接踵而来的就是你对组织成员的奖惩权和考核权，你自然也就有了签字权、报销审批权、证明权等。其原因很简单：你知情，你就必须担负责任。有了这些权力，与之相连的就是花钱的权力。随着你做的事情越多，你的人事权和财权也就越多、越巩固。

（2）不急于使用“破”的权力

为了做事，职业经理人可以立新规矩，但不能与旧制度冲突。尤其刚做事时，哪怕旧制度很不合理，也不要轻易碰。这是新官上任最起码的职业经验。不懂得这一点，不仅做不成事，而且会使自己站在大家的对立面，即使老板支持你，吃亏的也还是你。旧制度要改，也必须等你打了胜仗有了权威再说。

（3）基于责任的权力

能做事，你就拥有了配套的权力，更重要的是拥有了配套的责任。有些经理人看到权力就蠢蠢欲动，但一想到责任就退却回避。权力和责任是一对孪生兄弟，当你拥有权力，一定先想到责任，继而就会千方百计地把事情做好。职业经理人不仅要在行使话语权时考虑方案的可执行性，而且在获得做事情的机会时，更要把方案细化为每一操作细节，不断跟踪执行，确保每一环节细致准确及时完成。所以，有人说：世界不是有权人的世界，也不是有钱人的世界，而是有心人的世界。只要有心，有了责任心，就会把事情做好，就会拥有权力，同时也会拥有利益。所以，责任心是把事做好的基础。

（4）做事权的一对矛盾

职业经理人做事时要处理好平和与激情的矛盾。

做事情没有激情不行，但只有激情也不行。只有激情容易三分钟热度，激情过后便难以坚持。平和是指心态平和，心态平和是职业经理人成熟的标志。职业经理人只有在心态平和的前提下，才能准确判断，做事果敢有力而且持久。心态平和并不等于心如止水,并不是说不能有激情，相反，只有心态平和的人发挥出来的激情才是真正的激情，才能点燃大家的激情，使整个团队做正确的事、正确地做事。

没有平和的心态做基础，激情就是冲动，就像喝高了酒，什么丢人现眼的事情都有可能做出来。冲动时容易为假象所迷惑，为名利所诱惑，为细枝末节所纠缠，容易急功近利，容易踏入各种陷阱，甚至有可能变很好的机会为陷阱。

3

职业经理人如何经管权力

经理人握到权杖后，不是一劳永逸的，应该持续经营和管理自己手中的权杖，让权杖始终保持活力、动力、威力和效益。

职业经理人没有权力则一事无成，有了权力而不会经营和管理，不仅一事无成，而且会对组织和其他个人带来严重的伤害，影响到自己的职业声誉。对经理人来说，权力在一定程度上来讲是需要苦心经营、艺术管理的。经营权力的目的是要权力在组织内部产生效益，管理权力的目的是要权力在组织内部规范有序，不出乱子。

但是有不少经理人在实际工作中根本不知道权力的真正内涵，只知道要权；盲目而辛苦地要到权后，却不知道干什么用，不知道如何用，懵懵懂懂，结果出了大问题。个中原因，与权力的经营和管理大有关系。所以，本文把职场中经理人经管权力的不同风格类型列举出来，请经理人不要对号入座。如果是老板，你肯定会过过脑子的。

经管权力造就六类经理人

权力是一种虚资源，只有涉及实际利益和资源配置时才会感觉到它的存在。作为职业经理人，在得到权力后，第一想到的应是责任。这个责任就是在不出乱子的前提下产生效益。而现实中经理人在得到权力后的表现千差万别，总括起来有以下六种表现形式。

第一类，在任何环境下都有成就，称之为“己合型经理人”。由于工作原因，我经常接触到各类高级职业经理人。有一类职业经理人确实令人佩服，他们无论在什么企业，无论在该企业的时间长短、环境好坏，对企业均有贡献，即使企业处在破产关门阶段，他也能让企业破产出很好的效益来。这类人有一个共同的特点：不仅责任心强，而且用权有度，分权有术。

这类人的典型代表就是孙膑。孙膑一生当中没有打过败仗。他出山以前，庞涓任魏国大元帅，打遍天下无敌手。然而等孙膑出山，特别是经历了庞涓的陷害磨难后，孙膑的专业化和职业化均臻化境。结果庞涓与其交战，每战必败。特别是孙膑在天不合、地不合、人不合的前提下，打了一个又一个大胜仗。他靠的是什么？答案是己合！也就是能够把天、地、人的不合通过己合，转换为天合、地合、人合。所以，己合就如同水一样，能够润和客观万物，又如同风一样，能够风化千奇百怪，重造千姿百态。

与孙膑一样的经理人之所以能够做到这一点，与自己有三种相对完善的结构有关，即：知识结构、思维结构和文化结构。这种人的文化结构就是他的文化理念，也就是他的为人处世哲学，知进退，明得失，善于转化客观问题，充分调度直接和间接资源，把各种有利、不利的因素统统整合起来，转化为有利因素，也就是人们常说的“化腐朽为神奇”。

所以，每当职业经理人抱怨离开原来的舞台是由于天、地、人等方面存在诸多不利因素时，我就和他交流孙膑的故事。在天时、地利、人和都具备的情况下，打胜仗是应该的，没有什么可骄傲的；相反在天时、地利、人和均不具备的条件下打了胜仗，才真正值得称道，才能凸显自己的价值。有人总会说自己运气不好，我说这不对，取胜固然有运气的客观因素，但根本的原因还是内在的因素，靠的是己合。所以我说，职业经理人的舞台不是期盼来的，是自己打拼出来的！或者说眼前的舞台就是你最好的舞台——如果你真想干一番事业的话。

第二类，没有效益也没有过错，称之为“守摊型经理人”。有些经理人碌碌无为，可也没有什么过错和大起大落，也能让企业维持日常运转。这些人会管理自己的权力，而不会经营自己的权力，不敢大胆使用自己手中的权力。这种职业经理人大多职业化程度高，而专业化程度不足，更适合相对成熟的企业。这类人，如果用错了，老板是很不爽的；用对了，老板也是很省心的。如果不在成熟企业，这种人适合做行政后勤事务类工作，但企业在波动转型时，老板往往会感觉这类人太死板教条。殊不知，这种人有成型的文化理念，你让他改变是很难的，因而不要刻意改变这种人。也正是有这样的人，企业的相对稳定才有保障，冲锋陷阵的人才能无后顾之忧。

第三类，出成绩也惹麻烦，称之为“干事型经理人”。这类人在企业中通常毁誉参半，属于只会经营权力不会管理权力的那一类，就是常说的青苹果——想干事情，敢干事情，能干事情，但不太理会复杂的人际关系。这类人随着年龄增长，冲劲日渐减弱，但观念却越来越顽固，照样不太理会人际关系，属于专业化程度高、职业化程度不足者。这种人往往自命不凡，瞧不起其他人，也讨厌一切与工作业绩无关的事情。一个企业，创新突破往往都是这类人完成的，业绩也是这类人创造的，一些老的规矩也是这类人打破的，可是麻烦也是这类人惹出来的。这种人往往有不成熟的表现，作为上司可以理解其行为，但不值得大力表扬和提倡。就像司机一样，只管自己痛快，安全等其他一切要素全不顾，这种司机开的车你敢坐吗？虽然这样的职业经理人主观上没有任何恶意，但客观上很难行得通。如果你的下属是这类经理人,该用的时候大胆地用，该收的时候要及时收。

第四类，无事生非，称之为“破坏型经理人”。这种人属于坏人和小人之类，故意制造麻烦，满足个人的古怪癖好。比如：权力欲望强烈，或以整人为乐等,长期养成了坏的职业习惯。这类人大多属于鹰犬式的人，甚至以自己那点“犬能”为豪。这些人走到哪里,哪里鸡飞狗跳,祸害一方，甚至他走了以后的后遗症企业都得长期摊销。许多职场中人对这样的人又怕又恨，却又无可奈何。这种人之所以存在，是因为老板在某个时期有特殊需要，或者老板受了蒙蔽。这样的人最初是先咬同事，最后必然会咬老板一口。如果你的下属是这样的人，尽早把他开掉，千万不要让这类人走上更高一级的管理岗位。

第五类，纯粹捞取个人利益者，称之为“私利型经理人”。这类经理人以捞取个人利益为目的，到任何地方拥有权力的目的都是为了捞取个人利益，不管组织利益如何，捞完就走，最终会对组织利益造成伤害。这种人在市场化的企业并不鲜见，表面上看不出来，甚至表面上的许多举动都在经营企业的利益，但背后却在经营自己的利益王国。这种人有时也使坏，那是影响到自己的利益时,但其本质上并不坏。他们一般刚开始都比较谨慎，而且经营权力和管理权力的能力都不错，但到一定程度后，就开始捞取自己的利益,属于内部腐败分子。如果你的下属是这类人,你就要设计好流程，从流程上防范，从制度上画线，并且旁敲侧击地警示。

第六类，职业成就不稳定，称之为“随波逐流型经理人”。这就是职场中最常见的经理人，职业表现时好时坏。其原因有主观的不努力或主观上的情绪变化，也有客观大环境变化后不能与时俱进。这样的职业经理人随自己的职业周期起落，随外部环境的变化而变化，经营权力的能力和管理权力的能力均一般，所以只能随波逐流。如果你的下属是这样的人，就要多激励和约束，及时跟踪工作进程。

与企业中各色人等相处的艺术

首先你要分清自己是什么类型的经理人，其次是搞清楚周围的人是什么类型的经理人，包括你的上司、下属和同级。只有这样，你在工作中才能经营好自己的权力，并管理好自己的权力。是用自己喜欢习惯的方式和别人相处，还是以他人喜欢习惯的方式相处？答案都不是，应该是把自己喜欢和习惯的方式与他人喜欢习惯的方式结合起来相处，既能和别人相处好，又不委屈自己。这事才得以长久可持续。

如果自己的同级是“破坏型经理人”，就尽量避免与其正面接触和冲突，打交道时要十分谨慎，同时也要表现出无所畏惧的气势，做到井水不犯河水。如果是“私利型经理人”，打交道要尽量避免与其财务上混淆，防止自己未来说不清。如果是“守摊型经理人”，应多与其沟通，争取对方的理解支持。如果是“干事型经理人”，除工作上多与其沟通外，平时避免与其过多接触，避免人们把你也列为另类。如果同级是“己合型经理人”，尽管放心地与其打交道，分享他的智慧。如果是不稳定的“随波逐流型经理人”，就应当与其正常交往，大家和睦相处。

如果下属是“破坏型经理人”，就要小心，假如不能马上开掉，也要尽量避免授予关键的权力，尤其是人权。如果下属是“私利型经理人”，尽量控制财权的授予。如果下属是“随波逐流型经理人”，就应当及时跟踪辅导。如果下属是“守摊型经理人”，就把操心的事情给他做；把那些开拓性的业务交给“干事型经理人”。如果下属是“己合型经理人”，就应当逐步提拔重用。有人担心提拔“己合型经理人”，这些人迟早会替代自己的位置。其实这样的人是遮挡不住的，你越是遮挡，他的未来越是光芒四射，还不如顺水推舟，顺势而为。

4

如何与“皇亲国戚”周旋

空降经理人的就业主体是民营企业，而民营企业大多都有“皇亲国戚”。那么作为职业经理人要想挥舞权杖，一项重要的修炼就是如何与“皇亲国戚”周旋，这是令很多规范企业出来的职业经理人头疼的问题，也是缺乏变通智慧的经理人之头号天敌。

民营企业大多有“皇亲国戚”，许多经理人抱怨民营企业里的“皇亲国戚”太难缠了，根本无法推行规范化的制度管理，尤其高级经理人对民营企业“皇亲国戚”更头疼。

民营企业“皇亲国戚”的现状

你做的薪酬体系会失灵，因为不知道“皇亲国戚”究竟拿多少钱；你搞培训，“皇亲国戚”要么不听，要么听了不屑一顾，嗤之以鼻；你搞绩效考核，这些人的绩效根本无法纳入统计，他一句“保密”就把你撅了回来；你把他的绩效搞成零分，他根本不在乎，心想你算老几，工资也不是你发的；你搞末位淘汰，淘汰后他又到其他岗位上岗了，也许淘汰他的经理人被淘汰了好几个，但他依然在公司内部关键岗位上流动。这就是民营企业“皇亲国戚”的现状。有的经理人会采取让老板答应把这些人放在一边的办法，老板答应了，不让这些人参与公司内部的工作。其实这叫“逼宫”，经理人这样做是根本不可能把工作做好的，最后被逼走的很可能是自己。

“皇亲国戚”为何如此难缠

有人会问，企业的“皇亲国戚”为什么会这样呢？答案是这些人有资格。这些人都是企业组织发展壮大过程中的功臣，没有这些“皇亲国戚”，企业也许就没有今天。只有这些人会跟随老板赤手打天下，经理人和普通员工是不会吃苦受累拿很少薪水或不拿薪水跟随老板打天下的。因此，老板与这些人的关系更多的是情分关系。经理人上任后采用的是制度，自然要与人情发生冲突，怎么办？协调情与法的办法就是靠理。所以和“皇亲国戚”周旋是不能简单讲法的，需要讲理，理讲不通时讲情。这个情不是你和他的情，是他和老板的情，你自己和他套瓷、秀情，根本够不着。在理和情都讲明白的情况下，你的法也就自然起作用了。经理人应明白这些人对老板的忠诚远远高于你，对企业的感情要比空降经理人深厚得多，在他们的思想意识当中大多数空降经理人都是在祸害企业。所以你只要让他们明白并且体会到，经理人所采取的一切措施和办法都是对企业有利的，他们自然会支持你的工作。经理人还应明白，这些人也许专业能力不够，但关键的时候是敢冲敢打的，是能够替老板挡事的。因此，经理人必须明白，空降经理人和“皇亲国戚”以及元老们只是企业里的不同角色，谁也替代不了谁的作用，这些不同角色之间需要的是沟通和协调，需要的是相互理解和支持。

经理人给老板的馊主意

有些经理人会和老板沟通，给这些人发着工资，让他们回家休息算了，或者爱干吗干吗，只要不影响工作就行。如果经理人这么考虑，说明他还不是合格的经理人。因为这些“皇亲国戚”在职场的流动性是很差的，在这一行业内跟随老板打天下，拼搏了十多年，换个行当也不会，你让他去哪里工作？另外，即使这些人想到其他企业去，一般情况下没有企业敢要：都是竞争对手，谁人愿要，谁人敢要？所以正常情况下，“皇亲国戚”只能在企业里继续待下去。还有，你给他发着工资，让他一边休息去，没事干，这纯粹是对人的不尊重，剥夺人的工作权利。三四十岁的年龄，能休息得住吗？这就不是休息的年龄，所以给老板出这样的主意纯粹是馊主意。

经理人应对“皇亲国戚”七步棋

经理人该如何对待“皇亲国戚”呢？有七条建议，也是七步棋。

第一，要认识到“皇亲国戚”和元老们在历史和现实上的价值及作用。“皇亲国戚”曾为企业的发展做出过贡献，而且还在继续做贡献。

第二，学会和他们沟通的方法和技巧。和“皇亲国戚”沟通，讲法肯定不行，应该先讲情（和老板的情），后讲理，情理并用。理讲通了，法自然也就起作用了。

第三，要正确使用这些人，发挥“皇亲国戚”特殊的作用，让他们解决只有他们才能解决的企业问题。经理人遇到的问题只是经营管理层面的问题，民营企业的问题还有许许多多，大多不是经理人能够解决的，而且经理人根本涉及不到，但这些问题必须有人来解决。“皇亲国戚”就是解决这些问题的重要力量之一。

第四，要明白这些人对自己开展工作是有极大帮助的，关键是怎么认识和利用。“皇亲国戚”和经理人都是民营企业的人力要素，起不同的作用，不应该是对抗的，而应该是合作。经理人握有企业的组织权杖，“皇亲国戚”握有资源权杖，只有合作，双方才都有出路。

第五，老板没让你开走这些人，请不要自作主张开掉。曾有一位外企老总空降民企几个月后辞职，在离职前两个小时公开发文开掉老板的老丈人，因为他实在忍无可忍。这有何意义？老板没说让你开，你看不惯“皇亲国戚”，非要拿制度开，或者为了开除他而订立新制度。如果你坚持这样做，只能说明你是愤青，局限性太强，你的水平和能力不合格。

第六，老板让你开，你也要劝老板慎重。老板坚持要让你开掉，你也得帮老板想好这些人的退路和出路，征得老板的同意后方才行动。即使老板同意了，也要三思而后行，慢一拍后，去和被裁的“皇亲国戚”沟通。沟通后如果这些人同意了，也不要操之过急去办理，应该缓一拍去处理，也许缓的时间段里老板又改变主意了，交给他们新的任务。最后真要裁的时候，也应该注意操作上不要做得太绝情，要留有余地，让老板有退身步，使被裁的人不怨恨企业和老板，也不怨恨你。这样做也是给自己留余地。

注意和被裁的“皇亲国戚”沟通一定要有艺术。绝对不能直白地说老板要裁人，如果说是老板的意见，被裁的“皇亲国戚”和老板当面对质，老板下不来台，矢口否认，你就身陷绝境。同时，也不能说自己要裁，如果说是自己的意思，被裁的“皇亲国戚”当场就让你下不了台，因为在他的心目中你根本就没有资格说这句话。当然，也不能简单地说按什么规章制度要裁人，被裁的“皇亲国戚”会拿出一大堆理由反驳你，甚至会说制度本身就不对，又扯回到制度的对错问题，更没法收拾。经理人按老板的意图裁“皇亲国戚”时，沟通技巧是第一位的，通过巧妙沟通，让“皇亲国戚”认为自己应该被裁，让“皇亲国戚”主动提交辞职报告。然后经理人顺水推舟，并主动与老板沟通争取补偿和适当安排，化解矛盾于无形。

第七，即使“皇亲国戚”被裁，也要经常关心这些人，注意是代表老板关心。即使老板没有关心，自己代表组织和老板用最适当的方式关心他们一下，这些被裁的人会感激不尽，哪怕逢年过节发一条短信。这是经理人应该做的。

看完上面的七步棋后，你也许会认为太累，还干活不干活？如果你认为太累，那说明你心智上还不成熟。如果不会操作，说明你专业能力上不够。其实，在家族企业这么费神耗力地沟通，本身就是干活，是更高层面的活。民营企业里的经理人就得干这些活，要不然生存不下去。为什么呢？答案如下。

民企经理人角色综合性

外企经理人十分专业，但主要在工具层面，而民企经理人则不然，与国企相比又相当于国企的什么角色呢？且看下面分析。

民企的经理人除本身的专业角色及能力外，还担当着企业的组织工作，包括组织战略的制定、组织架构的设计、招聘、全员的培训、薪酬体系的设计与建立、绩效考核办法的制定与操作执行、员工关系与企业文化的建设，有的还担负着法务工作及监督检查工作，而这些综合起来就相当于国有企业的党委书记、纪委书记、工会主席、团委书记、组织部长、宣传部长、培训部长、人事部长、劳资部长、企业文化部长等众多角色，总之关于人的开发建设管理工作统统都压给了经理人。由此可见经理人在民企的重要作用。我们从大量的多层次的民营企业调研数据来看，随着企业规模壮大，经理人的地位是逐步提升的，经理人的作用是逐步增大的。民营企业不像国有企业那样,有八九条线是专做人的工作，而是只有人力资源这唯一一个专业的条线。即使人力资源条线，在不规范的成长型家族企业也只是人事工作，纯粹事务性工作，根本上升不到人力资源开发，所以，关于组织的工作都压给了经理人。

5

新官如何换下属

空降经理人上任后往往换人，似乎不换人就无法开展工作。“一朝天子一朝臣”，几千年的职场宿命在市场经济的大潮中同样在发酵。有无破解的办法？本文告诉你答案。

“新官上任三把火”，而其中一把火大多会烧向那些老臣。那么，新官上任该不该换人呢？在换人与否的背后，更本质的是什么？

俗话说，一朝天子一朝臣。企业里无论是最高领导，还是基层主管，走马上任的第一件大事大多便是换人，只不过换的方法不同罢了。即便不直接开人，新官也会宣布“不换思想就换人”，其实质还是换人。比起上任伊始就换人，在上任 3 ~ 5 个月之间完成换人，是一种比较成熟的做法。

换人的直接效果是带来了新人，至于是否出现新气象则另当别论。换人换不好的后遗症也是明摆着的：直接影响企业的安全运营并导致成本上升，影响员工工作效率和工作质量，进而影响到企业的品质和企业文化的健康。

新官为何要换下属

从新官的角度来看，换人其实是一件累人的事情，可现实又逼得新官不得不换人。新官上任面临着新旧之间的矛盾，老员工习惯了原有的工作程序和做事方法，新官自己也有一套长期养成的做事方法或认为该如何做的程序，而现实中两者完全一致的情况很少，于是谁瞧着谁都别扭。

当新官发现这种差异时，就总想改变下属。其实人们都想改变别人，而很少想主动改变自己，因为改变自己是与懒惰的天性相冲突的。原有组织中的成员，看到新官的做事方法和原来不一样，心里也不舒服。忍耐力强者，尽管心里不舒服但嘴上不说，按照领导说的去做就是了，至多怠工而已；而忍耐力差、性子急的员工就会把心里的真实感受呈现在口头上，落实到行动上，与新官对着干。事情到了这样的地步，新官会怎么办？刀把子在新官手里握着，当然被砍的只能是员工了。

所以说，新官要换人，根本原因是人的天性——都想改变别人，而不想改变自己。结果是领导有权力改变下属,而下属只能被改变或被换掉。

新官换下属好不好

新官换下属究竟好不好呢？不能一概而论，但一般情况下应该是不好的。毕竟原来的员工对工作流程、工作方法都比较熟悉，如果新官急于换下属，肯定会出现新官带新手的情况，这样容易犯常识性错误；如果换得太急，甚至连新手都找不来，工作只能停顿。

如果新官换下属成为一个企业不成文的惯例，则是文化不健康的表现。在这样不健康的企业文化氛围下，一旦各层级主管发生人事变动，很快就会在员工中产生波动,纷纷猜测自己以及周围人未来的命运。这样，在人人自危之下，员工的心思就会集中在人事波动上，而不集中于工作，工作效率低下、质量下降，企业出现内外交困的现象。这是任何企业的负责人都不希望发生的事情。

如何避免错换下属

既然新官换下属会造成如此大的负面影响，那么如何避免新官动辄换下属和大面积换下属呢？我的工作经验是对症下药，从根本上解决问题。首先，企业常规的工作流程和工作方法都要成文备案。企业的最高行为准则，包括董事长、总经理在内的任何人都不允许私自改变。这些都是企业经过长期实践积累起来的有效工作经验，甚至是这个行业内外许多人智慧的结晶，是企业文化最核心的部分，怎么能允许新官一上任，就随便改变呢？所以，每一位新官上任都应该被给予一本《新官就任须知》，就像普通员工上岗前先学习《员工守则》一样，其中应明确规定：凡是新任各级组织负责人，严禁私自改变工作程序和约定俗成的工作方法，否则严惩不贷。在实践中，在与待上任新官的谈话中，我都会突出强调这一条。

当然，工作流程和工作方法不是一成不变的，关键是变有变的法则。《新官就任须知》应明文规定：任何已经成文备案的工作流程和工作方法，若要改变，必须正式提交修改意见书，指出原来流程和工作方法的不足之处，拿出具体的修改意见及修改前后的利弊分析，提交相关会议讨论，而不能是仅靠某一位重要领导或领导班子几个人就可以定的。针对不同的修改内容规定，要征求各个不同层级员工的意见，征求相关方方面面的意见，涉及外部合作商户和客户的，还要做市场调查分析。当完成这些基础工作后，方能修改试行或执行。

为什么必须用如此严格的流程来修改流程呢？因为要改的是工作流程和工作方法，这些是企业文化核心的核心，是基础的基础，而不仅仅是一道命令这么简单,必须保持相对的稳定。绝不能领导脑子一热就修改，等修改后又发现新的还不如原来的，这时候要再改回来就不那么简单了。现实中有些企业就是这样把流程制度改来改去，改得员工无所适从、晕头转向，这些现象在新创业的中小企业表现最为明显。其实广泛征求意见讨论的过程，不仅是完善流程和制度的过程，还是大家重新认识原流程的过程，也是宣传新流程的过程，使新流程和新方法在没有贯彻之前就能深入人心，从而大大减轻它对老员工的心理冲击，进而减少不必要的矛盾和冲突。而简单地换人，则是最糟糕的一种处理方式。

如果企业制定《新官就任须知》，而且在其上任前反复强调，新官上任就不会很快地发布自己的“新经”，不会火急火燎地烧上“三把火”，上任的一切政令计划都会在规范的框架内运行。这样，新官和老员工之间的矛盾对抗就会大大减弱，下属也就不会轻易地被“杀伐”，新官也就不会轻易地去换下属。即便新官感觉不舒服，最多也就是抱怨原来工作流程不好，而不会说下属不听话，这样也就大大减少了新官开掉下属的偶然性，从而保持员工队伍的稳定，保持企业运营的稳定。

同时，企业要求新官学习《新官就任须知》，并强调不要随意改变工作流程，对新官也是一种保护。新官上任总想着改变面貌、改变下属，很少想到要改变自己。如果有这样的明文规定，新官上任肯定会在认真学习原来业务流程的基础上提高自己。其实这也是新老员工之间相互学习、约束、适应的过程。

新官手册会束缚新官吗

那么这些明文规定，会不会限制新官积极性和创造性的发挥呢？有此想法是正常的，但有这样看法的人士要么是个急性子，要么是不明企业事理者。企业是什么？企业是以盈利为目的的经济组织，“稳定压倒一切”。老板和企业负责人不论出于什么样的动机和目的，不论主动还是被动，只要采用人整人、人治人的手段，都会对企业的安全运营、企业效益以及品质提升造成危害。企业内部任何形式的人事斗争，都会对企业组织造成负面的影响。须知，和气才能生财，和为贵。对企业来讲，不仅对外要讲究和，对内同样要和。不和，搞“阶级斗争”，只能增添负累。有些老板想靠“阶级斗争”的手段来达到某一目的，这样对企业只能是有百害而无一利。

真正自信的新官，是不会简单地靠换人来发挥自己的积极性和创造性的。否则，在自己积极性和创造性发挥出来的同时，全员积极性和创造性也就被抹杀得差不多了。是新官一人智力大，还是全员的智力大呢？当然是后者。如果一个新官只知道发挥自己的积极性和创造性，而不知、不会、不能发挥下属的积极性和创造性，那么这样的新官只是单打独斗，而不是一名将才和帅才。

也有人会说，新官上任就一项任务：拨乱反正。但带着这样任务上阵的新官毕竟是少之又少。有此任务的新官，上任时更应该强调先保持稳定，在稳定中逐步解决对企业发展不利的问题，而不是上来就大开杀戒，除非提前已经了解得十分清楚，掌握了时局。

哪些下属非换不可

当然，如果把上面的论述分析理解为新官不能开人和换人，那也是偏颇的。兵不斩不齐，但斩兵要有依据。对照企业原有的制度规则，违犯规则制度者坚决惩处，绝不能含糊，不能轻易说“下不为例”，这对新官上任来说尤为重要。新官上任对已有制度的执行要坚决果断，哪怕这个制度是错误的，没有改之前都要不折不扣地执行。哪怕当时把制度改了，违反者也得处罚，因为违及制度在先，修改制度在后。如果新官不处罚违反规则制度者，大家会认为新官软弱，以后许多制度就难以执行了。对违犯规则制度者必须“杀伐”，否则会影响其他员工工作的积极性；但一切“杀伐”都要有理有据有节，不要强词夺理，不要为“杀伐”某人而出台新制度，要“杀伐”得大家心服口服。

所以，健康的企业组织不是不换人，而是换掉该换掉的人；不是经常换人，而是该换人的时候就换人；不是为了人事斗争而换人，而是为了有利于企业工作的开展而换人；不是新官上任才换人，而是按照企业规则制度来换人；换人不是企业某一时期的工作，而是企业必有的经常性工作；换人不只是换老人，新人不合适也要尽快换掉；而优秀的老员工不仅不能换，还应该嘉奖。

6

如何招到核心员工

“一朝天子一朝臣”的宿命被破解了，要发展壮大，除了团结老人外，还必须吸收新鲜血液，必须招聘新人。职业经理人如何招聘到新的核心员工呢？面试是其中重要的环节。如何在最短的时间内发现核心人才呢？本文告诉你成长型企业如何招聘到中基层核心员工。

与如何应对核心员工离职永远相伴的，是如何招聘到新的核心员工。企业应如何在关键岗位的招聘面试中提高效率呢？

为什么挑不出人才

任何一个用人单位都希望找到优秀的人才，然而当用人单位开展了一系列的招聘、简历筛选、初试、复试、录用后往往发现找到的人并不理想。这是什么原因呢？一般的面试通常是问几个常识性的基础问题，然后就凭感觉了；有规模的企业则多几道复试，一拨儿又一拨儿人把应聘者折腾了几个来回也拿不定主意。世界500强企业招聘包括若干环节，笔试、面试、专业测试等等，成为人们学习膜拜的榜样，一般成长型的企业不可能做到这一点，因为组织体系能力达不到，也没有那么海量的候选人等你一道道筛选。常犯的低级错误是审犯人一般的面试，这用来招聘普通员工还勉强可以，而对于骨干核心员工就很难奏效了。

现实是,审犯人式的面试随处可见。没有经验或责任心一般的面试官，只把面试程序化地问几个问题，应聘者再机械地回答问题，气氛真的和审犯人差不多。这种单刀直入的审问，不仅令气氛尴尬，而且一般情况下也根本问不出实质内容来。应聘者要么提前准备好了台词，要么自我保护性地回答问题，而不会主动开放地回答问题。结果是面试官对应聘者除了外表几乎没有什么感觉，至于重要的内在思想、价值体系和基本能力则一概模糊。之所以这样，问题不在应聘者，而是面试官自己用机械的面试程序把自己给框住了，应聘者只能削足适履，看起来也就很少有“个性差异”了。面试后要拿定主意时，只能凭面试官本人的好恶抓阄式任意挑选一位，于是面试也就失去了意义。

如何面试核心员工

一般的面试程序是：人力资源部门初步面试，把好应聘者基本素质关；专业能力由专业的部门经理把握；重要的岗位以及经理级人选一般再加一道或两道面试程序，由高层领导面试。身为领导的面试官，该如何面试应聘者呢？我的经验是：除让候选人做简单的三分钟自我介绍外，余下的就是一聊、二讲、三问、四答。

（1）一聊：谁聊，聊什么，聊多久

答案：面试官聊，聊与招聘职位相关的内容，聊三分钟左右。

领导作为面试官，应把公司的大致情况和发展前景做简要描述，因为公司的发展变化需要新的人才加盟，这样顺理成章地把要招聘人的原

因及重要意义叙述出来。进而可以具体叙述招聘的新人需要干什么、干到什么程度，甚至可以说出干到什么程度会有什么待遇等等。总之，作为一名领导级的面试官，应在最短的时间内把企业现状、发展前景和招聘岗位的相关要素非常连贯地告诉应聘者，整个叙述过程大概也就两三分钟时间。通过这样聊，不用发问，应聘者也会立即产生共鸣，围绕面试官所聊的主题展开下一步的阐述。这样也可以最大限度地节省面试时间。不然上来就问，或问的问题很大，应聘者经常不知道该讲什么，于是只能根据自己的理解漫无目的地讲，结果是讲了很多，面试官想听的没有听到，无关紧要的听了一大筐，浪费双方的时间。

为什么面试官要采用聊的形式呢？聊，不同于讲。聊是两个人或少数几个人之间的非正式谈话交流，是在小范围内轻松民主的气氛中进行的，让应聘者放松后易于发挥出真实水平。

（2）二讲：谁讲，讲什么，讲多久

答案：应聘者讲，讲自己与所应聘职位有关的内容，时间 3 分钟。

尽管面试官什么要求也不提，什么问题也没问，当应聘者听完面试官的简短话语之后，也会立即在自己的脑海里搜索与面试官所聊内容相关联的东西，并把自己最适合招聘职位的关联度最高的内容有选择地，用自认为最恰当的方式表述出来。

为什么应聘者是讲，而不是聊或者其他表述方式呢？这是由应聘者和面试官的心理状态不对等以及信息不对称造成的。应聘者一般都急于展示自己与应聘岗位相宜的才能与品质，处于表现自己的心理状态，因而不可能平静地聊。如果应聘者能够和面试官轻松地聊，说明应聘者的心理素质特别好，或者心理优势特别明显，这一般是久经职场的高级别经理人。

应聘者的这段演讲是应聘过程中最关键的部分，因为面试官据此可

以看出应聘者的基本内涵、从业经验和资源背景，更重要的是了解到应聘者的知识总量、思维宽度、速度、深度、精度、语言组织能力、逻辑能力、概括总结能力、化繁为简能力、应变能力等等，而这些是在简历、笔试和测试中很难体现出来的。即使经验、资历和背景在前期翻阅简历时面试官都看过了，但看他写的和听他说是完全不同的两个测试角度。有丰富经验的面试官根据应聘者上述 3 分钟的陈述演讲，基本上就会有一个清晰的看法和八九不离十的判断。

如果是传统而简单机械的一问一答式面试，根本不会有上述的面试效果，也难收获什么好结果。一问一答审犯人式的教条面试，面试官和应聘者都会感觉气氛紧张，都是既处于进攻状态又处于防守状态，于是双方的心理活动是对抗而不是合作。试想如果双方互不合作，怎么能有好的面试效果呢？所以，面试的艺术在于面试官能否把应聘者当时的心理活动和自己的心理活动有机地协调一致，使双方处于良性互动状态，而不是对抗和矛盾。这样应聘者才能充分展示自己的实力。

因此，当应聘者做 3 分钟陈述演讲时，面试官应认真倾听，并不时给予微笑式的鼓励和肯定，切记不要轻易地打断应聘者的陈述。一是应聘者陈述的主题思路会中断，会顺着你的新问题偏离，而把原来准备的与应聘岗位有关的重要内容丢掉；二是会延长面试时间，增加面试成本，进而会影响到后面其他等着面试的人的约定时间，造成整体面试时间迟延和浪费。

（3）三问：谁问，问什么，怎么问

答案：面试官发问，问关键的内容和相互矛盾的地方，要刚柔相济地问。

面试官无论如何要耐着性子认真听完应聘者 3 分钟左右的陈述。对 3 分钟过后仍喋喋不休的应聘者，面试官可以通过看表等形体语言或善意

的口头表达提醒应聘者尽快结束陈述。

应聘者陈述结束后，面试官应主动发问。问什么呢？不要问些老生常谈的话题，不要问简历中已有答案的话题，不要问笔试以及刚才3分钟陈述中已叙述清楚的话题，否则会招致应聘者的不满——“我在简历中已经写了”“我刚才好像说过了”等等，造成面试气氛尴尬。

究竟该问什么？主要问以下内容：问面试官应该了解但应聘者在简历、笔试以及3分钟陈述中一直没有叙述出来的问题；问应聘者在陈述和简历中自相矛盾的地方；问应聘者陈述的事实以及简历中反映出来的内容与应聘职位不相宜的地方。总之，就应聘者的自身矛盾来问问题，看应聘者如何回答。

如何发问呢？问话的语气方式要因人而异，对性格直爽开朗的应聘者可以问得节奏快一些、直接一些，对内向的人可以适当委婉一些，但无论如何都不要攻击和伤害应聘者，或者以教训的口吻对待应聘者。不论怎么问，问题要柔中带刚，曲中显直。只有问到关节和矛盾处，才能起到面试的效果：一是补充需要了解的关键信息；二是就矛盾问题的回答看应聘者的应变能力和答辩能力，以及能力以外的诸如诚信问题和问题后面的问题；三是就应聘者自身的经历以及前面的陈述及回答，综合提炼出问题来再继续问，看应聘者是否善于总结思考概括提炼。

（4）四答：谁答，答什么，怎么答

当应聘者被面试官点到痛处时，回答才是关键。俗话讲：只有高水平的问，才可能有高水平的答。面试到这一步才真正进入高潮。应聘者处理矛盾的水平高低，全在这简短的回答之中。如果应聘者回答得清楚，可以接着问下一个问题；如果回答有破绽，可以就破绽继续追问；如果应聘者被问得局促不安或满头大汗，说明应聘者在此处可能有问题，或有难言之隐。面试官可以对此问题罢休，不要穷追不舍，适当换一个轻

松的话题给应聘者一个台阶下。记住此时双方是平等的，是相互选择的。面试官不是法官，也不要做法官，只要知道问题就行了。

在实际问答中，应聘者在回答面试官的问题后也会主动问面试官，而应聘者问的问题一般都是所应聘职位的薪水、待遇、休假方式以及作息时间、业务程序，或者岗位之间的关系、公司背景以及竞争对手的竞争性等等。面对应聘者的提问，面试官应该实事求是地正面回答，但不排除回答的艺术性。

面试官和应聘者相互之间的问答，总体时间把握在 10~15 分钟为宜。

综上，领导面试核心岗位应聘者的时间总计 20~30 分钟。时间太短，面试不出效果来；时间太长，不仅加大了面试成本，而且会降低面试效果。当然，对明显不相宜的应聘者，可以在短短 5~10 分钟之内结束面试，但要客气礼貌。

面试中的玄机

（1）待遇应早申明

应聘者第一关注的是招聘职位的待遇，第二是自己能不能胜任该职位工作，第三才是具体的岗位要求。然而，许多招聘单位往往不说前两项，只提职位要求，这是严重的以自我为中心。关于职位的薪水待遇等常规问题，面试官最好尽早申明，免得应聘者不好意思追问而绕来绕去。这是对应聘者负责，也是对自己负责。

（2）吹牛大王不能要

有经验的面试官一般不会问应聘者：“谈谈你如何干好这项工作？”“你能完成多少销售额？”

作为真想招贤纳士的企业面试官，如果遇到一位应聘者与你吹牛他有多少种能力，有多少资源关系，能完成多少销售任务等，那只有一个原则：千万拒之门外。因为，这样的应聘者只有两种：一是骗子，二是疯子。这两种人对企业破坏性很强，千万不能要。试想，外来一个和尚，对企业的内部信息根本不了解，随便念一个经，就宣称能把企业做到什么程度，他不是疯子或者骗子又是什么呢？

那么如何判断一个人的实际操作能力呢？很简单，看他做过什么、做成过什么、怎么做成的。做过什么是经验，做成什么是能力，怎么做成的是思维方法和智慧。有此足矣！而这些都可以通过简历、面试以及职业背调得到印证，而不是听他说将来能干成什么。因为，我们招聘的是关键岗位员工，是管理和领导岗位员工，是担当重任的核心骨干员工，而不是一般员工，也不是需要培养的新进大学生。

（3）不可录取“最好的”，要录取最合适的

面试后共有 10 位合格者，需要录取 4 位，该录取谁呢？一般都会知道答案：录取前 4 名。而实际操作经验却是：最好前 2 名不要录取，要录取排在第 3 名以后的。当然，排后两名的尽量不录取，为什么？

第一，因为好的都在被抢。社会上的用人单位不止你一家，当你把排在前面的两位录取到企业后，双方进入试用期，企业往往单方面以为“我在试用你”“我在考验你”，而事实上忽略了一点：应聘者也在试用企业。试用期内双方的机会成本都不高，谁都可以炒对方的鱿鱼，不仅是企业炒员工。

第二，优秀的人永远会有很多机会等着，你看上了他，其他企业也会看上他。他在试用期内会骑着马找马，会有许多机会向他招手，他随时会离你而去，而你怎么办？你想起排在中间的那几位，结果那几位此时刚好找到工作上班了，这样对企业来讲是竹篮打水一场空。

第三，排在前几位的人加盟企业工作不久，又很快萌生了去意。为

什么？因为他们会陆续发现企业很多负面的东西。没有进来之前，看到的、听到的尽是好的一面，负面的内容很少知道。等被录用进来后就不一样了，接触到的完全是实实在在的真相，如果再碰上那么一两位欺生或者嫉贤妒能的“鸟人”就更难以忍受。如果此时外面有机会，他自然很快会离开。

当然，如果你的企业是行业内最好的企业，是社会中的顶级一流企业，可以录用最好的。若不是，最好谨慎录用，不可贪才，不然会消化不动的。一句话，录用最合适的。

7

如何考核试用期员工

当你招聘到核心员工后，试用期是必不可少的。那么试用期转正的依据是什么？试用期都考核哪些内容？谁来考，如何考，考多长时间这一系列问题都是一名经理人必须面对的。当然,空降经理人本人读罢此文，也会明白自己在试用期该怎么做。

试用转正，是职场日常工作。可连很多人力资源从业人员都不知道试用期试什么，而试用评估也仅仅是凭感觉。

新入职员工试用期大多三个月，而越来越多的经理人、高级老总试用期为六个月。试用期满后“合格”者转正，不合格者不得转正或延期转正。然而，试用期究竟试多长时间？试什么，怎么试？对绝大多数企业来说，都是一笔糊涂账。

目前常见的做法是试用期结束后主管（主要是顶头上司）说了算。至于转正的形式则更是简单，往往是一个团队的同事开一个转正会，大家说一些讨好的话，提一些不疼不痒的建议就转正了，落在字据上的东西就是主管签字，人力资源部走流程形式。当然有些企业会更简单，连形式都没有，流程也省了。

其实主管一人的感觉本就靠不住。主管正直时，感觉并不一定正；但主管心不正时，感觉一定是歪的。如果主管嫉贤妒能或有私心，那么一个贤能的副主管或下属就一定会被刷掉，相反招聘来一个庸人、坏人反倒有可能顺利通关转正。其实做大了的企业，无论多么伟大和优秀，这些嫉贤妒能或有私心的主管一定会存在。所以，企业构建一套完整的人力资源试用期考评体系，就显得非常必要，对招聘高级经理人尤为重要。

试什么

人们之所以凭感觉转正，是因为不知道试用期要试什么。我问过很多人力资源从业人员、高级经理人以及老板，他们都不太知道试用期究竟试的是什么，只能是笼统地回答，或回答得支离破碎。

试用期究竟要试什么呢？要试四个方面。

（1）一试职业毛病

任何人或多或少都有点毛病，而试用期就是试毛病的大小和毛病的性质，试这些毛病是否与岗位需要相冲突，是否被团队成员所容忍，是否在企业文化能包容的范围之内。职业毛病分三个层级。一是是否和工作本身的业务特点相冲突。比如财会人员粗心毛糙、心浮气躁，一定做不好，如果毛病和岗位胜任能力模型相冲突，又在企业文化包容之内，可以调岗，前提是企业需要，本人愿意。二是是否与企业文化的价值观相冲突。文化包含价值观和行为习惯，如果冲突，是否在包容范围之内？如果可包容，则转正，如果不能，立即走人。三是是否与法律和社会道德相冲突。比如诚信严重缺失、偷盗、吸毒、赌博等，如果冲突，立即走人，不要犹豫，否则会麻烦不断。毛病，从职业的角度来看，指两个方面，一是道德，二是文化。文化包含价值观和行为习惯。一旦影响到工作的职业毛病在试用期内被发现，就要认真考虑是否给予转正。

（2）二试职业态度

职业态度折射的是一个人的成就动机，也就是这个人干这份工作的原动力。人们对工作的看法不一样，自然采取的行动也不一样，这背后就是一个人的职业成就动机。一个没有任何职业成就动机的人，很难工作认真、负责、用心和勤奋；只有把工作当做生活重要组成部分的人，才能勤奋敬业，仅靠装是装不出来的。工作态度不好的员工，或者说没有任何职业成就动机的员工，是绝对不可能有什么好的工作成绩的，自然不能给予转正。对于一名经理人更应该试工作态度，因为工作态度有问题而没有注意，转正后对企业的影响可就大了。

（3）三试职业能力

职业能力，就是工作能力。什么才算是有工作能力呢？能力怎么考核？

试用期对一个人的工作能力形成一种综合评价是很难的。怎么办？其实在工作中，人的能力就是指工作方法。工作方法来源于两个方面：一是经验，二是思维能力。同样一件事情，不同的人做会有不同的结果，其原因就是工作方法不同。所以试用期考察一个人的能力，就是考察他的工作方法。

也许在面试阶段，一个人吹嘘自己能力很强，讲了很多做成事情的方法，背景调查时也证明他有很强的能力。但这只能是过去时，必须在试用期重新试。有的人换一个环境就不行了，其原因是这人的能力来源于经验。

有的人换了环境同样有能力，这就属于思维能力强大的人。高级管理者就应该是思维能力强的人。思维比经验更重要，这就是人们常说的

CEO 级别的岗位可以不看行业经验的原因。因为高层都是相通的，相通指的是什么？就是指人的思维方法相通，解决问题的本质方法是相通的。所以，高层管理者不在经验，而在思维，即人们说的智慧。

（4）四试职业绩效

职业绩效就是指执行力，就是做事有没有结果。对一名普通员工而言，相对好试，但对一名工作内容相对弹性的员工或者一名高级管理人员，在三个月的试用期就要创造明显的绩效，几乎是不可能的。那么，在试用期是否就无法判断一名高级经理人未来的绩效如何呢？答案当然是否定的。试用期判断一名经理人将来是否有好绩效，就是要考察他是否做事有结果，换句流行术语就是考察他的执行力。

一个人之所以有绩效，就是因为做事有结果。一个人做小事都没有结果的话，做大事更不可能有结果。现实中有不少经理人，讲起来口若悬河，而落实到实际行动上往往虎头蛇尾。这种人职位越高，危害越大。用俗话说，就是盯不住事的人。一般有绩效的人就是盯得紧，做事有计划，有条理，会统筹安排，直到有明确结果为止。这也是长期养成的职业习惯，是执行力的一个表现。

如何试

（1）如何试职业态度

对职业态度，观察是重要的方法。平时于无声处的观察考核最能发现一个人的工作态度。可从许多方面考核，比如：观察其上下班时间段的工作状态。试用期内上下班是否总是卡点儿？如果早来个 10 分钟，看他用这段时间干什么，是准备工作，还是和其他人闲聊？看他下班时间和下班前干什么，是否快到下班时间就提前收拾好东西，一到时间起身就走？看没有完成工作任务时的态度，到下班时间是径自走掉，还是和主管打声招呼才走，还是主管同意其走，仍坚持把工作做完才走？临下班前一个小时安排加班，看其工作态度，是愉快接受，还是沉着脸，还是有条件接受，抑或加班时心不在焉？这里特别要看其如何处理工作和生活的冲突。

（2）如何试职业能力

要试一个人有无工作方法，就安排一个很具体的事情让他做，然后考察是怎么完成的；也可以安排一个很难或者根本没有正确答案的事情，看他做事情的方法。其实，即使不故意安排，在试用期里每天也都有很多工作要做，这就要看其工作有无方法，看其方法多少以及成效大小。考察高级管理人员，应安排一件成本不高、周期相对短、环节相对多、涉及企业内外人际交往的事情，然后考察他的工作思路和方法。做的过程中观察他怎么做的，做完以后，询问他为什么这么做，看他能否提炼出总结性的观点来。

（3）如何试职业绩效

对做事有无结果的考核，对管理岗位上的人来说比较复杂。要等试出综合绩效，至少半年过去了。怎么试？就是给一件小事做，看结果。比如说经理人刚入职不久，许多新工作一时半会儿还插不上手，就安排他做一些看似和工作没有直接关系的事情，比如说开会或一般性的出差。有不少人参加完一般性会议后什么收获也没有；如果是有心人，一定会有收获，而且是不错的收获——如何辩证地看待会议，如何就会议谈与工作的关系。

（4）如何试职业毛病

对职业毛病的测试，不仅平时要观察，而且随机事情发生时更要观察。在迅速变化时观察，比平时观察更有效。工作态度、工作方法、工作结果都应当以常态下观察为主，但对职业毛病应重点放在非常态下观察，尤其是在有矛盾冲突的时候，重点地细心观察。还有一点要注意，就是试职业毛病不同于前面三个内容。前面三个都可以出题去试，但对毛病，不能明着去试，一定要含在平时的工作和具体的事情中，千万不能故意设陷阱去试。有家企业招聘一位 CFO，试用期内故意拿现金去试，观察这个老总对金钱的态度，结果倒是试出 CFO 经得起金钱的诱惑，然而 CFO 一生气走人了，认为这是对自己人格的侮辱。

试多久

平常我们讲的试用期就是三个月，究竟是长还是短呢？这就要看试的内容和人的级别。

对于高级经理人员，情况就比较复杂。按上面讲要试出经理人的工作态度、工作方法和工作结果，一般来讲半个月到一个月左右就差不多了；但要试出一个人的职业毛病，一个月根本不够。对一个比较外向的人来说，大概需要三个月；对一个内向的人，大概需要六个月；对一个善于隐藏的人大概需要一年。只有一年过去，才能完成一个绩效年度，才能考核出人在不同职场状态下的反应。所以对高级管理人员的试用，大概需要半年，甚至一年左右的时间。这就是政府公务员、科研院所对新入职员工的试用期都是一年的原因。

所以，对高级经理人的文化的了解，主要还是背调。如何做背调？一句话，还原工作场景。尽量放在入职前完成。

我的建议是，试用期不要超过三个月。越高级别的人，越要短，不然影响越大。

如何评估

评估试用期经理人有以下几种方法。

第一，工作日志考核法。试用期的员工要有工作日志。每一天工作、每一件工作都要有记录，这样到期一看一清二楚。如果进一批人，一比较工作日志就清楚了。尤其是经理人的工作，由于不易量化，更应该做好系统记录，做好知识管理。试用期到了，其工作完全清晰了然，便于客观公正地考核。对于数字化程度高的企业，几乎所有的工作记录都一目了然。

第二，关系人 360 度考评法。为了解决主管一票否决的弊端，最好的办法就是 360 度关系人考评。这个 360 度关系人考评是指与被考评人有业务工作关系和管理关系的人全部参与考评，根据工作需要设定不同考评人的权重，背对背打分。

第三，关键事件考评法。一些关键事情一旦触及，必须重罚。要明确试用期员工触及这些事情时处罚的力度，可以用分值来计量。

当然，除正常的上述考评外，公司还必须设立红线死亡法。任何一个组织都有自己的红线，如果触及红线必须立即清除。比如：试用期员工无故旷工、泄漏重要商业秘密、违反法律、违反重要操作流程、文化严重冲突等等。

（1）KPI 可行吗

试用期是否应设定关键考核指标的问题，颇有争议。对于高层管理人员来说，成熟的企业可以用，因为有过往的历史数据，有现成的资源匹配条件；但对于成长期的民营企业，拿关键指标考核高级经理人就非常困难，原因有三。一是过往历史数据不具备参考性，二是同行的发展数据也不具备可比性，三是企业自身的资源匹配条件不可预测。企业尚不成熟，所以一切都在变化之中。如果非要一个关键指标，到关键的时候也会扯不清，因为支撑关键指标的基础发生了变化或根本就不实。没有在成长期的民企干过，是很难理解这一点的。

（2）什么情况下延期转正

如果发现工作态度、工作方法和执行力这三者出现问题，根本不用考虑延期转正，而是应当尽早解决。延期主要因为职业能力即工作方法，由于跨行带来的经验移植需要过程，明确的结果没达到，对普通岗位可延期转正，对核心岗位的人不用延期。延期的另一种情况是对职业毛病拿不准。职业毛病包含着职业道德、个人文化与企业文化的冲突、性格与组织特性的冲突、个性与工作业务的冲突等。前面我说过，文化这一点尽量放在入职前，越是核心岗位，越要注意这一点。试用期发现冲突比较大，立即走人；没发现，就不必延期。文化冲突有时遭遇事情才会爆发，比如年底发奖金、提职调整等等，所以，文化冲突是个长期的过程。职业毛病往往三个月是试不出来的，一般需要五六个月，要全面试最好是一年。

（3）如何防止集体设陷阱

有些人为了小团体的利益，集体为新人设置陷阱，故意让人不过试用期。这主要应当从机制上规避，而不要靠良心。

试用期往往存在这样的情况：组织上也知道某一主管有问题，所辖小团队风气不正，于是为这个组织招聘个副手。这个小团队就千方百计挤兑新人，让新人过不了试用期，或者新人一看情况不对，趁早溜之大吉。

怎么办？组织上应该先把人招聘进来放到其他系统里，过了试用期后再派往这个有问题的组织。这样就不存在试用期转正难的问题。

还有一种情况就是新招聘的人作为主管的副手，然而主管小心眼儿，不让其转正，怎么办？最好的办法就是综合考评。考评只要合格就应该转正，不能因主管一票否决。至于转正后职务工作的安排和调整，那是另一回事。

8

企业里的八种人，谁是有用的

组织里面的人形形色色，千差万别。握有权杖的经理人必须明白企业里的人大概都分哪几类，不同类别的人都有什么作用、该怎么用，明白如何最大限度地发挥组织现有人力资源的价值与效用，不同类别的人该怎么处理和应对。

企业中人分两类:常态人和非常态人。其中常态人又分为人财、人才、人材和人手，非常态人则分为人物、人在、人灾和人渣。常态人是企业正常运转情况下的人才能力结构，而非常态人是指企业非常情况下或者不健康企业里面存在的一些人。

人财：人财是常态人中最好的，能为企业直接带来财富效益，是企业最需要的人。这类人的特点是积极主动工作，创新性地完成岗位工作，能在组织工作中起到核心和主导作用。

人才：人才是有才华的人。这些人有专业才能或其他才能，但就是没有或不能转化为效益和财富。

人材：人材是指人的基本素质很好，还没有转化成企业需要的才能，当然更没有为企业带来财富效益。

人手：人手就是他人工作的助手，是帮助人财等实现效益的人。

人物：人物高于我们平常所讲的与众不同的人才，从能力和能量上来讲都超乎寻常，是指能为企业解决重大问题、帮助企业实现战略性突破的人。

人在：人在是指人既没有正面的积极效用，又没有负面的影响，只是在企业中存在着。

人灾：人灾是指为企业带来麻烦的人。这类人只要在企业里存在，就会使企业事故不断、麻烦丛生，最终给企业带来经济损失。

人渣：人渣是指品质有问题，且有非常强的破坏能力的人。这类人心术不正、狡诈，以损人为目的，至于损人后是否利己并不重要，这就是常说的恶人、坏人。这类人存在的目的就是给他人和组织制造事端，搬弄是非、挑拨离间、嫉贤妒能、内外勾结、制造种种不和谐。

有用的是“人财”和“人手”

常态人是企业正常状态下所需要的，其中最需要的就是能解决问题的“人财”和做事务性辅助工作的“人手”。企业中最常说的两句话不就是“谁能挣来钱谁是爷”和“急缺人手”吗？

人财一般占员工总数的5%～20%。比重之所以不一，是因为企业的健康状态不一样。健康程度越高的企业，人财的比重越高。一般情况下，企业的人财也就占5%～10%。人财在企业中不只存在于高层，不仅在系统管理层面和专业管理层面，而且也分布在专业技术层面。这些人是企业的核心，只有拥有这些人，企业遇到问题才能迎刃而解。

那么其他那么多人都是干什么的呢？其他七类人中最有价值的是人手。因为人手帮助人财实现价值，可以在人财的主导下，复制性地完成工作，为企业带来规模效益。人手正是企业内部占绝大多数的，一般情况下要占到30%～60%左右。有人会说：企业有人财，何必还要人手呢？实际运营当中，人财离开了人手的帮助可以办成事情，但做成事情的数量和规模就很有限了。就像一位将军也能够杀敌，但没有千万士兵的帮助，杀敌数量就不上规模。所以，人手在组织中是必不可少的。

如何从“才”“材”变为“财”

企业当中，往往有很多才华横溢的人，但就是不能为企业解决实际问题，不能为企业带来财富和效益。这既有人才自身的原因，又有企业组织的原因。

企业原因有二。一是企业系统功能和资源还不能使人才很好地发挥才能；二是企业文化与人才习惯的文化不融合，就像李逵跳进了水里无论如何也挥不出三板斧来。

人才自身的原因有二：一是人才的个性比较突出，高度自恋，自我崇拜和欣赏，长时间不能有效融入企业组织当中；二是人才的心理问题，尽管有才，但不舍得把自己的才华贡献给企业组织，这种自私而不懂分享，只顾索取而不奉献，视自己的本事为宝贝的人注定不会是人财。

大凡人才都有一种怀才不遇的感觉。如何让怀才者能够把“才”转化为“财”？企业应该尽量为人才创造发挥才华的机制和环境。如果人才高度自恋，那么应该多做沟通和感化工作，让人才的心落地。如果人才存在心理问题，高度自私，那么请不要为这类人才浪费时间，趁早请其走人。

人材只是有基础素质，但才能还没有露出来，需要时间和实践的历练。比如：跨行业跳槽者，无论是专业技术人才、专业管理人才还是系统的管理人才，可能由于两个行业的差异，原有的才能失去了用武之地，原来的“才”被戴上了枷锁，“才”加上了木字旁，需要一段时间熟悉和了解过程，才能消化木字旁，转化为真正的才能，进而转化为人财。另一种是有专业的基础知识，没有专业能力。比如：刚走出校门的大学生、硕士生、博士生等都属于人材。这些人要想给企业带来效益，首先得经过一段时间的专业技能训练和文化培养，把木字旁去掉，先变成人才，再通过企业的机制系统发挥作用，为企业带来财富。

人材首先变成人才，然后再转化成人财，但其中必然有时间的成本和转换不成的风险。究竟这个过程需要多长时间，没有一定之规，是由人的组织属性和内心的和谐程度决定的。

对“人物”该不该重用

人物有高于普通人才的能力和能量，能解决企业的危机问题和重大问题，能给企业带来战略性的突破。人物就是要创造奇迹，就是要把不可能的事情变成现实。

在正常情况下，人物没有用武之地；只有在非常情况下，人物才能发挥作用。所以企业一般不需要人物，也没必要养人物，因为养不起，也养不住。

企业常态情况下如果有人物存在，那只能有一个，就是老板。假若经理人也是人物，那会导致双雄纷争，权力核心多元化，把企业带向危险的边缘。如果经理人的能量高于老板，结果必然是功高盖主，企业结构失衡。通常情况下，十分职业的经理人会悲壮离场；不职业的经理人，会给企业带来灾难性后果。

人物都是相对而言的，而且所有的人物，无论本事多大，都不可能是全能冠军。所以企业不能迷信人物，人物不可能解决企业所有的问题。

“人在”是怎么产生的

几乎每一个规模性企业都会有“人在”。这类人除了增加费用成本以外，没有任何价值。而企业之所以有“人在”，大概有两类原因：一是关系户，开后门进来的人，人情面子在起作用。通常规模性企业接收这样的人多一些。二是由企业里面的人手、人材、人才等蜕变而来的。为什么会如此？企业原因是：分工不合理，管理不到位，业务中断，某些人手、人材、人才无事可做，又一时没有去处，就变成了暂时的人在。员工自身的原因是：外部环境的变化引起自身心理变化，比如处于热恋期的青年员工容易魂不守舍，变成了纯粹的“人在”，不容易量化的岗位也容易出现“人在”。

“人灾”和“人渣”有何区别

虽然同样给企业带来麻烦，但人灾主观上并不坏，只是认识、能力、智慧等有局限性，自以为是，急于求成，乱说乱动，不守纪律。其初衷可能是为了把事情做好，最多只是过于想表现自我罢了。而人渣就不同了，其主观上就是想害人、想损害组织利益，但这种人往往善于伪装和表演，能言善辩，甚至有才能干，但目的就是破坏和谐。这种人对组织的损害绝不简单在经济上，更是对企业文化的破坏和异化，他们使人际关系紧张，扭曲人的心理。一般人都想逃离这种环境，所以人渣对企业的破坏是根基上的。这种人为什么会这样？原因比较复杂，从心理学上讲是有心理障碍、性格缺陷者。

“人灾”和“人渣”是怎么来的

人灾是怎么进来的呢？一般情况下是没有按招聘程序，或者招聘程序只是走过场。还有可能是招聘官太业余了，没有把好进人关，让这些过分善于自我表现的人给蒙蔽了，又由于成本的原因或根本就没有功夫去做背景调查，所以人灾也就堂而皇之进来了。当然，人灾也有可能是人材和人才变来的，这些人才和人材，长时间做不出成绩，又有结果为导向的绩效考核的利剑逼迫，便冲动性地工作，结果造成了麻烦。

人渣又是怎么进来的呢？一是疏检。这种情形主要发生在转介绍时，转介绍者对这个人了解也不是太多，而招聘部门因信任转介绍者，滋生心理依赖，没有对新进人员做更多全面的考核和了解，不像考察陌生员工那样细致。二是漏检。引进小团队时只考察了主要管理者，由于信任管理者或碍于面子，没有对随行人员做全面细致的考核和了解。三是免检。企业间并购时一同并进来的，因为这时企业内头绪繁多，许多人渣没有检查就进来了。四是常规检不出来的。有些人渣负有特殊使命，比如是由竞争对手安插进来的。所以，对人渣与其放进来后再清除，不如把好进口关，将其拒之门外。对招聘部门，唯一的办法是背景调查，要对人才的背景做比较全面的了解。当然，企业的人力资源力量是非常有限的，应该靠专业的猎头公司作背景调查。

对八种人，老板该如何办

对于常态人，老板该如何对待呢？

面对人财，要大大地奖赏，不过奖赏要有艺术。这些人财是企业的核心，是骨干，是起决定作用的。所以，尽管数量比例很低，但最不能忽视。

面对人才，要加紧文化认同培训，不断创新优化企业运营机制，让人才尽可能地转化为人财，创造效益。

面对人材，应该加强专业化培训，使之尽快转化为人才，再进行文化认同培训，创造机制使其转化为人财，创造财富。

对待人手，持续强化专业技能培训，培养成越来越高水平的熟练工种，加强忠诚度和职业度教育，使其更好地辅助人财完成系统工作，为企业带来效益。

对于非常态人，老板如何办呢?

对于人物，看其相对性。如果相对于自己是小人物，加强激励和约束，用其无妨；如果和自己旗鼓相当，还是转换一种角色，聘其做老板的专业教练顾问；如果自己是相对的小人物，要么让贤，要么学《水浒》的王伦，就安心做一山大王。当然，用人物最好是商务合作，用商务合同来界定相互之间的权责利关系。

对于人在，如果是关系户，只管存在；如果是招聘进来的，或者蜕变来的，加强教育和管理，如果能力不行，坚决辞掉。

对于人灾，比如吕布这类炸弹式员工，处理办法就是制度约束加惩罚，同时健全企业各项规章制度，完善各种流程，让人灾在内部发挥不了作用。

对待人渣，发现萌芽，就消灭之，不要抱任何幻想，也不要试图利用人渣做些阴事，否则就是饮鸩止渴。

9

给“防火”英雄记头功

组织通常只重视“救火”英雄，而不重视“防火”英雄，其实“防火”英雄才应该记头功。这是舞动权杖的重要艺术。只重视“救火”者，冷淡了“防火”者，公司里面的“火灾”会越来越多。这是考核激励导向的作用。那么，企业该如何考量“防火”者呢？

世界上常见“救火”英雄，而没有“防火”英雄。深入分析：“救火”者大张旗鼓、轰轰烈烈，“防火”者默默无闻、无人知晓；“救火”者救的是一时，“防火”者无时不在防；“救火”者所做的工作是补救，是减少损失，“防火”者所做的是预防，是不造成损失。这不是说“救火”不重要，而是说要做好“防火”工作，从根本上不让“火灾”发生，也就谈不上减少损失的问题。企业管理及考核中，应给那些能做好事前控制者记头功。如果企业领导只喜欢和重视“救火”英雄，而不重视“防火”者的功劳和作用，那么“火灾”就有可能越来越多，于是企业也就陷入天天“救火”的状态。

事情因需要而发生

一家企业签约了一家律师事务所做顾问，一签三年合同，按年定额收费。结果是整年都打不了一件官司，有法律纠纷也大多庭外和解了，可打可不打的官司，一般都不打，同类的官司在另外的企业都打赢了，而在本企业却输掉了。合同到期后，这家企业又签约了另外一家律师事务所，由于前次的教训，这次改为按件收费，不打官司不收费，打官司才收费，有劳才有酬。然而合同签署后没多长时间就开始有法律纠纷，官司便打起来了，结果是官司越打越多，有时同时有好几件官司在交叉进行，一年粗算下来打了几十场官司，当然官司有输有赢，费用也少不到哪里去。

同一企业为何会如此冰火两重天呢？从管理考核的角度来看，可以把签约的律师事务所看作企业的一个部门，企业的付费就是对律师事务所考核后发的薪酬。企业的付费方式就是考核方法，只不过在企业内部是发文的形式，在企业对外部时是合同罢了。律师事务所如何为企业工作服务，则主要是由签订的合同条款，即付费方式决定：按年收费，律师事务所的工作就是计算一年 365 天的时间进度，如果按官司件数收费，那律师事务所只能是不断地打官司，因此，官司也就自然产生了。所以说，这社会上的许多事情是需要时才发生的。同理，考核企业员工也是如此，企业怎么考核奖励，员工就怎么干，企业考核奖励的条款就是指挥员工工作的指挥棒。因此，企业老板、领导、人事管理部门在考核奖励员工时，应深思熟虑、慎重行事。

他们因能干而下岗了

一次与几位企业界搞管理的朋友吃饭，席间一位姓张的朋友向一位企业界的朋友王总推荐人才。姓张的朋友说，他认识很久的一位朋友前几天被企业辞退了，看能否在王总手下谋个差事，并说这位朋友如何如何能干，绝对是一把好手。他十分了解，敢以自己的人格担保。于是有人问：能干的人为何下岗了？姓张的朋友说：说起来大家都不信，我的这位朋友十分有人缘，绝对是一位公关好手，处理人际关系得心应手。两年多以前，被一位老板请去，目的是解决企业在经营过程中遇到的白道黑道的“骚扰”，以便老板能有更多的时间干些其他事情。这位朋友上任后，干得很卖力，凭着自己的润滑协调能力，大概在半年之内基本上摆平了各路“神仙”。随着时间的推移，企业内外不见往日的动荡波澜，在内外和谐的环境中运行。我的这位朋友几乎天天处于“无事”状态，于是老板又逐渐给他加码其他工作，而新加的工作又不是他十分擅长的。为此，其他部门多有微词，于是老板以做事不力为由把他给辞退了。

在场另外一位郑姓朋友补充说：这种事情我也见过，以前我工作的单位，一些乱七八糟的公关吃喝打点费用估计就得花掉至少十几个员工的工资，而且这些乱七八糟的事情影响到企业的正常经营活动，员工也因此缺乏安全感。后来请来了一位能干的公关经理，大概也就半年的时间，这种乱七八糟的事情几乎没有了，不仅公关费用大大降低，企业也处于健康、宽松、和谐的运转状态。据说，后来这位公关经理也离开了那家公司。

几位朋友的议论，使我想起了两则故事。

（1）扁鹊三兄弟谁的医术最高

魏文王问名医扁鹊：“你们家兄弟三人，都精于医术，谁的医术最高呢？”扁鹊答道：“我大哥最好，二哥次之，我最差。”文王再问：“那么为什么你最出名呢？”扁鹊答：“我大哥治病，是治病于病情发作之前。由于一般人不知道他事先能铲除病因，所以他的名气无法传出去。我二哥治病，是治病于病情初起时。一般人以为他只能治轻微的小病，所以他的名气只及本乡里。而我是治病于病情严重之时。一般人看到的都是我在经脉上穿针管放血，在皮肤上敷药等，所以人们都认为我的医术高明，名气因此最大，远涉全国。”

（2）徐福应记头功

东汉宣帝时，徐福三次向皇帝上书：霍光家族生活奢靡，陛下如爱护他，应予以抑制，以免走向败亡。后来霍家果然叛乱被除，许多人因为平叛有功，而被封为诸侯。于是，有人替徐福上书：徐福在霍家没有叛乱之前，曾三次上书提醒霍家可能会发生的叛乱，请求防范杜绝；如果当时皇上采取了行动或措施，或许今天就用不着分封土地来封赏这些平乱的人了，因此徐福应位居那些平乱有功者之上。于是汉宣帝传令，把徐福请来坐上座，记头功。

“防火”重于“救火”

从管理学控制论的角度看，事后控制不如事中控制，事中控制不如事前控制，做到防患于未然。可许多经营者因忙于各种事务，往往只能是事后控制，结果是越来越忙，越忙越乱，越乱越忙。越忙企业的管理成本越高，进而导致企业的经营成本也越高，甚至无法维持经营。

从考核员工的角度来看，究竟谁干得最好，当然是扁鹊的大哥。可现实中这些能干的人把工作做到一般人看不见的地方，因此许多领导和老板看不到“扁鹊大哥”们的能力和功劳，却认为谁最忙谁就是最好的，谁能“救火”谁就是英雄，这正是世界上永远没有“防火”英雄的原因。

作为企业的管理者、领导者和老板，明白这一点尤其重要。如果领导只喜欢和重视“救火”英雄，而不重视“防火”者的功劳和作用，那么“火灾”就有可能越来越多，会有许多的“救火”英雄出现，于是企业也就陷入天天“救火”的状态。

要想摆脱天天“灭火”的急乱状态，企业的领导层对下属的考核应该保持清醒的头脑：不要忽视那些真正为企业做贡献的默默无闻的“防火”员，而且应该给他们记头功；不要只鼓励和奖励那些为企业完成销售以及关键时候大显身手的“救火”队员，应该对那些不易量化的后勤管理及生态保障工作岗位的人员做深入考核，对做得好的也应该鼓励和重奖。

如何考量“防火”者

如何考核这些不易量化的幕后管理及后勤保障岗位人员的工作呢？不仅要听他们讲，而且还要看他们怎么做，更要“看”（其实是一种感觉）他们的工作实效。听要兼听，多方位听，听出音来；看要能够洞穿假象；形成综合的感觉。

企业中后台要保证经营部门和整个公司组织的有序高效运转，为公司正常的运转提供稳定优良的平台，为公司创造优良的内部环境和外部环境。明确了这一点，一切都好办。无论他们汇报工作时讲得多么神采飞扬，无论亲眼看见他们多么辛苦和劳累，这些都不可能代替事实上的工作质量、工作效率以及工作效果。比如说，部署了一项工作，他们完成得超乎想象地漂亮和出色，而且在完成过程中没有打扰你，没有因完成一项工作而兴师动众，且将费用成本和时间成本控制到低于预测的水准，完成后也没有产生其他组织内外负面影响和长期不利因素。能经常这样完成领导和组织部署的任务，那么这样的员工就是优秀的员工。又比如，负责公司外联的部门经理，整天给你汇报工作，向领导讨教该如何如何办，但公司内外却麻烦不断，无论这样的下属多么辛苦，都不足以证明他能干。相反，公关外联部经理没有过多地炫耀自己的本事，不声不响地把外面的事情全摆平了，给公司创造了一个良好的生存环境，而且花费的成本又不高，谁能说这不是一个能干的经理？尤其领导比较长时间不在公司，公司还没有出现乱七八糟的事情，平稳有序地运行，那么负责此项工作的人一定是位能干的人。相反，领导出差不到两天，各种电话紧跟而来，大有天塌下来之势，好像离开了领导一切都无法运转似的，把领导奉若解决一切问题的核心人物，其实这样的下属就属于不称职的那一类。领导若不能明白这一点，就无法真正搞清楚哪位下属是优秀的，甚至把无能下属持续不断打扰自己看作是好现象而加以表扬。所以，对中后台和生态建设部门的工作评定更多的是领导的一种感觉，一种能让主管领导踏实下来，而工作又能有条不紊进行的感觉。

不要担心“防火”者有“火险”不报

当然，也有些下属隐瞒事实真相，把“火险”问题掩盖起来粉饰太平，给领导一种错误的信息。对此，领导也不要怀疑自己的判断，要相信一点：纸是包不住火的。下属隐瞒了一件事情，很快就会有各路与此不协调的信息反馈回来，无论下属隐瞒得如何巧妙，都阻断不了信息的传递。况且，当一个人说了谎，他将用至少10倍的谎言来掩饰第一次的谎言，所以不要担心下属隐瞒事实的真相，尤其移动互联网如此发达的今天。有些比较霸道的部门负责人由于各种原因故意排斥异己，人为堵塞和截断信息通道，心想这样一来就把信息给过滤了，而事实上越是这样，其不愿传出的信息越是传递得快，并且是添油加醋地传出来。

经营部门也有不易量化的“防火”任务

对经营岗位人员的考核比较容易量化，但也不能简单地纯量化考核。经营岗位的员工考核应分两部分：一是经营指标的考核，这是容易量化的部分；二是非经营指标的考核，即在完成经营指标的过程中，是否寅吃卯粮、竭泽而渔，给后续工作带来了麻烦，是否给公司带来了一定的负面影响，是否给其他经营部门带来了不利的影响，是否给管理工作平添了一定的负累，是否考虑到公司的持续性发展问题，是否考虑到公司市场综合管理以及拓展问题，是否给公司的品牌和声誉带来一定的影响。这些量化起来很难或根本不可能量化，有些只能是凭一种感觉和感性的判断。所以，经营部门是否完成了经营指标，只能作为其考核指标之一，而不能是全部。

所以，在实际的企业考核中，因“扁鹊”们所做的工作是事后控制工作，是彰显性强的工作，所以容易作为成绩考核，考核起来简单；而“扁鹊的大哥”们所做的是事前的控制工作，是幕后工作，是不易量化的工作，考核起来麻烦。因此，企业应首先重视“扁鹊的大哥”们所做的工作；其次，应掌握如何考核他们所做的工作，明白他们所做工作的好坏标准；最后，应重奖做好工作的人，他们是真正的幕后英雄，应该给这些“防患于未然”者记头功。

10

如何管理“鸟人”

林子大了，什么鸟都有。任何组织，只要人一过百，形形色色的人都会有。作为手握人事大权的职业经理人，如何管理这些“鸟人”呢？尤其一些“鸟人”是老板招进来的,又该怎么管理呢？在任何组织,“鸟人”都是存在的，不可能赶尽杀绝，关键是管控度的问题。那么，如何杜绝四种“鸟人”飞入企业？

何为鸟人

我们在日常生活和工作中总会遇到各色的人。如果事不关己，我们常常会调侃“真是林子大了什么鸟都有”；倘若被其所伤，则干脆骂道“什么鸟人”，而同事之间骂对方是鸟人的时候就更多了。那么，什么是鸟人呢？广义上讲，是严重偏离大众行为标准的人；狭义上讲，是与自己行为标准偏差较大的人。人们对鸟人的态度通常表现为心理上的抵触和行为上的排斥，导致摩擦不断，严重影响企业工作质量和工作效率。

人之所以各有差异，除了先天因素，也与他们不同的价值观有关。

正是这些隐藏在人们思想深处的差异，决定了人们对同一事物的态度、判别标准和行为标准不同，进而导致矛盾。这些差异比较大时，矛盾就会体现得激烈，结果双方谁看谁都是鸟人，于是什么鸟也就都有了。

如何协调鸟人

话又说回来，企业里没鸟人行不行？还真不行。尤其企业规模大了，更需要性格、特长和能力各异的鸟人，没有他们，企业肯定是一潭死水。大凡能成就一番事业的人，都是用鸟人的高手。

作为企业，尤其上了规模的企业，该如何用好鸟人呢？这要因人因事而定。首先做到人事相宜，发挥每位鸟人的特长，尽量安排能发挥其性格、特长、能力的岗位。比如：会挣钱的就让他去拓展市场；会省钱的就让他们去做管理，精打细算；会花钱的人就让他去做公关搞外联，花钱能花到地方。如果用反了，结果肯定很糟糕。

同时还要注意创造条件让鸟人之间多沟通了解。如果鸟人之间不沟通不了解，就总会认为自己的贡献最大，而另外的鸟人在休息。加强鸟人之间沟通，要注意以下几方面。

一是领导必须明白每个岗位都辛苦不易，万不可偏袒某一方。二是公开场合倡导每个岗位的特殊作用，否则就不用设岗了。三是当有人到领导这里诉说自己辛苦和状告其他职位轻松时，领导在肯定下属的辛苦时还要明确告知其实谁都不容易。四是必要时公开派活儿，让大家都知道别人在做什么，并强调这些岗位之间的关联性，以及大家配合的重要性。五是组织公开观摩活动，尤其那些不容易展现出来被人们理解的岗位工作，要尽可能地给大家展示出来，争取大家的了解和理解，目的是让所有的人都明白大家其实是一个整体。

如何管理鸟人

面对众多鸟人和鸟人之间错综复杂的矛盾，关键在于建立用鸟机制。没有一套好的用鸟机制，或者根本没有机制，势必造成各类鸟人之间矛盾加剧，整天吵吵闹闹，企业无法正常运转。尤其在企业规模大了以后，琐事增加了，人员也增多了，如果不采取规范化、机制化、职业化的用人手段，仅靠老板个人随机、随意的行为，无论怎样都摆不平众多鸟人之间的矛盾，企业肯定是众“鸟”叽叽喳喳，各行其是，一团乱麻。老板干着急没有办法，负责任的好鸟也无可奈何，坏鸟更趁机捣乱渔利。于是干的抱怨，不干的也抱怨；有能力的抱怨，没能力的也抱怨；老人抱怨，新人也抱怨……几乎所有的人都抱怨。

这时常见的是，繁忙的老板在情急之下间歇式（因为忙只能间歇式）地插手管理各个方面，又造成了各方面工作的不连续，工作陷入被动。于是人们由怨生恨，人员走了一批又一批，而老板急需各类人才，渴望有特殊能力的人力挽狂澜，而人员成批地进来后又成批地离去。企业组织成了短训班。

没有鸟人就干不成事情，而没有用鸟机制更会出现上述诸多混乱。因此，必须建立用鸟机制。这些用鸟机制如何建立？

第一，必须有统一的文化理念来凝聚人心。这就像梁山泊的一百零八将，应该说个个都是与众不同的鸟人，而“替天行道”则是大家共同认可的理念。管鸟人，首先是宣传教育，最好是为约束他们的偏离行为而制订规则时，邀请他们一同参与。他们参与的过程，就是宣传、动员、贯彻、教育的过程。

第二，要有统一的行为识别。“三大纪律八项注意”是革命军队区别于任何其他军队的行为识别，因此中国革命从一个胜利走向又一个胜利。管理鸟人的前提就是要有统一的标准。鸟人的行为往往比较容易偏离大众的行为规范，而且鸟人都是性格迥异、有一定特长和才能的人，所以往往会过高评价自己的特长，而忽视自己的缺点不足。制度一经颁布，鸟人犯忌要与普通员工同罚，不能因为鸟人特殊的性格、特长、能力而迁就。如果企业纵容了一个鸟人，其他鸟人肯定不服，大家有可能比着违反各种制度，普通的老实员工也会违反制度，结果企业变得混乱无序。

第三，屡次犯忌和故意犯忌的鸟人应当引起警惕：是向制度挑战，还是另有隐情？如果是制度不好，就改变制度，但改变制度前一定要先处罚犯忌者，哪怕这条制度百无一是。如果是另有隐情，那么就应具体对待。在任何性质的企业里，类似给脸不要脸的“特殊公民”都会有，怎么办？矛盾上交。上交也解决不了，怎么办？发表郑重声明，目的不是羞辱“特殊公民”，而是告诉全员此为个案：不得效仿，仿者严惩不贷。当然，如果这些“特殊公民”是通过关系安排进来的，那么还有一个解决办法：从根本上打消他对“特殊”的依靠。其实有时“特殊公民”的背景也特殊不到哪里去，无非是朋友托朋友转托过来的，这些人就狐假虎威。所以，不把“特殊”当特殊，他就不“特殊”了。

如何排除“坏鸟”

没有鸟人不行，但有四种鸟人品德是有问题的，那就是：小鸟（小人）、坏鸟（坏人）、疯鸟（疯子）、骗鸟（骗子）。这四种鸟人坚决不能用。小鸟就是损人利己的人；坏鸟就是损人不利己的人；疯鸟就是说话不着边际，前后矛盾，神经兮兮，甚至见谁咬谁的人；骗鸟就是专门挖空心思骗取上司老板的信任，谋取到一定的利益后走人，剩下烂摊子让老板自己收拾的人。

在企业的成长过程中，尤其在企业发展到一定规模后，小鸟、坏鸟、疯鸟、骗鸟随时有可能“光临”企业，因此一位好的人力资源主管是相当重要的：把好人员进口的同时，及时发现组织中蜕变成四种鸟人的人，发现后立即开人，防患于未然。不然，等到这些人熟悉企业情况后，要远比一般员工难开，而且成本很高，往往会在开除时制造事端，甚至开除后还会不断惹事。机制化、规范化是防止这些乱七八糟鸟人得势最有效的方法。在管理不规范的企业，老板常常喜欢打破常规的用人机制，随意安插和提拔，这样很容易使那些小鸟、坏鸟、疯鸟、骗鸟趁机混进来，壮大成势。有人会说，老板能不明白好坏吗？回答是老板不可能什么都行，特别是专业的人力资源管理。但老板自己往往感觉不到，周围的吹嘘之声导致他过高地评价自己，认为自己也是人力资源专家，结果误把李鬼当李逵。

企业必须有规范的人员进出机制。第一，规定严格的人员进入机制，老板不得轻易将这一机制打破。无论是通过什么渠道引进，都不要轻易绕过人力资源岗位进人。第二，进入的任何员工在试用期内，人力资源岗位人员都要跟踪调查，发现问题，及时处理，免得转正后有更大的麻烦。第三，人力资源岗位的工作人员平时要跟踪新进人员和重点提拔人员，并建立公开、畅通的民主通道，切记不要安插“克格勃”。第四，建立审计机制，定期不定期对重要岗位、关键岗位进行审计，通过事项审计，发现行为偏差比较大的交由人力资源部复查处理。第五，建立四种鸟人的淘汰机制。员工辞退和开除条款不应是人人都有可能犯的，诸如迟到早退或病事假，而应重点针对种种不道德的行为来制订相应的淘汰措施。这样做的重点不在教育，而在纯洁队伍。

11

下属是能人怎么办

职业经理人遇见下属是能人怎么办？此时，经理人手中的权杖如何挥舞，决定着能人的命运，也决定着自己的命运。对待能人的正确做法是什么？对待超越自己权限者怎么办？对待压制能人者怎么处理？

工作中下属是能人的现象随处可见，不然就会像九斤老太说的那样"一代不如一代"。对待能人下属的态度千差万别，不同的态度和做法影响着下属能人的命运，也影响着自身利益。究竟该如何对待能人下属呢？本文谈一下个人的看法。

以好心态来看待能人

好心态一是要平和，不要有嫉妒心理。如果有嫉妒心理，就会有许多变形的行为和语言产生，大大影响领导者自身的形象和声誉。好心态二是要积极。要以欣赏的心态来看待能人下属，这样不仅下属会有自豪感和荣耀感，而且也会积极地把能力都发挥出来，而领导者自身也会受到能人和能人以外的人尊重、信赖和佩服，大家会跟着干，团结起来，进行开创性的工作，于是工作效率会大大提高。因此说，下属是能人是值得高兴的事情，有能人要比没有能人好得多，因为能人可以做好多工作，而且可以做一般人做不了的工作，解决一般人解决不了的问题。

如何对待能人

对待能人要把握三个字：一用，二管，三养。

一是要用。给能人挑战性的工作，千方百计地调动能人的积极性，让能人出色地完成工作，能力得到发挥，才华得到施展，给能人以舞台满足感。只有这样才能留住能人，不然能人迟早要离去。

二是要管。能人毛病多，恃才傲物，有时甚至爱自作主张，因此必须要管，要有制度约束，要多与之进行思想沟通，力争形成共识和共鸣。沟通的目的在于相互了解，防止产生误会和用人失当，造成麻烦和损失。

三是要养。能人往往招致组织中其他人的嫉妒，而且能人往往控制不住自己的表现欲，甚至不分场合地张扬其才华，这就更容易引起别人的反感，因此能人很容易成为众矢之的。如果一味地偏爱能人，领导自己也可能受到攻击和损伤；如果领导顺应组织中其他成员的心理需求，对已成为众矢之的的能人予以打击排斥，能人很可能离开组织或对组织造成损害。

妥善的解决办法就是领导要采用养的办法。如果能人是鱼，组织就是水，而这个组织由其中的每一位成员组成，也包括能人自己。因此要引导能人少说多做，除做出成绩外，还要善意地、有艺术性地帮他改掉毛病，同时也要教导组织成员解放思想，更新观念，见贤思齐，使组织形成团结合作、积极进取的健康氛围，这样一来再引导能人和组织成员融合在一起。其实只要组织健康良好，自然就能养住能人，而且还会培育出更多的能人并吸引组织外的能人进来，使组织成为一个聚贤宝地。

不仅要养，还要举荐能人。有机会要力荐能人，不要担心能人和自己平起平坐或超过自己。能人上，对领导自身来说利大于弊，在一定程度上讲是有利而无害，而且还可以培养更多的能人。大家看到能人能上，会争先恐后提升自己的能力，从而提高整个组织的战斗力。遇机会能人上不了，能人都窝在组织内部，不仅能人有怨言，而且其他人也会认为能人再能也不过如此，我们又何必努力呢？于是组织缺乏向上的动力和活力，会变得死气沉沉，工作效率和创新也就无从谈起。如果领导故意压制能人，甚至让庸人或小人上，就更危险，不仅打击能人的积极性，使能人对组织彻底失望，而且组织中的其他成员也会有看法，对组织失望，更危险的是组织将形成危险的文化氛围，大家不但不积极工作，还会走歪门邪道，拍马屁、告黑状，搞得组织乌烟瘴气。

培养能人，也是为自己升迁做准备。组织中如果能人少或没有能人，领导者的任务就是千方百计地培养能人，造就更多的能人，为自己的调岗和升迁做准备。也就是说，让能人下属催着自己升迁。不然的话，没有培养出能人或没有能人接班，自己升迁就多了一道障碍。试想，如果没有能人来接替你的工作，你能调走和升迁吗？另外，只有培养出能人才说明你是能人，你是比能人更能的人，你能担任更重要的角色。如果连个能人都培养不出来，那说明你自己只是小角色，是一个只会干活的人，你也不可能被更高级别的组织和领导看中，升迁到更高的职位上，或担任更重要的角色，胜任更重要的工作。所有的工作都是由人来做的，你不会做人的工作，只会做事，一个人能够做多少事情呢？当然，自己组织输出的人才多，有很多能人到组织以外的系统任职，对你自身和组织来说都是一笔很好的资源，为自身和组织的生存发展创造良好的环境。

最后，坚决撤换小肚鸡肠的领导。有些领导担心下属能人超过自己，因而不培养、不举荐，甚至千方百计地采取压制、贬损、迫害等卑劣手段，这样的领导在害了别人的同时也害了自己，进而损害了组织利益。对这样的领导，最好趁早把他从组织的领导岗位上撤换下来，不然他会从最初的小肚鸡肠演变为最后的心理变态。如果把他从组织领导的位置上撤下来，他的许多毛病也许就改好了，至少不再害人、害己、害组织了。所以，对不能够培养出能人却认为自己能的领导，是不能够大用和重用的；或者说，他根本也不适合做领导工作，撤换掉是顺理成章的事情。

12

热情高、能力低者能用吗

空降经理人往往会遇到这样的问题：正在无人可用之时，突然间冒出一个热情高涨的人信誓旦旦，这时空降经理人有可能被这位仁兄的热情感动，把重担交付给他，结果事情却办砸锅了。这是因为，你没有认真考察，他可能是个热情高、能力低的人。越是人手缺的时候，越要小心这类人。

热情高、能力低的人现实中有很多，但领导在用人之际，往往偏偏用了这些人，把他们放到与其能力根本不匹配的重要岗位上，结果可想而知。下面就是实际发生的一个典型案例。

失败案例：犹豫之中选用了热情高、能力低者，损失惨重

某单位即将上马一重要技术开发项目，一位能力较强者的积极性不高，由于各种原因不愿担当项目经理的重任，而一位能力一般者不知出于什么原因，此时却表现出很高的热情。领导班子经过研究讨论，认为

后者不行，转做那位能力能够胜任者的工作，而此时这位能力一般者面对挫折更是奋发，找到主要领导表达忠心和热望，阐述自己的想法和工作思路，并连夜拿出具体方案，而且还写了一份“保证书”。他的热情终于感动了一位主要领导，拍板决定由这位能力一般的人出任技术开发项目经理。这位项目经理一上任就表现出极大的工作热情，勤勤恳恳，加班加点，一派忙碌的景象。领导班子中有一人领导该项目，尽管领导认真负责，时时关心该项目，但时间久了也被这位经理的热情所感动，加之自己也比较忙，逐渐放松了对项目的跟踪监管，于是这位热情高、能力低的项目负责人也逐渐大胆起来，做出了导致该项目产生致命缺陷的决定，使项目前功尽弃，无法继续下去，同时还导致许多关联合同无法履行，产生了许多合同纠纷，麻烦不断，资金也有比较大的消耗。当然最终这位能力低热情高的人离开了（他走人还有一个原因，就是说不清道不明的商业回扣和暗箱操作等问题），但已给企业带来了巨大的损失。

案例分析：领导为什么会选用热情高、能力低者

从这个案例中可以发现一个问题：领导急于用人之际，往往容易用错人。那位能力强的人积极性不高，领导也考虑到做其思想工作，但此时偏偏出了一个热情高涨的人。试想，一方是得求其出山，另一方是自告奋勇，领导若不十分冷静，感情就会倾向于后者。上述案例就是这样发生的。然而实实在在的工作可不是仅靠感情就能解决的。选择了后者就意味着领导在不断操心的同时，还要面临随时可能出现的危机，操心和风险伴随整个过程。而选择能力强的前者时，领导可能就是要把思想工作做到位，是领导艺术问题。相比之下，领导当然应选择能力强的人来担当重任。

进一步分析，公司组织里，能力强的人会很自信，认为领导会把工作交给自己来做，非我莫属，但一般不主动请战，而是等领导来请将，这就是人们常说的摆架子。如果领导没有揣摩透这些将官们的心理，主观认为他们不愿干，判断失误，那麻烦可就大了。若领导没有什么领导艺术，不愿低下头“求”将干活，或“求”将时语出不慎，操作失误，反而可能让这些将官们真的彻底不想干。此时领导就可能面临无将可求、无将可用的被动境地，要想把工作准时高效完成几乎不可能。因此，领导一定要懂心理学，要有高超的领导艺术，把下属的积极性充分调动起来。

当领导面临求将和求将不成的情形时，热情高涨、能力低下的人往往将领导引入误区。领导有时会认为其精神可嘉，虽知此人能力不够，但受其热情感染，有时还想让他试一把。然而，开弓没有回头箭。试过之后，热情越高，办的差事越多，造成的负面影响越大。现实工作中此类事情屡见不鲜。

如何对待热情高、能力低者

工作中任何人的能力都是后天实战锻炼出来的，而不是生来就有的，因此每个人都有个逐步积累能力的过程。下属有热情毕竟是一件好事，好事要办好，如何才能办好呢？我的经验如下。

第一，鼓励肯定这种热情：“好，只有想干事才能干好事，只有想着干大事，才能干出大事。继续注意积累，你将来一定能成大事！”领导这样赞许下属，听者的心情爽极了，热血在血管里奔涌的同时，会以愉快的心情接受你下一步的安排。千万不能出言不慎：“你不行！你差远了！这么大事能随随便便给你吗？”完全是瞧不上下属的神情，这会伤人心的。领导这样随意的一句话，就有可能导致某人消沉下来，或者辞职走人，甚至可能破灭一个人的梦想。无论是在人前，还是在人后，都不能随便说这些话，因为这些话即使当事人没有直接听到，也会间接传到当事人那里。

第二，在鼓励其热情的同时，还要注意观察培养，如果确有培养前途，就让他参与这些大的事情，做些辅助性和配合性的工作，逐步锻炼培养。培养人才有一个过程，不要看到他有热情，就不管其能力如何，一下子放到重要的岗位上，这是对企业组织也是对他本人的不负责任。就能力来讲，用人的原则是能力大者可以小用，但能力小者千万不要大用。可以适当高出其现有能力，但必须在其当期的潜在能力范围内。对下属当期潜在能力的估计，是领导识人的一项重要基本能力。

第三，培养锻炼的过程中，在理论上加以指导。领导在培养人的过程中，最容易疏忽的问题就是“只考不验”，更谈不上辅导、帮教、引领。领导在考验某人和让某人到某岗位锻炼时目的非常清楚，问题出在当下属去锻炼接受考验后，离开了领导视线，领导一忙把这事情给忘记了，下属考了半天没有人来验收；岗位上锻炼时没有人指导，走歪了脚步也就一直歪下去，等量变生质变后，领导这才意识到，但为时已晚，十分可惜。下属的锻炼成长有一过程，这个过程的长短以及质量的高低与本人的悟性有关，更与他人的帮教，尤其是领导的点拨指教密切相关。优秀的领导一定是一位帮教下属成长的高级教练。

热情和能力及其关系组合

企业在培养人时应注意一条：不要为培养人而培养人，应是为用人而培养人。只培养人而不用人那是学府的职能，对企业来讲则是迂腐的行为。说得实际一点，企业就是用人的地方。从成本的角度来看，公开从社会招聘现成的熟练人才，要比企业自己培养经济得多。可为什么企业大多自己逐步培养人才，而少从社会公开招聘呢？这其中的因素就复杂得多了。

当然，热情和能力的关系组合不只是"热情高、能力低"这一种，还有"热情高、能力高""热情低、能力高""热情低、能力低"三种。面对这三种人，究竟该如何用呢？我给出的答案是：热情高、能力高者大用，这种人用的时间长短主要看他保持热情的时间长度，一旦热情降温就不行了，所以用人的经理人如何保持这类人对工作的热情是关键。没有了热情，或激不起他的热情，就此打住，不再大用。热情低、能力高者适当用，这类人没有激情，主要是没有欲望，是享受型或生活满足型，没有奋斗的动力了，那么适当用就可以，比如给些常规性的工作，他会做得不错，指望这种人创新发展那是水中捞月；热情低、能力低者坚决不用，这类没有欲望也没有能力的人，趁早让其离开组织，不然他会对组织其他成员有负面影响，会让组织成员染上"瘟疫"，极大地降低组织的运营效率。

13

别被“怀才不遇”者迷了眼

经理人上任后，往往认为企业缺人才。这时“怀才不遇”者会走进你的视野，你可能会提拔重用他，结果会怎样呢？根据我的观察，真正有才是不会不遇的，“怀才不遇”者其实是一碗坨面。作为经理人，千万不要被“怀才不遇”者迷了眼,也不要让自己沦落到“怀才不遇”的境地。牢记：可怜之人，必有可恨之处。

当老板们同情“怀才不遇”者、大胆破格启用“怀才不遇”者时，是否思考过这类人自身的问题？这些“怀才”者之所以“不遇”，其根源在自身存在致命的职业缺陷。而“怀才不遇”者们往往是不太注意这些缺陷的，更有甚者，把它当做自己的本事来炫耀。

当韩总遭遇“怀才不遇”者

韩总在一次私人聚会上，认识了一位在国企 IT 部门上班、已年过四十的某名校毕业生。经过一段时间沟通了解，韩总发现此人很有能力，尤其对计算机非常精通，而且雄心勃勃，从对话中也感觉不出此人有什么品质问题。后又进一步了解到，此人虽然调动过两次工作，但在20余年职业生涯中没有做过任何管理工作，而且几乎没有被委派过任何重要工作，一直是普普通通的杂工。再深入沟通了解，韩总又发现这位才子几乎对单位的每一位领导和他的每一级领导都不认同，而且看不起任何一位同事，认为他们都是草包，只有自己是人才……总之，慨叹自己怀才不遇。

韩总认为这位有才之士发挥不出才能可能是机制的原因，因为自己过去也曾在国有单位工作过，所以就想用一下这位怀才不遇者的计算机才能，于是便和他沟通，准备让他做一些具体工作。随后韩总发现这位怀才不遇者思路敏捷清晰，并且做了一整套工作规划，还附带有时间进度表，非常专业。此时韩总感觉此人真是位难得的人才，可惜过去20多年被埋没了。韩总打算把此人招到自己的企业来，但又考虑到他对上司和同事的一贯看法，怕他与周围同事有矛盾，于是就决定让他兼职独立开发一套对企业来说不是十分紧迫但比较重要的数据库系统。同时韩总也让他提条件和待遇，出乎意料的是，这位“怀才不遇”者以事业为重，坦言能用上自己的才能比什么都重要，于是提的待遇要求非常低。但是韩总还是给了他远远超出他本人所提的待遇。

初期阶段，工作进展迅速，韩总十分高兴。但是随着工作往纵深推进，速度渐渐慢下来了，这位“怀才不遇”者开始推托工作忙，顾不过来，这与当初他说的整天闲着无事自相矛盾。韩总催促也不起作用，而且工作速度越来越慢，按最初设定的工作时间进度，一个月应该做完的一期工作，三个月过去了，还没有完成一半。半年过去了，第一期工作就是迟迟完不了。而韩总继续追问时，这位“怀才不遇”者就借口设计系统的需要，坚决要求配备最先进的设备。粗算下来，他提出的各种设备要求（这与当初谈定的不需要配置任何设备的条款也相矛盾）费用相当高。韩总不情愿，于是就陆续给出了三四套替代方案，但均被这位怀才不遇者一一否决。有的方案他虽不表示反对，然而在尝试的过程中，他让此方案付出了更高的代价，于是又不得不回到他提出的方案。无奈之下，韩总把这位“怀才不遇”者提出的购置设备的方案分成三步走，第一步先满足部分要求，先出个小结果看看，然后再推进后两步。

然而这一步实施后，韩总担心的事情便很快发生了，由此设备派生出的费用清单很快便呈现出来。韩总一想，照此发展下去，一年的派生费用要远远高于设备本身的费用，真是“买得起马，置不起鞍”。而此时已经过去八九个月了，一个月应完成的数据库系统第一期工作仍没有任何结果，因为没有设计任何输出端口，最初谈定应该把密码告知韩总，然而他自始至终找各种借口搪塞，就是不吐一字。韩总决定不再理会此事，也实在没有时间，心想看你什么时间完成。又过了三个月，这位“怀才不遇”的先生连一个电话也没有给韩总打，前期提供的设备条件所能够完成的设计工作也没有任何进展。

于是韩总决定就此放弃这套设计系统。前前后后折腾了一年多，钱花了不少，没有干成任何事情。韩总自嘲：这项数据库系统如果要设计完成，恐怕是世界上价格最昂贵的系统，比市场价格贵出不知多少倍；而且，它还不一定能完成。我算是被这位“怀才不遇”者套住了，关键的时候卡我脖子！所以，我还是尽快止损，让他套点利算了。同时庆幸：“幸亏当初没有把此人正式调过来，要不然还要付出更大的代价。”

“怀才不遇”者，一碗坨面

我们不难发现：这种人的职业生涯就像一碗面条，在任何单位刚开始还行，就像刚出锅一样，清爽美味可口；可时间稍微一长，就烂成面糊，没有任何力度和味道了。

韩总何以吃亏上当？最初他认为这位“怀才不遇”者不能施展才华的原因是国企机制。其实从上述事件中，我们发现这位“怀才不遇”者犯了一部分专业技术人才通常所犯的毛病，那就是靠自己的专业技术在关键的时候卡脖子。而且想卡脖子又不直说，让被卡者慢慢去悟，明白了赶紧“上供”，不明白继续卡你，明白得越晚让你付出的代价越高。那位“怀才不遇”者之所以最初要的待遇条件很低，只是诱你上钩；一旦钩住你，就开始从你身上一块块往下撕咬，贪得无厌。

如何看待体制内“怀才不遇”者

我们常说“金无足赤，人无完人”，有缺点的人扬长避短就是了。然而韩总遇到的这位怀才不遇的职场中人，并不是一般意义上的有缺点的人，而是有缺陷的人，是次品，准确地说甚至是废品。先诱你上钩，让你付出成本，然后关键的时候卡你脖子，不顾大局工作，只考虑自己的私利。试想这样的职场中人谁人敢用？

传统的国企很难主动让这样有缺陷的人走开，至多不重用，甚至干养着不用,这也正是这位“怀才不遇”者20多年职业生涯中一直都是“白丁”和“杂工”的原因，所以他也只能整天闲着无事，终生“怀才不遇”。有这样致命职业缺陷的人，在国企还能“怀才不遇”地混下去，但在市场经济下运作的企业中恐怕就没有这样好的命了，最多混了三五个单位，在圈内臭名昭著，最后掉进失业大军的行列。然而遗憾的是，在现实当中，有些技术人员不仅常用这点“本事”，甚至相互间还交流经验，当作自己的生存之基、炫耀之本。

因此，我想告诫那些爱才惜才的老板，对怀才不遇者不要盲目同情，更不要轻率提拔、破格录用，而要首先想“他为什么会怀才不遇”。连国企这种“养人”的地方都不用的人，市场化的企业又该怎么养、怎么用？

连约束条款如此之多的国企都不好管理的人，市场化企业又该拿什么约束他？

“怀才不遇”者，误在哪里

与上述情况不同，有时候，有才者虽然没有什么职业缺陷，但一时也会遇到自己无法抗拒的客观情况，导致展才无门，施才无路。人间正道是沧桑，怀才的人虽然有不遇的时候，但只要是金子总会发光的。因此，那些长期“不发光”的“怀才”者出现在你面前时，一定要想：这位“怀才”者是不是有致命的职业缺陷？无论他演技多么高超，都不要被表面的现象所迷惑。

（1）真正有才者，是不会始终不遇的

作为职场中人，如果觉得自己真是怀才不遇，那么根本问题还是在自己，自己的问题一般有三。

第一，才艺不够精，即才的成色不足。不患别人不知己，就患技不如人。自认为才华出众，才高八斗，其实还差得远，真要给些实际问题，还真解决不了。许多出校门不久的学生常会碰见这样的问题，总认为领导不重视自己，很想一展身手，然而一旦组织交派任务，就会出现两种情况：一是手足无措，不知道该如何干；二是盲目地认为该怎么干，结果一干就错。盖因这些才还没达到解决实际问题的程度。

第二，才能发挥的要素不具备。这种缺乏大致有三方面。一是德不足。“德，才之资也”，德是才的根基，厚德方能载物，如果只有才而缺德，才是很难发挥的。二是人际关系紧张，导致才能发挥作用的成本非常高。三是自己与环境文化不能融合，导致自己与组织不合拍。与组织文化对抗，失败的肯定是自己，这不仅仅是能力发挥大小的问题，更是自己能否适

应和生存下来的问题。四是身体健康的原因。

第三，自己的才不能与时俱进。这个时代变化太快了，知识更新和技术更新都非常之快。一个人过去熟练掌握的技能很可能转眼之间就无用武之地了，而自己还浑然不觉，仍然到处炫耀自己的才技，并且酸腐地自称“怀才不遇”。因此作为职场中人，学习是非常必要的，只有持续性地学习新知识，掌握新技能，才能永葆自己的才华青春。

（2）忠告怀才者，劝诫用才者

职场人，越是年轻时越感觉自己怀才不遇、大材小用，甚至是有才无用。但随着年龄增长而能力一步步增强时，反而感觉到自己的能力有限。

相对于大千世界，人类的知识还是非常有限的。一个人又能知道多少呢？至多是沧海一粟吧。相对于社会，个人能力只能是蝼蚁之力。所以怀才不遇者，只不过是自以为能把蝼蚁之力放大为撬动世界的力量，于是目空一切，等在现实面前碰了钉子后，又消极处事，让自己沦落为“怀才不遇”者。

我们的老板们和老总们要记住那句老话：可怜之人，必有可恨之处。

14

应对“欲壑难填”员工的艺术

作为职业经理人，一定要明白个人对组织的四种需求和期盼。从你走马上任到最后离职的整个过程，都要明白每个组织成员的需求，用好自己手中的权杖，充分调动每个组织成员的积极性。

在满足员工需要的时候，应把握一点：说到不如做到，要少说多做。即使做了也不要形成惯例，要给员工一种感觉：这是随机的。

最难办的就是人

问 100 位企业领导最难办的是什么，有 99 位会回答：就是人。企业寻求合适的人难，人来后管理也难，感觉不称职时要送“神”同样难。不仅国有企业如此，非国有企业也一样。“只要人的问题解决了，其他问题都好办”，几乎成了所有领导的共识。

我举个婴儿的例子。婴儿提出需求和满足需求的表达方式都很简单，就是哭喊和停止哭喊。而成年人的表达方式虽然复杂，但心理过程是一样的。婴儿哭喊，父母若不能止住，那就不称职。那么如何才能止住婴儿哭喊呢？很简单，要知道婴儿哭喊的真正原因，是饿了，是病了，还是尿床了。如果是饿了，就应该喂给他吃的。那是不是所有吃的都可以呢？显然不是，只有喂他想吃的，他才不哭。

管理员工也一样。领导贵在知道员工的需求，知道如何满足员工的需求，而且知道在满足员工需求过程中的注意事项和不同时期的处理技巧。

洞悉员工的共同需求

员工的需求有很多，但共性的需求是主要的。不论这个员工如何特殊，都会有以下四方面的需要。

（1）需要一个感觉不错的饭碗

饭碗好坏主要由薪金收入决定，但不仅指薪水的高低，更重要的是一种心理感觉。这个感觉是综合比较各种客观因素后作用于自己心理上的一种主观感受。如何比较呢？首先，同自己过去的收入比，比自己过去的收入高就感觉好，低就感觉不好；其次，同自己的家人、亲戚、朋友等社交圈子里的人比，比后处于中上等水平就感觉好，处于中下等水平心里就感觉难受；再次，与同行业同岗位者的收入比，上岗后又与同事比，比较的结果是中等靠上就会感觉良好，如果处于中下等水平就难受。可见，饭碗的好坏除了能否满足生存外，更多是一种比较后的主观感觉。

（2）需要一个展示自己的舞台

这个舞台能够使员工的知识有用武之地，能力发挥出来，智慧彰显出来，员工就会有一种成就感。无论如何普通的员工，心中也期盼着舞台感和成就感，因为任何人都有一个共同的需要，即受到组织成员的尊重。怎么能赢得组织其他成员的尊重呢？靠的就是自己过硬的本领。这个本领体现为组织所需要和承认的知识、解决工作实际问题的能力以及组织发展所需要的智慧。如果一个员工所拥有的知识、能力和智慧不是组织所需要的，甚至是组织所批判排斥的，那么这位员工是不会受到组织其他成员尊重的，甚至还会遭到奚落。也就是说，员工拥有的知识、能力以及智慧在组织中派不上用场，发挥不出来，员工就没有舞台感和成就感。

（3）需要一个成长的空间

员工在自己的知识派上用场、能力发挥出来、智慧彰显出来的同时，还需要学到新的知识，提高自己的能力，增进自己的智慧，这样员工才会感觉到自己在成长。否则，员工就会有被掏空的感觉，感觉自己在被企业组织压榨，这时员工就会想着去充电。因此，如果一个企业组织纯粹是一个机械性的工作场所，而不是一个学习型的组织，是留不住人才的。许多企业之所以发展到一定规模后，不少骨干会纷纷跳槽，或自立门户，其原因就是企业不能满足这些员工的成长需要。所以，企业组织永续成长，是比高薪更能满足员工的有效方法。

为什么说企业不成长就是倒退？就因为不成长必然意味着骨干的离去，特别是他们还有可能投靠竞争对手。此消彼长之下，不成长的企业想站稳脚跟都很难。

（4）需要一个健康的环境

人是生活在一定的社会人文环境之中的。作为企业员工，无一不希望自己所处的环境是稳定的、和谐的、积极的。如果生活在一个尔虞我诈、风气不正、不健康甚至没有安全感的企业环境之中，即使有再多的收入也不会快乐。这就是人们常说的，“快乐是金钱买不到的”。

明察员工的不同需求

一般情况下，员工都有以上四种需求，但不同的员工对这些需求的偏重程度又是不一样的。

（1）不同年龄的人追求不同

刚参加工作的年轻人，强烈追求成长感，因为他们在事业和技能上都是零状态，所以急于成长，否则其他需求都无从谈起。工作一段时间后，学会了一定的专业技能，积累了一定的工作经验，就希望得到组织成员的认同与尊重，所以强烈需求成就感。当成长为组织的资深员工后，追求健康环境的愿望比较强烈。因为老员工希望在组织中长期干下去，而干下去的前提就是企业长期健康、稳定地存在。到行将退休时，追求好饭碗的愿望非常强烈，这就是人们常说的“59”现象。因为此时切身感觉到“过了这个村就没有这个店”，而且也认为自己为企业付出的太多了，有资格要求回报。

（2）不同背景的人追求不同

经济状况相对好的员工追求成长感和健康环境的愿望强烈，经济状况相对差的员工则对饭碗好坏的敏感程度高；传统文化背景成长起来的人对健康环境和成长感的愿望相对强烈，而有西方文化背景的人对饭碗和成就感的愿望相对强烈。

不同阶段的领导，应对不同

针对以上各种需求，以及同一人在不同时期的不同需求，企业能够满足员工而不满足，对员工的心理是极大的伤害；但在不能满足时硬要满足，这叫竭泽而渔，其结果是寅吃卯粮，企业将负重经营。这个“负重”不仅指背负物质负担，还指背负了企业员工无限的心理预期。这样，企业离破产倒闭也就为时不远了。这涉及一个企业领导者是否有处理这个问题的艺术技巧，也是考核每一位组织负责人管理能力、领导艺术最基本的能力指数。

不同的领导因进入企业的时间长短不一，在企业中的资格优势不同，面对员工需求时，所采用的方法和手段也应不同。

（1）“初来乍到”怎么办

这时经理人面对员工种种期望要求，不要轻易许诺。吊起员工的胃口而到后来无法兑现承诺，将失信于员工。同时也不要过多地限制什么，避免矛盾激化。对原来明显不合理的地方，可以去掉，而不要轻易改。

对于“新官上任三把火”的说法，若不是从原组织中提起来的领导，一般情况下轻易不要“烧”；即使是原组织中提起来的领导，“烧火”时也应该慎重。思考的角度不同，对问题的看法也可能截然相反，所以在原来看来是不理解的东西，到了领导岗位后你就可能理解。而且任何新任领导，无论自己多么强大有力，对整个组织来说都处于弱势位置。所以新上任领导不要轻易改动组织规则和制度，等了解到全面情况，做到了知己知彼、知天知地的程度，胸中自然会有一整套切实可行的解决方案。

（2）“站稳脚跟”怎么办

领导度过了瓶颈期，企业组织成员和领导相互有了一定的认识和了解。员工大致了解领导的思路，领导也对原来的组织规则、企业文化以及人员状况有个大概把握。此时，领导逐渐由弱势转为强势，就可以立新制度，设新规矩，降低员工的胃口。在降低员工需求预期以后，可以暗中给员工涨待遇，满足员工的部分需求。在满足员工需求的时候，应把握一点：说到不如做到，要少说多做。即使做了也不要形成惯例，要给员工一种感觉：这是随机的。

（3）“老领导”怎么办

成了“老领导”，也就意味着行将进入下一轮兴替。领导此时若不能否定自己、超越自己、更新自己，那么组织也就很难有飞跃，因为一个领导毕竟有自己的局限。此时的领导该怎么办？按部就班进行，同时在制度框架范围内尽量满足员工的需要，此时你将原来“欠”员工的“还”给员工，叫还利于“民”。因为，员工与你一同经受了改革调整的阵痛，为了组织的生存发展大计，大家付出了很多，应该得到他应得的。不然，组织就不平衡了，一个不平衡的企业就有可能出问题。

到此，也许有人会说：前期就把应给员工的收益给员工，不必等到后期再还。回答是：不行！前期给了员工，等于提高了员工的心理预期，到后期就总会感觉他应该得到的那一份少了，心理就不平衡，而心理不平衡的员工在工作中就很有可能出问题。即使把员工应该得到的只是作为预期提前说了，也不会有好结果。这与曹操的望梅止渴是完全不同的两种情况。

15

诊脉员工“瞎忙”八大病因

经理人进入民营企业有时会发现，企业员工非常忙，每个人都在忙，每个部门都在忙，从里到外都在忙，整体效率却低下，这就是常说的“瞎忙”。谁也不知道瞎忙的原因，也不知道从何处入手破解瞎忙。作为职业经理人一定要诊断出什么原因导致员工瞎忙，然后方能对症下药，提升效率。这是舞动权杖最容易见效的措施。

许多企业往往存在这样的怪现象：企业内几乎每个人都很忙，几乎每个部门都忙不过来，但就是整体效率低下，而且也很难找出原因，不知该如何改善。本文告诉你瞎忙的原因是什么，应该从哪些方面入手检查问题，并提出破解每一方面问题的方法。

流程有待完善

流程是企业日常运营基础中的基础。一个效率低下的企业，首先应检查企业的流程是否合理，是否简洁和高效，是否有可以改进的地方，改进的可能性有多大。

检查流程应首先检查流程系统本身。组成企业的流程系统绝不是简单的业务链条，而是复杂的封闭的循环系统，就像人体的血液循环系统，包括总系统、各支系统、各细支系统以及末梢系统。因此，检查企业流程是否出问题，应首先检查企业流程的循环系统：总链条系统是否畅通，各支链条系统是否畅通，各细支链条是否畅通，甚至流程上各神经末梢系统是否畅通；总系统、支系统、细支系统、末梢系统是否闭合；所有的系统连接起来是否形成闭合回路；有没有断裂、梗阻、栓塞的地方，有没有冗余和缺失的地方，是否需要添加新的系统。其次，检查流程循环系统还应该检查流程是否格式化、模板化，是否流向稳定，即检查流程方向的正确性和稳定性，是否回流、乱流，流量是否合理稳定，每一管道上设计的流量是否合理，实际流动中流量是否达标。

流程检查还应包括检查流程上流动的内容。近年来许多企业都在设计流程，再造流程，优化流程，那么流程上究竟流的是什么内容呢？概括起来有四方面。一是物流：企业日常业务运营生产所涉及的物理性的东西和管理工作所涉及的所有物理的内容，都要在流程上流动；二是信息流：伴随企业业务生产的一切相关信息都要通过流程来传递，同时企业管理的相关信息都要在流程上传递，上传的是企业方方面面的信息，下达的是各级的命令；三是现金流：企业最低的逻辑目的就是赢利，企业一切活动的最基本诉求归结为赢利，每一活动都同时伴随着资金的流动，所以流程上时刻流动的最基本的元素就是钱，最简单的符号就是钱；四是文化流：流程上流动的是企业的个性和特色，是企业的文化，企业之所以能够在竞争激烈的市场上被顾客识别出来，关键的原因是企业流程上流动着企业与众不同的基因，流动着企业的形象代言人——员工行为的方式方法，流动着企业基本的价值取向和理念。

破解办法：优化流程。检查和改进流程时，首先应参照原有的流程设计来检查，是否真的按原来的流程设计而构建了全部流程系统。其次，根据实际情况更新和完善流程，使流程能够与时俱进，最大限度地促进企业工作效率的提升。第三，要检查流程上的内容是否正确合理地流动。

制度支持不力

检查完流程后，再检查制度。如果流程没有什么问题，那么下一步就要检查管理制度。检查其是否有利于促进流程的实施，是否真的支持流程，是否支持流程上流动的内容，是否健全和完善。也许一家企业有很好的流程系统，但是业务管理制度、服务管理制度不支持流程系统，或制度之间相互掣肘和矛盾，企业运行便会漏洞百出。此时一定要研究是否所有的流程都有制度做保证，制度的制订是否充分尊重人文情怀。制度过于严格，重罚等于不罚，大家变着法子钻制度的漏洞，甚至集体对抗制度；制度过于宽松，约束力不够。制度是用来约束人的，过严和过宽均不利于流程系统正常实施。如果说流程是水,制度就是流水的管线。如果管子不严密，管子粗细搭配不合理，或管子根本没有对接起来，那么系统流水就不会顺畅、完整，还可能会错流、乱流。

破解办法：如果是制度出了问题，那么应当根据企业实际需要，制定严格细致的制度。哪里有流程，哪里就有制度做保证和支持，尤其流程环节的对接处，制度本身更应该系统和完善。总之，无人不受制度的约束，无事不受制度保障，无时不有制度的影子。

监管不到位

虽然企业有很好的流程，也有良好而全面的管理制度，但是没有人监管，或监管不力、不到位、越位，监管手段落后，监管人员的素质有问题，组织内部的政治架构复杂，这些因素中的任何一个都会大大降低整个组织系统的运营效率。流程和制度都是固化的，而监管是灵活的。监管必须按原则办事。如果监管者不能按原则办事，办事不公，会极大降低人们对流程和制度的忠诚。如果监管者素质低下，根本不懂得如何监管，不知道监管什么、怎么监管，那么势必会监管无力。监管无力会导致不知道大家都在忙什么，忙得是否有必要，是否真正在忙，是否忙到点子上。但是，监管过于严格和僵化，不知道原则和灵活相结合，固守过时落后的管理制度，将极大限制人们的积极性和创造性，为了迎合监管去忙些不必要的事情，劳而无功。身处高位的人如果没有被监管的意识，会超越监管，那么监管力量将大大削弱，大家忙些监管以外的事情而不会受到处罚，甚至领导带头忙超越流程和制度的事情，这样会使大家更忙而无序。

破解办法：加强监管，选用优秀的监管者，领导自觉接受监管。

技术手段不匹配

大家都很忙，都喊累，但整体效率不高，第四个原因是管理技术手段问题。通常情况下是管理技术手段落后。管理技术手段落后会极大限制企业的管理效率，表现为生产设备的落后。先进的设备不仅效率高而且工作质量也有保证，尤其在制造业里最明显。更重要的是，设备太落后时会影响到人的情绪，而人的情绪是相互传染的，进而影响到人的工作积极性。同样是传输信息，人类走过了人工传递、动物传递、烽火传递、机械传递、电子传递的进化过程，现在运用互联网传递信息的速度更是快得惊人，移动互联网的 3G、4G、5G，每升一 G，速度快得不止一倍两倍。

另一方面，技术手段设备太超前时，也会限制企业内部的工作效率，这是因为企业环境不支持设备运作，影响设备发挥正常的工作能量，因此，很好的设备反而用不上，用时又发挥不出应有的效率，其他流程环节与其对接时，反而提高了工作成本，降低了工作效率。任何生产技术设备都要放置在客观的物理环境之中，所以，都需要与客观环境配套才能发挥作用。

当然，管理技术手段不仅要与企业的实际环境相适应，而且应与企业的外部环境相适应。假如企业内部的局部工作效率高，但与之对接的外部环境的工作效率低，大家只能处在无休止的无奈等待之中。如你服务的客户是一家工作效率极低的单位，尽管企业内部的工作人员很努力，但你无法掌控改变必须与你对接的外部环境，所以你的工作效率也就低了下来。

破解办法：更新设备，提升管理技术手段，从而提升管理效率。提升的标准就是与企业的内部环境相适应，尽量与外部环境对接。

员工的职业素质不高

员工的职业素质也极大地决定着工作效率。员工的职业素质就是整体员工的职业品质。什么是品？品就是员工与工作有关的社会属性，主要是指职业道德。中国育人的标准就是德智体美劳，传统的用人的标准就是德才兼备，传统的考核人的标准就是德能勤绩，无论培养人、选用人还是考核人，都与德有关，而且德是第一位的。所以说，品德非常重要。什么是质？质是指与职业岗位有关的自然属性，是与职业岗位相关的职业意识素养、知识、技能、智慧、资源等。员工的质是至关重要的，而其中的职业意识最为重要。职业意识是什么呢？就是指身处职业岗位上的人应该知道自己该干什么、怎么干。为什么大学生刚毕业的时候，不知道干什么、怎么干？因为他们从来没有参加过工作，不可能有多少职业意识。有些企业效率低下，这与企业员工的品质有关，尤其与质有关。一个质地很好的员工，其工作效率可能是一般员工的两倍、三倍、甚至十倍以上，更重要的是工作的质量不一样。质地普通的员工在短时期内无论如何勤奋和努力，都不能赶上和超越质地很好的员工。布置同样的工作，质地优异的员工可能一天之内就完成了，而质地差的员工非常努力，一周后才完成，而且工作质量根本不可能与质地好的员工同日而语。仅从花费的时间量来说就有七倍的差距，而同一岗位质地好的员工显然不可能有普通员工七倍的薪金待遇，更不用考量质的差距了。在长期平均思想的支配下，员工的待遇都差不多，自然那些质地优秀的员工会逐渐流失，沉淀下来质地一般的员工。尽管这些员工的职业道德很好，非常勤奋努力，都很忙，但企业整体的工作效率却是低下的。

破解办法：引进质地好的员工并进行培训，适当拉开薪资差距。

高管无能

俗话讲："兵熊熊一个，将熊熊一窝。"每位员工都很努力，企业整体效率差的第六个原因，是企业高级管理人员的管理能力有问题。尽管大家都很忙，但由于高级管理人员能力有限，不能在战略上布局谋篇，不会从战术上指挥、调度、协调，更不能很好地识人、用人，不能充分利用有限的资源，不能够做到知己知彼，知天知地，所以在错误的时间、错误的地点，用很优秀的士兵打错误的战斗，失败是必然的。这在战场上体现得十分明显：有的将军能持续打胜仗，而有的将军就是白白葬送良好的战机和士兵的生命，这种例子举不胜举。作为企业的主管，尤其高级主管，千万注意不要让员工无谓地劳作。要知道你的一个指令传导到基层，各级员工都会为你的指令而忙，假如忙了半天没有效果，是无谓的劳作，甚至是错误的、负面的劳作，领导者自身又不敢承担责任，试想其结局会是如何地糟糕！这样的次数多了，员工就疲了，主管者的智慧也就没有效用了。然而大家又不能违抗上级的命令，怎么办？员工就会兵来将挡，你有千条令我不行，我就忙扫自己的门前雪，大家都在忙，其实是各自忙各自的，装着忙的样子给上级主管看，一级骗一级。还有一种情况就是朝令夕改。作为企业主管，做决策前不慎重，或决策力不够，或耳根子软，做了决策发布指令后又感觉原来决策不好，想修改决策，于是出现决策指令在实施过程中，就随意、随时、随便、随机修改的现象，导致企业的随意文化。刚开始下属对此不舒服，时间长了摸透上司的秉性和行事风格了，担心上司修改指令，于是开始佯动而不真动，领导看到下属在动也就心满意足了，可就是迟迟不出结果，没有效率。

破解办法：培训现有各级主管，提升他们的管理能力和领导能力，选聘新的有能力的主管。选用真正有能力的将帅之才担任各级主管。

“忙”文化的导向作用

企业文化的导向也将影响企业整体的效率。如果企业鼓励个人英雄主义，不注意培养团队意识和协同作战能力，那么尽管每个人都想当英雄，每个人都很忙，但是大家没有养成协同作战的意识和习惯能力，导致个人之间存在着工作边界，部门之间存在着工作疆界。更有甚者，担心他人可能成为英雄而阻碍自己成为英雄，于是掣肘他人，甚至给他人和其他部门工作使绊儿,这都将影响到整体工作效率。如果企业倡导“忙”文化，那么企业必将为忙而忙，这在一些成长型企业特别明显。这些老板最看不惯的就是大家闲，员工一闲，老板的心里就堵得难受。有的老板不直接说闲的员工，而是转弯抹角地去表扬忙的员工，尤其重点表扬加班加点的员工。但有些员工之所以加班加点，是因为质地不行，上班时间忙不到点子上，瞎忙，忙而无序；而有的人就这工作习惯，爱下班干活；更有甚者是品德问题，故意加班给老板看的。老板又不经常在企业里面，如果发现了加班者就表扬，那么在老板的这种鼓励忙、鼓励加班的文化指导下，企业就开始为忙而忙，而不是为结果而忙，结果是越忙越受到老板的表扬，越表扬人们就会越忙，却忙而无效。

破解办法：不鼓励纯粹的个人英雄主义，应当鼓励协同作战的团队意识；不要只关注形式上的忙和加班，改变“忙”文化，应当关注效率，应当把每个人的工作安排细化，在规定的时间完成规定动作（规定任务）。把关注形式转变到关注结果和过程相结合上来。注意不能走上另一极端——只关注结果，只关注结果会出现为结果而不择手段的现象，那会导致更恶劣的企业文化。

企业战略有问题

许多企业之所以忙，但效率低下，效益不好，其根本原因是企业战略出现了问题。

一是战略定位不清晰。企业发展初期，战略定位很可能不太清晰，左右摇摆，员工跟着忙，而且忙而无果，忙而无效。即使战略清晰，但企业刚刚起步，战略配套资源不够，也会出现上下很忙，但没有业绩的情况。这几乎是每个初创业企业都会遇到的问题。

二是战略定错位。俗话讲：“男怕入错行，女怕嫁错郎。”作为一个企业组织最怕的也是入错了行：企业现有的资源不支持其开拓某一领域，而企业的战略制定者自认为可以，结果误进行业。这样的话，无论员工多忙，都无法产生客观的效益，累死也够不着。当然，企业除了行业战略定位以外，还有目标顾客定位、商域定位、经营模式定位等，无论是哪一方面定位出问题，都将影响企业整体的效率和效益。大家都很忙，就是看不到效益，当然也就没有效率。

三是战略方向出了问题。如果企业战略方向错误，整个是南辕北辙，那么无论员工如何忙，也都是负效益和负效率；如果是战略方向摇摆不定，忽左忽右，员工很忙，但尽做重复和无谓的劳动，何谈效率和效益?

四是企业没有及时实现战略突破。企业的战略决定着企业所做的事情是否有价值、是否正确，而企业发展的生命周期决定了企业每阶段有价值和正确的事都有变化。企业在发展过程中必须不断地进行战略突破，每遇到发展瓶颈都需要战略突破。如果战略突破不及时，必然会出现企业瞎忙的状况。

五是企业没有及时进行战略转型。每个行业发展都遵循一定的生命周期规律，这主要是由于行业内企业间的竞争所致，当然也有其他原因。尤其当行业成熟后开始走下坡路时，无论员工多忙都会出现低效现象。即使企业本身此时处在快速成长期，员工士气高涨，但仍忙而无效。这时企业必须进行战略突破。

六是外部环境发生了重大变化。这变化可能来自自然气候变化、国际竞争、战争、疫情、技术进步、政策改变、人力资源环境变化、资本环境变化等等。任何一个外部环境变化，对企业的影响都是很大的，只不过是渐变和突变的区别，就像中美贸易战是个渐变过程，而疫情则是突变，突如其来，几乎影响到社会的方方面面。外部环境变了，一定要及时调整企业发展战略，适者生存，不变的话，一定会被淘汰。

破解办法：进入一个行业要慎重，既要定准位，又要方向正确，实时进行企业战略突破和战略转型，尤其在乌卡时代更要保持灵活机动的组织形态，制定正确稳定可持续的企业发展战略。

本篇八大“病因”分析主要是针对传统企业，但对现代新型互联网企业，前三项是共性特点，流程、制度、监管都是弱项，也是这类企业的特色。但后五项则是与传统企业相同的，尤其最后一项，战略一定要变化快。

16

如何有效颁行新制度

手握权杖的经理人，最重要的也是一项经常性的权力就是颁行新制度。经理人为什么要不断颁行新制度，为什么许多新制度的推行产生不了期望的效果，该如何有效颁行新制度呢？颁行新制度会遇到哪些障碍，如何避开这些障碍，如何执行新制度，什么时间修改制度，推出新制度时还有哪些误区要防范，如何让新制度产生最大的效益，如何避免颁发新制度带来的危害呢？这些都是经理人尤其是高级经理人行权时经常遇到的问题。

有人活动的地方就会有规则，同样，有活动的演变就会有规则的改变。任何新制度的颁行，都代表着领导者心中的一番憧憬。但如何使新制度的推行产生期望的效果？这就不是“谁说话算数”的权力问题，而是一门实实在在的艺术。

制度是用来约束人的，如何使组织成员乐于接受约束人的制度，如何让制度发挥最大的效用？这是每一组织的负责人所追求的；当组织出台一项制度而大家都反对时，这项制度肯定不能出，即使出了效用也肯定是负面的；当组织出台一项制度，所有成员都赞同时，这项制度也肯定不能出。好的制度一定是一部分成员反对，一部分成员赞成。

对于每个企业，无论是国有还是民营，建章立制都是必不可少的重要工作，而且规章制度不可一成不变，还要不时地修改完善补充。同样是企业新制度，推出后产生的效果可能相差很大，这是什么原因呢？如何让一副严肃面孔的规章制度拥有温情并产生好的效益呢？

企业为什么要不断地修改制度

企业是以盈利为目的的经济组织，是组织就要有组织游戏规则，而这个规则不是一成不变的，要随着企业内外各种要素的改变而改变。在这个日新月异的时代，企业的内外环境一刻不停地发生着变化，市场的环境在变，客户的需求在变，竞争对手在变，企业内部每天都在变，员工自身也在变，一切都在变。一个持续变化的企业组织，必然要求其组织规则跟着变，因此，企业的规章制度必须不断改变，即不断补充、修订、完善。通过制度的不断建立和健全，企业才能持续适应变化了的客观环境，否则就有可能在日新月异的环境中遭到淘汰。

修改制度也会涉及企业安危

企业在修改完善制度过程中经常遇到的问题是员工的抵触和反对，甚至是高层的反对。这几乎是每一个企业管理者遇到的最头疼的问题。制度不变，将会影响到企业的发展甚至是生存，而改变时又会遭遇企业各个层面甚至是高层的反对。如果此时强制推行新制度，有时因反对力量过强，可能造成企业内部的纷争，影响内部团结和员工的情绪，进而影响到工作效率和产品质量，甚至导致企业效益滑坡，严重时会导致企业颠覆性的波动，给企业造成致命打击。这绝不是危言耸听，有些企业就是在这修改制度的小河沟里翻船的。

为什么企业修改完善制度会遇到这样的问题

企业在修改完善制度的过程中，要想避免上述种种问题发生，首先要弄清导致问题发生的原因。常言道："习惯是世界上最难改变的东西。"为什么习惯难改呢？因为人的第一天性就是懒惰，不愿改变现状，想维持现状；另外，从管理学的角度讲，企业完善规章制度是为了加强管理，目的在于约束员工的不利于提高工作效率的行为，员工看到新制度对自己的制约，从自我角度考虑就产生了本能的抵触反应；第三，从现代行为学分析，人们都不愿离开舒适区。人们在一种环境中待久了，即使最初不舒服，也会逐渐地舒服起来，当外界环境改变时就会在心理上产生不舒适的感觉，想停留在舒适区不动。所以当企业组织要改变大家都已习惯了的游戏规则即规章制度时，自然而然地会遭到来自企业组织内部多方的反对。

该如何预热新制度

毋庸讳言，是人们懒惰的天性和愿意因循旧例的自然属性，在自觉不自觉地妨碍着我们修改和完善规章制度。找到了原因，解决问题的办法也就有了。

修改制度的第一步，是非正式抛出话题，进行预热。人们既然习惯了在原有规章制度约束下的工作环境，那么当这些规章制度制约着企业发展而需要改变时，新制度的推出最好不要搞突然袭击，要循序渐进，看准机会引出话题，并轻描淡写地议论上两句。这时有心的人就会琢磨这句话的意思，并继续寻找领导要修改规章制度的根本原因，有时这些员工为了显示自己先知先觉的智慧，还会私下在要好的同事之间议论探讨领导讲话的意思，甚至就此问题展开针锋相对的争论。其实，在任何企业内部总有那么几个有心的聪明员工（即使没有，企业组织也会造就出来，这是企业组织和人的属性共同作用的结果）。他们这样做实际上就是替领导做思想动员工作，他们不仅努力说服了自己，而且也说服了他周围的人适应即将出台的新制度。所以，有经验的领导，当他想要修改和补充制度时，往往会在这些有心的聪慧的下属面前，非正式地抛出话题来，引导大家议论几句。如此反复两三次，预热的过程基本完成。

该怎样推出新制度

修改制度的第二步，是发扬民主，让大家研讨并展开争论。当话题抛出，预热过后，就要及时在某一范围的成员会议上将其作为众多议题中的一个，让与会人员广泛参与讨论。领导可以作为会议主持把问题正式讲出来，或提前安排一人做陈述，最后自己有引导性地且不流露出强制的痕迹地发话，把所要修改完善的制度正反两方面的意见都说出来，辩证地看待、分析所要修改的问题，然后让与会人员充分展开民主讨论。待大家议论得差不多了，就来个小结发言。

民主议论过程有三个作用。

第一，在新制度正式决定推出之前，先让大家议论，可以发现由于领导个体的角度、见识、信息不对称等原因对此问题考虑不周全的地方，以便在制定制度时把好的意见吸收进去。这叫集思广益，体现制定制度的民主性，树立领导民主作风的风范。

第二，根据与会人员的议论，可以做些有针对性的探讨和分析；有时与会人员之间就会自发开展这些讨论和分析。在此过程中，作为领导可及时发现新问题，发现持赞同意见的人与持反对意见者的背后动因，这样在制度推出后的执行过程中就可以有的放矢，有针对性地重点强化操作，减少制度在实施过程中的盲区和盲点。

第三，让大家参与制度的讨论，也是一个宣传贯彻的过程。大家在议论、探讨、争执中，相互也就对制度了解和认识得更深，即使持反对意见的人也会在争论中自觉和不自觉地接受其他各方的意见，进而明白修改制度的必要性和重要性；即使当场不同意，也会在听取各方的意见后，进行换位思考，经过进一步的消化进而认同新制度，至少不会认为只有自己的看法正确。持反对意见的人经过反复思考之后，至少认为修改制度有其道理，于是不会在贯彻执行制度的过程中一味抵触。

没有这样的民主过程，突然推出新制度，由于每个人的角度不同、想法有异、素养参差、秉性各异等因素，再加上制度本身可能具有的偏差和漏洞，很容易招致反对浪潮，结果制度刚刚推出，便形成事实上的搁浅，效益也就无从谈起。

该怎样面对新制度遭遇的阻力

修改制度的第三步，是形成决议，颁发贯彻执行。在修改、补充、完善制度的过程中，经过第一次公开的讨论就取得差不多一致的意见是最好的结果（公开讨论次数多时，制度很容易流产）。如果不是这样，持反对意见的人较多，或争论激烈，谁也不能说服谁，还不能形成比较一致的决议，就暂时停止讨论，会后重点做工作，逐个谈心，拿事实说话，然后再开讨论会；或者扩大讨论范围，有意识地让基层人员或某些相关人员参与讨论，来个现身说法。当取得差不多一致的意见时，果断地形成会议决议，从速推出。如果经过大家讨论，发现与领导当初的设想差距太大时，不妨慎重行事，暂缓推出。

该怎样执行新制度

概括地说有六点。

一是正式编号发文。不发文不能体现制度的严肃性，更重要的是形成档案，日后有据可查。

二是自上而下逐级宣传贯彻。如果不宣传，被经理锁到抽屉里一声不响，不但起不到好作用，反而起坏作用。

三是重点部门重点贯彻。制度往往是有针对性的，而且不同部门对制度的理解和认识也不一样。针对在前期的讨论过程中发现的一些问题，就重点部门重点人员进行重点宣传贯彻监督执行。

四是利用板报等形式宣传。板报等形式的优势在于公开、透明和时间上的弹性以及随机性，员工随时都可以看到，而且顺便就学习了，学习后还会私下议论。

五是发内部简报。简报的优势在于其流动性，大家可以流转传阅，而且简报还可以就制度做进一步的分析探讨阐述，从更高、更深层次启迪和教育员工，从而达到更好的效果。

六是借助外界力量尤其是新闻媒体力量来制造舆论攻势。外界力量可以是多方面的，如上级领导、专家、同行的评点议论等会对新制度的贯彻执行起推进作用，有条件的企业还可以借助新闻媒体的力量进行新闻运作，这一般适应于知名度高、有较大影响力、品牌响亮、规模大的企业。当这些强势企业要推出新的重大制度时，而且是有一定创新性、改革性的制度时，借助新闻媒体的力量是非常有效的。外部社会的评价议论对内部员工的影响作用是显而易见的，员工会带着自豪感而主动地接受新制度。

当然，制度需要变化，这不是说所有的制度都可以朝令夕改。制度也需要相对的稳定性，至于制度在什么时间需要稳定，什么样的制度需要相对稳定，这都是非常有讲究的。笔者认为，企业在淡季修改完善制度，效果最好。一般情况下，在旺季，制度需要相对稳定。制度在旺季改变太频繁，改动幅度太大，容易动摇军心，影响员工的心理稳定，从而影响企业正常的经营活动。淡季做些改动，同样也会影响到军心，也会波及员工的心理稳定，但毕竟是淡季，对企业的经营影响不大。而且在淡季，企业可以有时间和精力静下心来研究企业规章制度中存在的过时或不合理之处，可以总结、评价刚过去的那一个旺季里制度对企业经营管理活动的影响，及时发现规章制度中不合理的成分，并加以修改。在旺季是没有时间和精力来做这些事情的。在淡季建章立制，还可以发扬民主，让员工参与到制度的修改、补充、制定、建立当中来，增强制度的完整性、民主性、可操作性。如果是旺季，员工都忙于经营活动，再让员工来参与制度的修订工作，用一线人员的话来讲就叫裹乱。事实是旺季员工根本就没有功夫参与制度的制定工作，制定出的制度其效用也将大打折扣。制度是要约束大家、让全员来遵守的，如果制定过程中能让尽可能多的员工参与，制度的贯彻执行会顺利得多，可行性和有效性大为增强。

企业的建章立制工作应放在对前一个工作季度的工作总结之后，在下一个旺季的战前动员之前。

经过以上的步骤，考虑到以上意见，采取以上的做法，相信制度就不会是那么冷酷，而是变得有效起来。因为这样制定出来的制度，毕竟还有员工自己的心血和智慧，自己能不主动贯彻执行吗？这样就变制度的约束为激励，从而发挥出制度的最大效用。

推出新制度时还有哪些误区要防

首先，民主讨论过程要自上而下。一般情况下，制度修改推出要自上而下，决策层先统一思想，若不能取得基本一致就不要盲目形成决议，不然一个领导有意见，制度的贯彻执行就可能在他领导的部门受阻打折扣。在决策层不能取得一致意见或意见明显相左时，就请扩大范围，在中层或部分中层会议讨论；若还不能取得一致意见，还可以直接听取下一层的意见甚至最基层的意见。经过不同级别、不同角度的讨论，不仅消除了决策层意见的分歧，而且也是在更大范围内组织讨论，实际上是一个贯彻执行的过程。制度一旦形成推出，就应当大张旗鼓地贯彻到全员。

一定要防止在某一个主管领导的意见相左时，没有做更深入更细致的讨论就形成决议，向下贯彻。若能在决策层取得完全一致意见，就可以成文下发，各主管领导会主动地做其下属的工作。

其次，不要要求意见完全一致。推行一项新制度，总要冲击到某一部门某一部分人的利益，要想达到意见的完全一致几乎是不可能的。真要是意见完全一致，没有丝毫的不同意见，倒要注意了，此时要考虑该制度是否以牺牲企业组织的利益为代价，或是有其他方面的因素在起作用。制度是用来约束人的，怎么可能组织中所有的成员全赞同呢？

第三，行文不可含糊暧昧。修改制度忌讳考虑不周造成不同制度的冲突和矛盾；行文不要模棱两可、含糊其辞，要用肯定和命令的不容置疑的语气来叙述制度内容。

第四，宣传贯彻不要走过场。许多企业在制定制度上下功夫不小，可到了宣传贯彻制度时力量却开始衰减了，以为只要问一下就了事。其实制度效果的好坏，关键在宣传贯彻，尤其中层经理会不会宣传、如何宣传、何时宣传，关系重大。因此，宣传贯彻制度要有措施，要有制度保障，而且还要宣传指导，监督考量。切忌走过场。

第五，新制度瓶颈期不可迁就手软。当制度推行后，最常见的问题是执行制度时往往弹性太大。企业管理最危险的是有制度而不执行。许多企业往往制定了许多制度，但真正执行的却没有多少，个中原因千千万万。尤其当制度刚刚推行的时候，敢于违犯制度者往往是“要人”

和“横人”，如果此时对违犯制度者不照章处罚，制度就成了一纸空文，再想让此制度发挥效用会很难。所以在最初推行制度时一定不要心慈手软和马虎大意，这是一项新制度的瓶颈期。一般情况下，过了这个瓶颈期，制度就能正常发挥作用了。

第六，新制度过了瓶颈期后如何执行。在新制度的瓶颈期过后，有可能会有这样那样的情况发生，执行制度时不要太教条。教条的结果是大大伤了制度的公正性和客观性，把公司推到了员工的对立面。其实，任何制度都不是百分之百适时的，从制度推出的第一天起，制度就成为历史了，换句话说制度中的部分条款就有可能是过时的。这时，若没有灵活性，就会机械地照本办事。毕竟企业每天都在发生变化，而制度要保持一定时段的相对稳定性，不可能天天修改同一制度，所以执行制度要注意原则和灵活相结合，不要教条。

17

经理人的决策艺术

决策权是经理人权力的核心部分。决策一旦完成，能否贯彻实施，产生预想的效果，功夫不在决策案，而在决策的过程。经理人面对不同情景如何锤炼自己的决策力，如何让决策更有效，哪些是经理人决策的禁忌？什么时候决策权可放，什么情形下决策权不能放？

有人说最好的决策就是不决策，就是谁能做出正确的决策就让谁决策。这种说法失之偏颇。因为决策是经理人一项应有的职能，而且是必须履行的一项职能。企业经理人所要做的，就是锤炼在各种不同的情境都能做好决策的能力。

职能虽是一样的，但不同的经理人（为了表达更有效，在下文中部分经理人用企业主管来称呼）在运用决策职能时，因运用手法不一样，产生的效果大相径庭。

第一种：坚决明确，令如山倒

最常见也最简单的决策方法就是主管有了完整的解决问题方案，就直接下达命令，让下属直接执行。这样决策的好处是简捷、不啰唆，缺点是虽然主管充分行使了决策权和发布命令权，但下属在执行此命令时只是为了完成任务，因而不可能给主管带来“意外的惊喜”。

这种方法一般适用于军事领域（即便优秀的军事主官也非常注重通过决策激励人），但在企业中实施，其效果就会大打折扣，因为这种决策没有完全满足下属的舞台感、成就感等心理需要。

第二种：引而不发，海纳百川

在实际操作中，有的主管虽然自己有了完整且完善的方案，但放在自己的心里不说，而问计于下属，当认真听取下属陈述完解决问题的方案后，会根据下属方案与自己方案的差异程度采取不同的处理方法。

（1）当下属和自己完全一致时

下属拿出的方案和自己的方案一致时，主管会以欣赏的心态和语气说：“好！这主意好！就照你的意见办。”如此一来，主管就在表扬下属的过程中“轻松”完成了自己的决策。而下属在得到主管的欣赏和肯定后，也会全力以赴创造性地执行决策方案。因为下属的心中充满着成就感、自豪感：自己不仅是直接的操作者，而且也是设计者。当自己在干自己愿意干的事情时，思维肯定是积极的，思维的方向会全部指向成功，集中于成功。下属在此种状态下执行任务，其结果肯定是出色的。

（2）当下属和自己大体一致时

下属的方案和自己的方案大体一致，也就是说下属的意见和主管的意见虽不完全一致，但重叠的部分很多。其方案虽有一些不妥之处，但主管会鼓励地说："你的意见很好，照此做就行了，但有一点需要注意……"于是主管就把自己的意见以商讨的口气提出来，下属就会很容易理解，并按修改后的方案执行。这样做的效果会很好，因为主管首先肯定了下属的意见，即使修改也是在肯定的基础上修改的，于是修改的过程也是下属领会上级意图的过程。这样做，下属同样会怀揣着自豪感和成就感来完成任务，同样会在执行任务过程中积极地把思维打开，朝着成功的方向去努力。

（3）当下属和自己出入很大时

下属的方案和自己的方案重叠的部分很少，而且下属的方案有明显的缺陷。尽管主管认为下属的方案中只有很少一部分是正确的，哪怕只有百分之一，但这类主管也会说："好！你的方案中有一点很好，就是应该这样做。"然后针对方案中的不足之处与下属平等地展开研讨，最后双方在相互的研讨中取得一致意见。这不仅是下属和主管意见沟通的过程，也是上级听取下属意见的过程，是上级不断完善方案的过程。这样的方案出台是在肯定下属方案某一部分的基础上而来的，下属在执行此方案的过程中，会认为该方案有自己的智慧，自己就是这个方案的最初设计者，同时还是方案的操作者。而且在讨论过程中主管也听取或采纳了自己意见，满足了自尊感。这样，下属在执行方案的过程中，同样会尽心尽力、尽职尽责，出色地完成任务，奔向成功。

（4）当下属和自己完全相左时

即使下属提出的方案毫无值得肯定之处，有的主管也不会张嘴否定，而会以商量的口气说："你看这样行不行……"双方在平等的协商过程中，新的可行方案也就产生了。下属首先是理解了这个方案，另外也参与了方案的制订过程，方案中有自己的智慧，同时自己也感受到了主管的尊重，有一种自尊的满足感。因此，下属在执行方案的过程中自然会积极地打开思路，朝着成功的方向前进。

（5）当自己举棋不定、没有主意时

主管没有方案时，会主动礼贤下士，广泛收集意见，走民主集中的道路，从而做出正确决策。无论如何贤能的主管，也不可能事事时时都是智多星，主管也有没主意的时候。好的主管此时会通过各种方式认真征求下属意见，下属看到主管如此，会竭尽全力来为主管出谋划策，从而使主管产生一个集思广益的完整的优质方案。下属在执行此方案时，会认为主管采纳了自己的意见，感到自豪和光荣，从而积极、创造性地完成任务。

愚蠢的主管时常因控制不住自己的表现欲，与下属争风吃醋，而忘记了自己是主管。当看到下属的意见和自己的意见完全一致时，他会平淡、甚至不屑一顾地说："英雄所见略同，你和我想到一块儿去了。"如果发现下属的方案和自己的方案有不一样的地方，尽管百分之九十九都一致，但为了显示自己的高明，会抓住下属方案中的不妥之处，先批评一通，然后提出自己的看法，并命令下属照此执行；如果发现下属的方案中有很多错误之处或不完善之处，就会大为光火毫不客气地批评下属，驳得下属体无完肤之后，再让下属执行自己的命令。

这样的主管或许没有什么恶意，但为了表现自己，忽略了下属的感受，极大地伤害了下属自尊心，下属一下子产生了抵触情绪。下属以此心态来执行任务，结果可想而知。即使完成了，下属也会认为自己是一个十足的"催拨儿"，是主管眼中一种简单的执行工具。

第三种：自作聪明，愚弄下属

有些主管自己本来就没有多少智慧，但又不承认现实，往往采取耍小聪明的做法，愚弄下属。

先不说自己没主见，而是耍小聪明：先以命令式的口吻让下属谈谈对此问题的看法作为试探。下属谈完后，自认为下属的方案可行，于是主管有两种表演方式。一是自己脱口而出："我两年前就是这样想的。"于是下属就会想："两年前你都这样想了，干吗还问我呢？谁知道你两年前想过没有。"二是为了掩饰自己的无主见，怕面子上过不去，就直接批评下属的意见不好，大大贬斥一通，自己再提出一个方案，并命令下属照自己的方案去执行。然而下属过后仔细一琢磨就会发现：主管的所谓方案正是自己方案的翻版，只是换个说法罢了。"可恶之极！"除了咒骂，有的下属甚至认为主管是老贼，盗窃他人智慧的贼。试想，在这样的情况下，下属执行方案的效果肯定会大打折扣。同时，下属会憋一肚子火无处发泄。这时，趋炎附势的小人就会趁机活跃起来，从而滋生不健康的企业文化氛围。

更有品行不太好的下属，会变着法子耍弄这样的小聪明主管，因为主管暴露出了自己多方面的弱点。

第四种：不负责任，随意放权

在特定条件下，决策权力下放也不是不可以，但是有的主管在自己没有主意时，随意下放自己的决策权。因自己一时没主见，下属又逼得急，于是不管事情大小及重要程度，主管往往随口就说："你看着办吧。"

面对此种不负责任的决策，下属一般有两种心态。

负责任的正直的下属此时会很为难。因为本来这个决策权力在上级主管，结果主管把球踢给了自己。如果自己真的办了，等于越权。不办吧，又耽误事儿。所以，下属最怕的就是主管说："你自己看着办吧。"这等于主管把本属于自己的决策权下放给下属了，搞得下属左右为难，贻误战机。

当然，面对此种情况，也不是所有的下属都为难，有的下属会暗自高兴，那就是怀有私心者以及小人，这两种人都会得此"令箭"，朝着有利于自己私利的方向努力奋斗——真的"自己看着办"了。

所以，主管一般不要随意下放自己的决策权，因为决策是主管岗位应有的职责，怎能把本职工作甩给下属去干呢？当然，主管也千万不要把下属该干的活儿拿上来自己干，毕竟各司其职是最起码的职业准则。

18

并购项目，CEO 如何舞动权杖

并购潮在全球范围内一浪高过一浪，然而并购项目大多以失败告终。原因何在？本文从并购项目 CEO 的角色上找到了答案。如何选用 CEO，如何用好 CEO，CEO 如何舞动权杖，都是至关重要的问题。

如今企业并购越来越频繁，范围越来越广，花样越来越新，规模也越来越大，无论国内国外，几乎每天都上演着企业并购的故事。然而并购失败的故事更多，其中或多或少都与并购过程中并购方经理人的权杖有关。这里的经理人，是指并购方率队奔赴被并购方并直接参与一线并购过程操作的那位 CEO，我们姑称之为“并购项目 CEO”（后面简称为 CEO）。影响 CEO 权杖发挥作用的主要原因是己方，而不在被并购方，问题主要体现在以下四方面。

CEO 权杖掣肘并购

权杖相当于企业组织体系中的筋骨。并购就是给企业做手术，而手术方式有三种：把两套筋骨合二为一；剔除被并购方的筋骨，全部换成并购方的筋骨；并购方与被并购方筋骨对接。试想这三种手术方式，对企业来讲，无论哪一种都要伤筋动骨，都是一场生死攸关的闯关。

然而这样生死攸关的一场战役，实践中很多并购方不仅没有全力以赴做好并购工作，反而自我掣肘，导致CEO权杖无法自如挥动，致使并购失败。为什么会这样？

一是CEO缺乏知情权。许多并购案例中，并购方派出的CEO往往没有参加前期的并购战略设计、信息调查，只是到了并购的实操阶段才临时指派带队奔赴一线。因为并购方董事会为了保密起见，始终把有关的并购消息控制在很小的范围，等这几个董事会的核心成员自认为整得差不多了，才让未来实战阶段的CEO参与进来。其实，这时往往木已成舟，CEO要做的工作就是证明董事会的决策是正确的。

二是CEO团队不合适。有时董事会出于监督控制的考虑，在给并购项目的CEO配置团队人员时，往往都是安排自己信得过的人，类似“克格勃”人员，并交叉授权，而且配置副手或直接的执行人员时也没有充分考虑CEO的性格特点、能力特长等，有些是出于各种关系考虑、安排、照顾的人员。因此，对CEO来讲，团队就如同临时的草台班子，而且里边还有“探子”和“钉子”。这样的团队如何能够打胜仗？

三是CEO用权不力。在并购过程中，以CEO为核心的经理人团队进驻某一企业，与平时经理人空降到某一企业本质上截然不同，矛盾性质不一样，也绝对不是三把火问题、态度好坏问题。并购过程中，经理人团队进驻时首先遇到的问题是控制和征服，要改变的是企业文化，稍微“心慈手软”都有可能出乱子，导致并购失败。所以先期全面的信息掌握、周密的并购计划至关重要。在此基础上就要考验经理人团队的执行力。所以说，在企业并购过程中，并购方CEO必须挥舞起权杖，投入并购战斗。

四是CEO并购后未及时调整用权策略。作为项目并购的CEO，在最初的三四个月并购过程中，需要靠攻城略地的打法完成并购。但如果在第一步的并购完成后没有及时调整战略，还是急风暴雨，往往会导致新问题层出不穷，新老矛盾交织在一起，反而葬送了前期的成绩。

鉴于以上问题，并购项目 CEO 如何舞动权杖，并成功完成并购呢？

让 CEO 尽早参与前期筹备

磨刀不误砍柴工，首先把有关权杖发挥作用的空间给拓展出来，这样便于 CEO 在真正并购过程中行使自己的权杖。CEO 最好能够直接参与并购前期的全部过程，即使不参与也要尽可能地了解前期的事情。参与内容包括以下几个方面。

（1）让 CEO 参与并购小组的调研

这样，CEO 就会了解到并购的目的和意义，同时并购小组必然要对被并购对象进行战略分析和调查了解，CEO 知道的情况越多，对并购中权杖的发挥越有利。

要掌握较全面的信息大概要从以下 8 方面入手：第一，从公开的信息资料入手。第二，从政府机构（工商、税务、人事劳动、统计、行业主管口等）的统计数据了解，包括资产、资金、税收、收入、人员规模、人力资源状况等。第三，从行业协会那里了解行业整体状况，主要是行业内部各主要企业的销售收入、资产、利润等排名。第四，从专业的咨询公司那里了解公司的整体，包括行业竞争力、发展战略。第五，从专业的人力资源公司了解整个行业的人力资源状况以及该企业主要的人力资源状况。第六，从企业内部人士，尤其是离职不久的人员那里立体地了解整个企业内部真实的财务状况、运营状况、管理状况，以及现实的矛盾症结、文化、人脉关系、主要人物的性格爱好等。第七，从企业上下游供应链了解企业的采购产销等情况。第八，从竞争对手那里了解企业真实的竞争优劣势。综合起来形成企业全部的信息体，从而做到知己知彼、知天知地，在其后的并购战斗中稳操胜券。

（2）让项目 CEO 参与制定并购战术

调研过后，并购小组就可以结合自身的实际状况和外界市场及环境的变化，形成完整的并购战略体系以及战术体系，包括资金调配、资源整合、谈判小组人员的确定、经理人团队的筹划、接管战略战术，以及突发事件的应急预案等。这个过程 CEO 一定要参与，因为具体的并购是靠 CEO 亲自指挥的，亲自制定并购战术可以结合自己的能力、资源、性格等特点，使 CEO 在具体的战役中能够完胜。

（3）让项目 CEO 参与并购谈判

在上述工作完成的情况下，谈判小组开始工作，这已进入实质性的工作阶段。谈判一般是针对一两个主要核心人员进行沟通协调。要注意谈判过程尽量保密，防止节外生枝。谈判其实就是谈价格，围绕价格会出现一系列的条款和错综复杂的排列组合。但作为并购方谈判人员，一定要明白自己要的是什么，明白自己的购买底线。为了确保自己要的东西不打折扣，不贬值，就一定要注意在合同条款里哪些可以限制，哪些不能限制。要知道，一旦价格谈定，剩下的只是付款方式，而你要的东西却每天都在变化。尤其是被并购企业，一旦并购消息传出后，除了土地资源外，其他资源一般都会向坏的方向变化。这就像从市场上买回一个西瓜，只有变坏的可能。所以一旦确定收购，就要神速、保密进行。许多企业并购就是因谈判时间太长，导致被并购方的有形和无形资产在一天天的谈判过程中流失。

显赫一时的普尔斯马特，就因并购谈判时间过长，导致负债几个亿，对并购方来说也没有任何价值了，仿佛一个娄掉的西瓜。

（4）让项目 CEO 参与组建并购团队

经理人团队的组建要以 CEO 为核心来选择搭配必要的人选。比如，一定要有懂财务审计的，要有懂业务运营的，要有懂人力资源的，懂法律的、懂技术的（如果是技术性强的公司）等。这些人不是理论家，而是实战操刀手，手起刀落，把事情解决掉。除了 CEO 外，具体的操作经理人员要年轻化，不仅身体要好，而且干起来大刀阔斧，私心杂念少，社会链接少。如，人力资源接管者最好年轻化。曾经有一名刚刚大学毕业三年的年轻 HR，作为并购经理人团队的成员，到一家过万人规模的知名大企业担任人力资源总监，在短短的三四个月中成功实现了并购方与被并购方人事权的更替和交接。如果换一位年纪大的，虽然稳重，但不一定有魄力，而且社会链接多。这叫无知者无畏。组建并购项目经理人团队，应多听项目 CEO 的意见，并以 CEO 的意见为主。

并购中的 CEO 权杖套路

当以 CEO 为核心的项目经理人团队组建完成后，在董事会的统一组织安排下，CEO 应发表施政纲领，统一思想，制定严格的组织纪律，然后由 CEO 带队进入并购的实施阶段。按照签署的合作协议，先进驻审计、财务、人事、行政、运营等要害部门，控制关键核心权力体系，确保企业正常运营。

（1）建立全新的并购方权力体系

权杖在团队执行过程中起着决定作用，体现权杖意志的就是安排“自己人”。这个“自己人”并不仅是已进驻的经理人团队，要想办法团结一切可以团结的力量。首先是粉碎原有的权力体系，建立新的权力架构体系。

当然，也可以保持原来的组织架构体系不变，在此基础上植入新的权力力量。

这里提供一个案例。一投资公司在并购某一大企业过程中，派不出够规模的经理人团队，除了总经理外，只有财务经理和人事经理以及一个运营经理，怎么办？采取的办法就是在接管了领导班子权力后，就开始搞竞聘上岗，先从科室开始。老员工并不配合，怎么办？就从基层抽调相对素质高而没有被重用的人。但凡一个数千人的成熟知名企业，总有许多年轻人被埋没，这为并购方提供了优秀的人才资源。这些基层的年轻人有理想，有才气，无门无派，对企业又比较熟悉，同时也有变革的意愿。当把这些人提到科室的时候，等于连提三级，他们当然干得卖力，也出了不少好建议。就这样很快积聚了变革的有效力量，然后开始推行变革。随后在庞大的公司范围内开展了竞聘上岗，原来带衔者不报名竞聘视作自动弃权。这样一级级复制下去，从高层到基层新的权力体系就建立起来了，而且原有的生产运营体系又不打破，维持了公司日常业务的运营。随后开始减员，在员工中搞差额竞聘上岗，对那些不报名或没有竞聘成功者，将按规定辞退。这样，一个新公司的权力架构就完成了。

（2）让被并购方员工认同新文化

经理人团队在完全构建起权力体系后，要想把企业彻底打上自己的烙印，就必须植入并购方的企业文化。要植入并购方的企业文化，就必须挥舞起权杖，强化培训，集中培训，让员工接受并购方的企业文化。只有让被并购的员工接受自己的文化，认同自己的文化，才真正称得上并购完成。有的企业在并购后有专门的培训手册，有整套的培训体系和培训制度，而且有各种各样的培训形式，组织员工开展多种文体活动，并购企业的创始人亲自为员工作精彩演讲。这些都会增强员工的认同感和自豪感，形成凝聚力和向心力。不然，员工只是惧怕权力和制度的约束，会形成逆反心理，随时都有可能“叛变”企业。但对那些“顽固不化”的人，只好请其走人。

（3）创新原有运营流程

在权力体系以及文化体系形成后，并购方就完全可以根据企业战略的需要，进行创新和突破。创新突破主要是指流程上的创新，或者带入并购方的运营模式，进行流程上的改变。有权力体系作保障，有文化认同作基础，改变企业操作流程，员工就比较容易接受，新的东西就比较容易在企业推行。如果新的内容进不来，换汤不换药，并购就不能算成功。

并购前后的三大注意

（1）跨行业并购应多咨询行业专家

跨行业并购通常犯的错误是自己企业内没有人懂，又没有请到行业专家，尤其没有猎到行业的一流经理人，就盲目地开始并购，结果只是瞎折腾。人们常说“隔行如隔山”，而有些企业只用并购专家来操作，而不参考行业专家以及行业经理人的意见，也没有考虑行业的人力资源状况，这样的并购十有八九要失败，无论你挥舞权杖的技巧有多高。

（2）对不同类型员工应注意采用不同方法

对知识型员工，在挥舞权杖时要注意节奏和技巧，因为这些企业的核心竞争力在他们的大脑里，而且很难固化下来，形成运营模式，也就是说不可复制。因此，经理人即使掌握了权力体系，如果这些核心员工得不到尊重，他们的积极性发挥不出来，消极怠工，甚至破坏，并购等同于失败。

（3）并购完成后要注意走马换将

并购在企业发展过程中是特殊阶段的特定任务，并购的目的不是为了炫耀并购方的权力和实力。所以并购完成后，CEO 就应当主动收敛挥舞起来的权杖，改为怀柔政策。因为企业已经进入了新的发展阶段，CEO 再天天挥舞着权杖，吓唬人，是绝对不会有什么积极作用的，就像打天下靠的是武将，治理天下则是靠文官。一般情况下，并购 CEO 一旦完成并购，就会带着并购经理人团队进入下一场并购战中，而治理企业则另选合适的人。至少说，治理企业，并购 CEO 不是最佳人选，也发挥不了他的强项。

19

轮岗经理人如何挥舞权杖

轮岗是规模性企业常见的现象。为什么有些人轮岗失败了，有些人轮岗却成功了？其实成败都与轮岗经理人如何用权有关。轮岗经理人如何接权，接权后如何用权，学问可就大了，举手投足都事关成败。而轮岗舞杖的七大禁忌，经理人更是要烂熟于胸。

企业做到一定规模时，轮岗便会经常发生——无论是各大业务区之间的轮岗，还是各管理中心的轮岗，抑或是管理中心与各业务群之间的轮岗。

用权前该如何接权

轮岗经理人要想上任后用好权杖，前提便是接好权杖。就像接力比赛一样，棒的交接是跑出好成绩的关键。

轮岗经理人接权有三种情况：一是从前任经理处接权，二是从上司那里领权，三是从组织系统那里获权。轮岗规模不论大小，经理人在接到组织命令时，都应该及时主动地与前任经理人取得联系。在正式交接之前，对目标组织情况做一个私下的摸底，包括日常的工作运营、人力资源状况、存在的主要问题、重点注意的事项等。一般情况下，前任经理人都会做比较真诚的介绍。因为既然是轮岗，该岗的前任经理人也会轮到其他岗位上去,他也需要其他经理人做情况介绍。条件许可的情况下，可以见一面，最好是朋友式的私下见面。

接权不简单是同前任经理人的交接问题。有时还要争取与主管的领导见上一面，也算是上任前的辞行，更是接权的一种形式。一般情况下，主要领导或老板都会给你一些建议，其实这也是一种接权。另外，作为轮岗经理人，有时不仅面临某个主要领导私下的个人谈话，还会面临正式的集体谈话，接受新的指示和精神，完成新的要求。这也是给予新的权杖。无论是从领导那里得到的指示，还是组织正式的集体谈话给予的新要求，对轮岗经理人来说，都是上任后的工作方向，等于有了尚方宝剑。

接权后该如何用权

（1）做好就职演说

对于规范性的企业，轮岗经理人上任，除了与前任经理人完成交接仪式外，还会有新任经理人的入职仪式。这一般是人力资源部门陪同或与一名主管人力资源的领导一同举行上任仪式，宣布入职。这种情况下，轮岗经理人在接到任命后，就要开始行使权杖了。

第一次行使权杖，就是就职演说。就职演说要简短而有力，一般也就三到五分钟。这是你第一次和你的团队成员见面，又是当着组织和领导的面，除了客套话外，还要显示出自己的信心和实力。就职演说，一般不要针对具体的事和人，要讲大面上的事情，争取给上级组织和自己所在团队以信心。

（2）谋定而后动

轮岗经理人同空降经理人相比，挥舞权杖时有以下优势：一是不存在文化的冲突和适应问题；二是不存在上级组织对你进行考验的问题，否则也不会派你来；三是不存在试用期问题；四是不存在互相完全不了解问题，包括突出问题；五是积累了一定的资源，包括人脉资源，工作起来会有相应的资源支持。

当然，同空降经理人相比，轮岗经理人也有不足之处。一是你在公司组织已有一段时间,难免会积累一定的人情关系和恩怨。尤其时间长后，会有错综复杂的人际关系，这会给行使权杖带来一定阻碍。二是大家比较了解你，有时对你行使权杖也是障碍。

要注意的是，轮岗经理人虽然对企业情况有所了解，但毕竟对新岗位的许多内部情况还欠了解，或了解得很片面。当不了解具体、全面的情况时，舞动权杖很容易出错，让自己陷入被动境地，影响到自己日后的权威。

所以，作为轮岗经理人，在行使权杖时应该扬长避短，对不了解的事情和拿不准的事情不要轻易动。轮岗经理人针对看准的事情才动，动则全力以赴，使其成功，积累自己的权威。这是经理人舞动权杖的基本原则。

（3）上任初期要虚实结合

轮岗经理人上任后，权杖有两种舞法：一是实舞，二是虚舞。

实舞是针对具体的一件小事情，看准了大胆下手。做一件具体的小事情，并把他做成功，然后放大这件事情的效用，起到模范和警示作用，从而树立自己的权威。

虚舞是指文化方面的导向作用。不针对具体的事情和具体的人，只是轮岗经理人倡导什么精神和文化，要在团队中激励什么、鞭策什么，都要明确地表示出来，并要在不同的场合反复讲，放开讲。这是作为经理人话语权的充分体现。通过各种形式的宣传、倡导，形成一种文化氛围，这样，便于团队组织向着自己希望的方向发展。当然，虚舞也可能是上级领导或组织所指示和希望的，上任之初虚舞一下，也算是贯彻上级和组织的精神。

虚舞和实舞最终要相结合。虚舞尽管没有明确指向谁，但一旦谁冒犯了这种文化，就应受到严厉批评。经理人可以利用手中话语权来进行批评教育，这样就把虚舞变成了实舞。如果仍有人或多人违犯，还可以把这些文化以制度形式实实在在地固定下来，把虚的文化变成实的制度。这是经理人利用制定规则的权力达到强化某一目标的目的。如果形成实的制度后谁再违犯，那就毫不客气地利用手中的处罚权进行惩处。在虚实的结合中，一步步建立自己的权威。

最实的东西还是拿业绩说话。如果是大区经理、事业群体的经理、各子集团的总经理、子公司的总经理等，就必须进行实实在在的业务运作，把业绩指标做起来，把管理工作做好。如果是纯粹管理机构，那就改善团队的工作作风，把各专业的管理指标做好。只有把业务做好了，才能充分体现出经理人的价值，上下才会满意。

（4）前半年是轮岗经理人的关键期

轮岗经理人权杖挥舞时遇到大问题，通常是在上任后半年。如果操作得好，轮岗经理人在前三个月就会有业绩，此后业绩会呈逐渐递增的态势。到半年以后，情况基本摸清了、理顺了，权杖挥舞起来就没有什么大的障碍了。所以，轮岗经理人如果能在上半年进入轮岗状态，一般到年底会有不错的“收成”。相反，轮岗经理人如果半年时间还没有起色，一般来说就没有什么大的希望了。所以检验轮岗经理人成功与否的时间段,一般就是半年。如果是纯销售的岗位,将工作理顺所需的时间会短些;而管理机构的轮岗经理人,要想把管理理顺,一般得半年。当然,轮岗经理人要想做出大的业绩,一般就得一年以后。

轮岗舞权有何禁忌

(1)忌绞尽脑汁揣测上司意图

有些经理人一旦要轮岗,不是努力把心思用到新岗位,而是绞尽脑汁去揣测自己轮岗的原因。这样,不仅活得太累,而且没有意义,因为你很难揣测出老板究竟是出于什么用意来轮岗的,而且老板的想法也每时每刻都在变。作为下属,如果天天揣测老板的意图,那什么事情都甭干了。

(2)忌一上任就出“大手笔”

轮岗经理人上任之初,一般要沿袭前任经理人的做法。即便在工作中发现问题,前任经理人也给你交了底,上司老板还给了你尚方宝剑,你也要自己亲自观察验证,不要轻举妄动。因为你不是“钦差大臣”,干完就走,而是现场的“父母官”,你要陆续收拾后事。所以,即使改也要找准机会切入,千万不要刚上任就风风火火改这改那,改来改去,好像前任经理的一切东西都是错误的,就等着你来力挽狂澜。如果前任一塌糊涂,早就处分免职了,而不会是轮岗。因此,对前任经理的成绩还是要肯定。如何肯定?就是要沿袭前任经理留下来的东西继续往前走,要改也要在悄无声息中改变,从改变具体的一件小事情入手。当然,虚的文化你可以倡导,那是组织赋给你的权力。而实的,如改变规则的权力、奖惩的权力,用起来要慎、稳、准。不要大范围、大手笔、大动作、大刀阔斧地用权。

（3）忌随意乱批示

轮岗经理人上任之初往往会遇到这样一些问题：有些副手或下级经理拿着报告、条子等来找你批，怎么办？不批吧，这些人讲得清楚明白，理所当然、天经地义；批吧，自己确实不了解情况，犹豫彷徨时，等着请批的人开始鼓噪弄舌，也许你心一软或一时激动顺手就批了。其实，此种情形下你批准很可能是个错误，会搞得自己很被动。怎么办？刚上任，不仅自己的口要贵，笔也要贵，就是不能轻易批东西。你可以很客气地告诉请批的人：您先放这里吧。无论对方催得多急，都要给自己留下了解实情的时间。但也不能一味地拖时间，重要的报告、支出可以和前任经理通个电话，了解一下情况，也可以分别找有关的部门和人调查询问一下。还可以召开与此相关的会议，大家研讨一下。总之，是合理的东西，就不用担心调查了解讨论，不合理的东西或投机的东西一戳就破。

（4）忌对违纪者轻描淡写

轮岗经理人新上任遇到违纪的人，有些经理人自信不足而不敢处分，轻描淡写。这样，公司的很多制度都会很快遭到践踏。所以，对公然违反制度的人要坚决按制度办事，不要手软。如果有意见，可以就此召开讨论会；制度错了，可以改制度，但违反制度一定要惩处。

（5）忌与挑衅人当面对抗

一个组织只要人一过百，什么形形色色的人都可能有。也许你低调行事，你谦虚有加，但偏偏在某一场合冒出一个挑战你权威的人。形式也许稀奇古怪，令你防不胜防，而且你也不知道什么原因，不知道此人是什么背景，出于什么目的，怎么办？这时如果你怒不可遏，当面和他争吵起来，结果通常会很糟糕。因为对方是在暗处，是有备而来，而你仓促应战，败得也许会很狼狈。这种情况下，你应该克制自己的情绪，以居高临下的姿态，有理、有力、有节地回击对方，并控制住局面，利用大家的力量震慑住挑战者，然后继续推行既定的计划，相信事后肯定会得到比较妥善的解决。凡是公开场合这样挑战你的人，要么是受人指使，要么是缺心眼儿。

（6）忌和老板嫡系直接冲突

曾经有一个经理人朋友轮岗上任后，要赶走老板系列的人，我劝他千万不要这样做。该经理人不听。几个月后，当我又见到他时，他正由此“遭灾”躺在医院里，懊悔没有听我的，并发誓说再也不进家族企业了。

轮岗经理人最头疼的事情，就是不知道如何和老板的家族故旧系列打交道。有些经理人自诩六亲不认，一心只想把业绩做好，公开挑战老板系列的人，先是讨厌他们，继而是欺负他们，然后是利用制度和手中的权杖惩罚他们，逼他们走，其结果可想而知。这是那些“青苹果式”经理人的作为，还不成熟。这些老板系列的人能力当然不如轮岗经理人，但能力不行，并不等于对组织没用。许多经理人会认为这些人起负面作用，此言差矣，因为老板不这样认为。只要老板没有指示你赶走这些人，你就不要自作主张。

正确的做法，第一是不能威胁到这些人的生存，这是底线。第二要尊重这些人，这些人对企业的贡献也许比你经理人大，因为创业阶段这些人就是与老板一同打拼过来的。为公司发展做出过贡献的人都应该受到尊重，经理人应学会这么看。第三，做出成绩，让这些人认为你是有能力的，让他们佩服。第四，要利用这些人。这些人用起来还是有很大价值的，起码熟悉企业的各个方面，甚至在老板那里比你经理人说话还管用，对经理人开展工作是有帮助的。至少，他们不说你的坏话，对你就是一种帮助。

（7）忌轮岗瞻前顾后

经理人往往认为自己轮岗后的岗位和自己的职业发展方向不一致，而一直犹豫不定，既影响到自己的职业发展，也影响到公司的利益。怎么办？其实对经理人而言，虽然专业性很重要，但只要跨行不太大，多轮一些岗，对自己的专业是有帮助的。当经理人真正到了岗位以后，往往会发现自己有很大的潜能。

20

扶正经理人如何舞动权杖

副职扶正，经理人更容易出错，因为看似一小步，实在是职业一大步，稍有不慎，便会功败垂成。身为副职有八大尴尬，为什么还会存在副职？副职一旦成为正职，虽然尴尬不再，但面临的劣势如何消化，如何有效舞动权杖？

作为副职，在岁月的煎熬中苦苦等待，终于等到了“扶正”的时候，坐上了正职的交椅，开始行使一把手的权力。然而，“扶正”经理人往往很快会发现正职并不是自己身为副职时想象的那么好干，甚至出现了短期的不适应，尤其是对权杖不适应，不能得心应手地挥舞权杖，要么挥舞过头了，要么挥舞不开。这是什么原因？副职“扶正”后，该如何挥舞权杖？

副职存在的六大理由

副职经理人在职场中是普遍存在的。为什么会存在副职呢？大概有以下六大原因。

一是建立干部梯队。副职可以作为储备经理人用。

二是作为辅助。正职经理人不是十全十美的经理人，副职经理人可以起到互补和辅助的作用，比如：老少搭配，男女搭配，技术和经营搭配等等。

三是为了考察。上级想用又拿不准，于是先放到副职的岗位上考察一段再决定如何安排使用。

四是起到分权的作用。正职经理人不能大权独揽，可以安排副职主要负责某一方面的工作，甚至可以安排多个副职，分别负责某一方面的工作，起到分散权力、控制风险的作用。

五是用来相互制约。副职安排是各种利益制衡的结果，是某一方面斗争的需要，起到监督和代言的作用。

六是纯粹的“人事安排”。比如：此人有某些背景，或者老资格，或者只是临时放在这里。这种情况通常发生在非经营岗位或不重要的岗位上。

身为副职的八大尴尬

作为副职又往往是尴尬的角色，其中有八大尴尬。

一是常规情况下只为正职做参谋而不决策，执行组织的决策又不承担责任。无论自己多么努力和智慧，出了成绩是正职的，有什么失误也是正职的，自己最多是个配角。这两点中间层的副职表现得最为明显。

二是虽然副职也是领导者，但无论大小事情，只要是工作，又往往必须向正职打招呼汇报，如果不打招呼总是心里不踏实。

三是正职犯糊涂时，或者看不上正职的做法时，作为副职最多只能提建议，而不能指责和批评。

四是正职如果没有被提拔，自己升迁的希望就比较渺茫。无论什么原因，副职的提拔都不可能快到哪里去。所以正职往往成为副职升迁的最大障碍。

五是副职在升迁时，正职的意见又成为很重要的参考。如不和正职处好关系，副职的升迁往往就会受到阻碍。如果和正职关系搞得比较僵，上级认为你这个副职不好相处，谁也不敢用你，更难以得到“扶正”。

六是副职和正职关系太密切时，又可能成为利益共同体。当正职倒霉时，副职往往跟着倒霉。即使不倒霉，也容易被别人划到一条线上去。

七是如果副职不止一位时，往往又存在着副职之间的竞争较劲问题。

八是副职手中没有权杖，如果有也只是正职临时授予的，或者说是正职不在岗时临时行使一下代理权，一旦正职回来后，又得交还正职。因此行使临时代理权时，大家有可能不听你的。

所以作为副职，角色往往是非常尴尬的。如何拿捏好，是职业生涯成长中至关重要的一环。

作为副职一旦“扶正”,同空降经理人和轮岗经理人相比具有以下优势。

一是了解原来的组织规则，不用进行任何培训。

二是了解组织的文化。身处副职这个特殊的岗位，经理人对管理层和基层的文化都可能有比较清晰的了解。

三是了解组织内人与人之间的关系。副职很容易了解到组织成员间的人脉关系，尤其了解非正式组织脉络关系，很有可能自己就是非正式组织的一员。

四是了解主要组织成员的性格、特长、能力。如果组织成员在二三十人以内，他可能了解每个人的性格特征。

五是了解组织中存在的诸多矛盾与问题，因为身居副职有时候看得更清晰明了。

这些优势对权杖发挥作用都有积极帮助，但同时，“扶正”经理人也有四大劣势。

一是组织成员对你了解比较全面，包括你的性格、为人、生活工作习惯等等，完全没有陌生感。

二是大家对你较为熟悉和了解，导致组织成员对你没有敬畏感，也就是说对你的权杖没有敬畏感。

三是某些组织成员在你接到权杖之前往往和你有感情，而这种感情关系是权杖最大的软化剂。

四是在副职岗位上和某些组织成员形成了非组织性的利益关系，这些利益关系会对自己秉公执权产生极大的腐蚀作用。

“扶正”经理人行权常见病

鉴于做副职的以上尴尬因素，副职往往在私下嘀咕：我要是做了正职，就怎样怎样，决不像谁怎样怎样等。于是有些副职常常设想着自己做了正职后该如何处理问题，如何干出个样子来等。然而当副职真正做了正职时，又往往发现自己原先的想法并不可行；等开始行使权力，更很快发现正职并不是自己身为副职时想象的那么好干、过瘾，甚至出现了短期的不适应，尤其是对权杖不适应，权杖挥舞起来不能得心应手，要么挥舞过头了，要么挥舞不开。困难主要表现在以下三个方面。

一是自己讨厌前任正职的某些做法，当自己试图改变这些做法时却发现行不通，新的问题很快产生。

二是自己很好的朋友这时不听自己的，自己很客气地请他们做事，发现他们懒散得很；自己命令他们做事，发现他们反而冷嘲热讽。

三是曾同为副职的人存心和自己捣乱。过去大家都为副职，无论是表现得一团和气也好，矛盾重重也好，终究彼此的制衡天平相对是平稳的。而你一旦“扶正”，这个天平就迅速倾覆了，往往会立即招来嫉妒甚至仇恨，至少曾经同为副职的同事心里会不悦，在工作上不尽力、不配合，甚至公开对抗。

那么，作为副职在“扶正”后，该如何舞动权杖呢？

“扶正”经理人行权三部曲

第一部，沿袭前任正职的做法。

作为副职经理人“扶正”后，切忌否定前任经理人的一切做法。尤其要注意不要一下子否定自己在副职时认为不正确的做法。比如：有的副职经理人认为前任经理人过于霸道严厉或过于软弱，对某些操作流程、制度、文化等有看法，自己上来就要改变现状，这是大忌。前任经理人之所以那么做，是有他的道理的，是长期选择适应的结果，只是你不了解内情罢了。如果上来就贸然改变，就等于改变了制度结构和文化结构，组织就失去了平衡，很有可能出事，因为一上任就打破这种大家已经习惯的制度及文化，必然使大家不适应。正确的方法是沿袭前任的做法，继续前行。如果需要改变，则在行进中悄无声息地改变。

也许我们会经常看到听到某些成功的“操作案例”，说是新官上任就如何如何，取得了大家的一致赞同，得到了大家拥护，获得了多好的效益。如果是听来的，那一定是“演绎”出来的美丽传说；如果是从图书、影视作品中看到，或者是课堂上老师讲的，那是“提炼升华”出来的太平盛世，是艺术作品的需要。更有可能是艺术创作者本人就是位被管理者，是站在自己的角色进行“逻辑”推理出来的。作为副职“扶正”，若真像影视艺术作品中所说的那样大刀阔斧地改革，那就不是正常的扶正，而是“造反”，是“革命”。这些造反和革命性的举措，对企业正常的运营来讲，是有极大伤害的。所以作为“扶正”经理人在舞动权杖时，要尽可能沿袭前任经理人的做法。越是过去在副职的岗位上认为应该改变的，“扶正”后越要谨慎和坚持。因为你的身份变了：过去你不舞动权杖，你只是听命于权杖、服从于权杖的。一旦自己舞动权杖，那就不能只考虑服从于权杖的人，应该多方位地全面考虑，尤其要考虑整个组织的利益。这就叫“在其位，谋其政”。

第二部，在渐变中完善和发展。

作为“扶正”经理人，并不是说上任后就完全继承，一成不变。变是绝对的，不变是相对的，忌讳的是疾风暴雨式的变。作为企业，重要的使命是赚钱，是维持企业的赢利，而不是搞运动。偏离了这一目标，就有可能把企业葬送。所以，作为企业不是不变，而是讲究如何变。只要变，就会涉及经理人权杖运用的问题。正确的做法是在大家不知不觉中完成了改变，而且是经理人正确地舞动权杖引导大家主动地潜移默化地变，向着有利于企业生存和发展的方向改变。所以作为“扶正”经理人在挥舞权杖时，应主导组织渐变，而不是突变。

第三部，在发展中形成风格。

作为“扶正”经理人，在遵从组织规范、流程和企业组织大文化的前提下，应该有自己的特色。这些特色应该是在自己日积月累的工作中形成的工作风格。没有特色，权杖也可以舞动，但舞动起来就没有个性。每个人都有个性，每个人都有自己独特的舞动权杖的技巧和方法，而这些就形成了一个企业的文化特色，或局部的文化特色。当然，企业大的文化背景和规范是要保持的，“扶正”经理人可以在制度框架范围内舞动组织赋予你的权杖，把自己的聪明才智发挥出来，应用到对企业发展有利的方向上，促进企业的健康和谐发展。

“扶正”经理人忌走两极端

“扶正”经理人布置完工作后，要放手让下属干，不要插手，但要及时跟踪反馈，防止走两个极端。

一是还像副职那样盯具体的事情，而忽略了整体。因为你盯住具体的事情过多，就可能没有时间和精力顾及整体的事情。二是放手给下属干以后，不及时追踪反馈。因为作为正职，你是这一团队责任的承担者，而其他人都不承担责任。上司追究起来不会因为你的下属出错误，而原谅你的过错。所以应该及时追踪和反馈，建立有效的跟踪反馈机制。

“扶正”经理人一大纪律

“扶正”经理人，要言行恰当，与组织成员保持适当的距离。过去做副职时，自己的言行还不是那么重要，你可以随便议论一些事情，可以比较随意地与大家一起聊天。但“扶正”后就不同了，你的身份变了，角色变了，自己随意的聊天和议论有可能被当成方向性的东西，因为你有决策权了。所以，不能再像以前那样，要注意自己的角色和身份，适当注意自己的言行，否则，你无意的话语就有可能误导某些组织成员。如果和部分组织成员亲密无间，让一部分组织成员产生优越感，会让另一部分组织成员产生距离感，形成对组织不利的非正式群体。当然，这并不是反对你亲民的工作作风和组织文化特色。

“扶正”经理人一般情况下都至少要犯一次愚蠢的错误，无论是因为不经意，还是因为自作聪明。“扶正”经理人由于角色的转换导致心理的变化，而这个转换一般情况下都要付出成本。权杖是有重量的，舞动它就需要付出成本，也就是犯下愚蠢的错误。即使睿智如诸葛亮，在刘备去世后还犯了一次错用马谡、痛失街亭的严重错误，所以，“扶正”经理人还要做好在谨慎小心中依然出错的心理准备，而不要一出错就乱了方寸，失去自信。

21

VUCA时代，职业经理人如何舞动权杖

近年来的经济下行、全球贸易战、新冠疫情，给企业带来了诸多不确定性，谁也不知道明天会发生什么。那么作为企业的经营管理者，在这不确定的VUCA（乌卡）时代，该如何舞动自己手中的权杖，担当起企业的大任，确保组织活下来，活出样来?

总经理决定春节员工不放假

首先，敏感认知预判。有位企业老总，2020年1月中旬在香港出差，发现港媒关于武汉疫情的报道铺天盖地，于是1月16日回京后，立即召开经理办公会研究对策，根据他们企业的业务特点，制定了员工在单位过春节的决定及预案，尤其湖北人不能回家过年，同时做好全国各地在单位过春节的全部准备。刚开始员工激烈反弹，抗击声强烈，好多员工都定好了往返票。当1月23日政府决定封城，大家一下子安静下来，庆幸公司做了这样安排。这是一位市场化企业总经理的敏感及预判。事后大家非常佩服这位老总的魄力和担当，董事会给予了高度赞赏。

降本，乌卡时代的保命符

乌卡时代，企业经营惨淡，销售下滑，利润下降甚至遭遇亏损，尤其新冠疫情突如其来，很多企业颗粒无收，只出不进，关键是也不知何时是个头。面对这样的未知环境，作为经理人该如何舞动权杖，带企业在乌卡环境中坚守屹立？无非是降本增效。

如何降本

2020 年的新冠疫情期间，很多企业采用了极端的做法，只考虑合法，而忽略了情理，结果大幅度减薪、裁员或变相裁员，虽然合法，但疫情稍微缓解后，员工一边闹一边告，搞得公司鸡犬不宁，对正常的复产工作带来了巨大的干扰，雇主品牌也受到影响。作为职业经理人，一定要明白人力资源工具有四个：情、理、法、义。不能仅拿法说事，一定要四种工具综合运用。

常规的减薪与裁员利弊分析

裁员与减薪是企业遇到经营危机时普遍采用的方法。裁员还是减薪，究竟哪个方法好，因企业实际情况而异，原则上裁员要比减薪好。普遍减薪的结果，走掉的一定是优秀的；裁员是有针对性地裁，留下的是一般都是企业用得着的、相对优秀的员工。但裁员也会带来士气低落，留下的员工会担心自己也有被裁的那一天。裁员还会带来其他麻烦：员工批量离职，交接不完整，给留下的员工开展工作带来麻烦，从而怨声载道。

乌卡时代，减薪是常事，关键是如何减薪。通常的做法是，高管带头减薪，减的幅度大些，越往下减得越少，甚至到最基层不减，因为越往基层，生存压力越大。其实，这也是变相地让优秀员工减薪，如果这样操作，保护了弱者，但企业的中高管也会动摇，观察是否有好的机会，等于走掉的还是优秀的；如果普遍减薪的话，中高层也会有意见，直接影响团队的士气。有些企业采用志愿减薪的方式。这会带来减和不减的不公平，但怨言相对少些。

无论是裁员还是减薪，在乌卡时代，尤其新冠疫情下，企业往往会背负道德风险，尽管你的操作都完全是合规合法的。

更温和的做法

上面分析了裁员减薪的利弊。作为手握权杖的经理人，在不确定的时代，还握有更多的人力资源工具，能够达到比裁员减薪更好的效果，前提是对劳动法要了解得很清楚，灵活运用。

比如说对确实因外部环境变化而没有实质工作的员工，如疫情暴发后的航空旅游业、餐饮业，可采用中止合同或停薪留职的办法，一旦环境发生变化，产生了工作需求，可通知员工来上班，这样工龄不断，社保不断，员工可享受大病保险以及购房、购车的资格需要。当然，现金条件充裕，还能发扬人道主义，给在家待岗的基层员工发些基本生活费。疫情确实导致很多行业性全面休息，这也体现了组织温暖。诸如此类的方法有的是，很多专家讲得很多，可以借鉴。

巧用绩效考核，实现员工和企业双赢

绩效考核调整是企业正常的手段。平时企业如果调整绩效考核办法，大家会意见纷纷；乌卡时代，相对容易达成共识。压缩固薪，加大绩效部分，且把绩效部分的考核要素做调整，重点考核结果，前提是员工尽全力能完成。新冠疫情来临时，腾驹达猎头业务单子还是有的，但大家都蹲在家里不能上班见人，这时公司就及时调整绩效考核结构，固薪部分不动，调整绩效部分结构，平时只考工作量，此时把工作量和工作结果结合起来考，还把工作结果部分乘以系数，如果有结果的话，拿的比平时还要多。这样的绩效考核，使那些积极主动全力以赴干活的人，收入反而比平时还多，而那些努力程度不够的人，或根本不努力的人，收入就比平时少了。这样的考核方案，可以起到奖勤罚懒、调动积极性的作用。当然这样做，要合乎劳动法的基本要求，程序要合规。

还有更多降本空间可挖

乌卡时代，顾名思义，外部环境变了。外部环境变化，必然引起内部环境的变化，导致很多过往的已有的东西或是彻底没用了，纯属浪费，或是用处不大，处于低效状态。然而，这些没用或效用很低的东西，公司照样支付着费用。为什么没有人及时提出呢？铁路警察各管一段，每个条块的负责人都是为完成自己的工作，并不能完全站在公司整体的高度考虑问题。新冠疫情来临，我公司专门召开了一个降本会议，最后发现N多年前很重要的东西，到现在根本没必要了，比如说32条电话中继线。随着移动互联网的普及应用，员工几乎不用座机打电话，把通话记录调出来一看，很少人用了，然而每个月固定费用一直在支付，这种情况延续了至少五年，浪费了几十万。于是公司立即调整，减掉中继线，留几部座机和传真就可以了。再说传真，现在几乎不用了，用微信下载方便极了，传真机只是简单的打印机。还有很多过去付费的东西，互联网时代，到处都是免费的。

降本也是提效，一举多得

类似的情况有很多，作为手握权杖的经理人，平时应该定期盘点，防止浪费，有效降本。福利在企业文化建设上用得比较多，比如传统的为员工送生日蛋糕等方法，不仅太 low 了，也没有什么积极效果，但很多公司 N 多年前制定的费用支出项目一直保留着，变成了某些部门主管一项权力，甚至是腐败的机会。这就是很多公司砍不掉福利的原因：不是员工不同意，而是触及某些部门的利益。比如，有些公司在员工生日时发礼品卡，报销生日聚餐费用等等，都疫情了，员工都在家不上班了，还发什么礼品卡，报销什么聚餐费用？公司亏损着，某些部门主管腐败着。所以趁外部环境变化，内部赶紧研究，把那些过时没用或效用低的项目统统砍掉，优化制度流程。这样也可以把无效的工作砍掉，冗余的工作岗位去掉。瘦身，也是健身，公司轻装上阵。如果是一家成立十年以上、数百人规模的公司，这种冗余性沉没成本是惊人的，只是经济上行的时候，老板不介意，高管没留意，其实，成本一直发生。现在削掉这些冗余成本，不仅是降本，也是增效，更是提升内部循环、增强效率的好时机，一举多得。

当然，这种盘点还有一点要注意：重点不是简单的节省，而是用最现代的工具和方法来节省人力成本，提高工作效率。五年前采购了一款软件或设备，每年支付着服务费，五年后，市场上免费的这些工具设备有的是，而且质量更优，效果更好。大家集体开会，调研研究，来最大限度地降低办公成本，降低费用支出，甚至可以收费来满足服务。共享时代，这种免费服务有的是，甚至给钱服务的也有。

努力寻找新的经济增长点

VUCA时代，除了前面讲的降低人工成本和行政办公成本外，作为企业组织的负责人，还应积极主动出击，开展经营工作。新冠疫情期间，传统的企业销路没了，多少企业抓住时机，利用网络直播带货，销售反而大增，这就是抢占先机。身边有个卖席梦思床垫的老总，疫情初期，充分利用网红直播效应，精心策划，全体动员，销量一下子大增，当月完成了过往将近一年的销售。平时还没有这么多顾客，而疫情期间因为大家都蹲在家里，睡觉比较多，才注意到睡眠质量问题。改善睡眠质量的床垫一下子赢得了消费者，大家赶紧换床垫。这就是危机中的机会，时机抓得太巧了。

逼企业整体升级换代

当然，疫情期间，很多企业的生意，也都从线下转到了线上。过往以为线上销售只是互联网玩家的事情，这时被逼得都成了线上销售专家，发现销售成本大幅降低，利润大幅提升。原因是过往大家都习惯于线下，疫情期间，线下无法实现，只能线上了，所以全员都学会了线上操作。就好比过往都是坐汽车到拉萨，现在路不通了，只得改成飞机，发现坐飞机比坐汽车效率要高。腾驹达猎头的一些餐饮客户，疫情期间，销售不降反增，原因就是增加了线上销售和外卖服务，线上的外卖服务很简单，免费软件有的是；疫情期间还学会了用企信来管理销售经理，一下子把困扰企业20多年的客户经理销售信息无法归集的事情解决了。

当然，疫情期间，还有很多企业利用资源和互联网工具开展了代销经销业务，增加了利润增长点。

与老板行权的冲突

经理人和老板的冲突形式有很多，冲突的根本原因是什么？其实是舞台之争。

外行看热闹，内行看门道。任何职场人在组织中的追求都有四个方面：饭碗、舞台、成长、归属。老板也是组织中的一员，他也有这四种需求。其中，冲突最大的就是舞台的需求，表现在形式上就是对组织的影响力，比如专业影响力和文化影响力。经理人空降到一个组织，不会一下子有影响力的，哪怕你是盖茨、韦尔奇。只有你融入团队，带领团队打了胜仗后，才会渐渐有影响力，而这个影响力过大时，就会与创业老板的影响力发生冲突，于是经理人行权就与老板行权发生了冲突。

本章告诉经理人避免权杖冲突的办法：让既有文化润泽你的权杖，莫让官僚主义侵蚀你的权杖，规避权杖膨胀；面对老板的插手如何巧妙应对，千万不要试图证明老板是错的，不然老板会收回经理人的权杖；并且以案例分析的形式提醒经理人，股权都是软化你权杖的，请你做大股东那都是陷阱。

1

空降经理人，让既有文化润泽你的权杖

经理人一上任就改变文化，其实就是直接与老板冲突，因为企业文化的核心就是老板文化，如果强行改变文化，往往会将经理人与企业一同引入深渊。文化如风如水，一个组织的文化一旦形成，绝非经理人一人之力能够改变的，唯一的做法就是改变自己，融入企业。经理人空降企业后，要想发挥好专业能力，文化融入起着重要作用。本文告诉你如何融入企业文化，如何让企业文化润泽你的权杖，让权杖发挥作用，同时告诫经理人带领团队成员打了大胜仗后，要警惕形成盲从文化，因为盲从文化会导致与老板权杖的冲突。

文化如风、如水。如风，风化权杖，力量渐失；如水，水润权杖，永葆助力。

同样是企业文化，对空降职业经理人的权杖却可以起到完全相反的作用。融入了企业文化，企业文化就能助推权杖发挥效用；不能融入企业文化，企业文化就会将权杖风蚀。

空降职业经理人虽然从老板那里获得了权力，然而在使用权力的过程中往往别别扭扭，虽然也出些成绩，但对企业总有陌生感，权杖虽然

在手，但总感觉不踏实，随时有滑失的危险。究其原因，是空降经理人融入企业文化深度不够，不彻底、不全面，这也是职业经理人不职业的一个表现。

空降经理人的文化误区

在日常工作中，许多经理人在使用权力时，以为只要做到充分授权，把权力分解下去，把对应的责任、利益界定清楚，然后坐等着下级的喜报就是了。其实，现实并没有这么简单，等来的很可能是麻烦。还有的经理人非常懂得激励下属，然而团队的绩效仍不理想，根本原因是什么？有的归因于员工素质差，有的归因于老板插手，有的归因于资源不够，有的归因于项目不好……但事实并非如此。

根本原因就是经理人不能融入团队，把自己置身于团队之外。经理人不能融入企业团队文化当中，主要有三方面原因。

（1）心浮

经理人空降到一家企业后，尽管团队归自己领导了，但心理上还没有适应下来，还停留在过去的文化当中，总想拿原公司的文化习惯同现在的比，在心里比来比去，根本就没有深入进去，所以心浮。

（2）身飘

经理人进去一段时间以后，经过比较，发现这里的企业文化同过去自己习惯了的企业文化相比有诸多缺点，于是不认同新的企业文化，自己也明白这样的文化其实自己改变不了，又担心时间长了自己会被污染，所以自己时刻想溜，但暂时又没有可去之处，怎么办？就保持一种出淤泥而不染的清高状态，尽管自己也天天鼓励员工拼搏奉献，但自己像进了疫区一样戴着口罩工作，惧怕与企业有更多更深层次的接触。这叫身飘。

（3）冒进

有些经理人，进入企业后发现企业的文化习惯与自己的行为习惯不一致，就认为不好，就该改变，于是利用手中的权力大胆地变。尽管自己天天大讲特讲，各种制度轮番出台，甚至大换员工，结果却是一团糟。根本原因就是团队成员无法适应你的新文化，想反抗又不敢，但心理上是抵触和反抗的，表现在行为上就是磨磨蹭蹭、拖拖拉拉，继而团队内许多人会心领神会地默契配合，来证明新来的领导是错误的。试想团队成员团结一致来证明你是错误的，你能做出好的成绩吗？这叫冒进。冒进的典型案例举不胜举。

上面谈到的三种对待企业文化的错误方式，都不可能给企业带来正面的效果。空降经理人，如果自己不能融入企业文化，飘浮在上面，与团队两张皮，这时企业文化就如同风一样，看不见，摸不着，却时刻侵蚀着你的权杖。

融入文化，权杖才能有力

所以，作为空降经理人，当你要激励员工，让员工出绩效时，首先应让你自己融入企业文化，自觉接受企业文化的熏陶和激励。只有自己认同企业文化，被企业文化熏陶和感染，才能激励下属。否则，自己都不信，还能让下属信？自己都不能被激励，下属如何被激励？不能被激励的团队，又怎能出成绩？

那种不管三七二十一，上来就想改变企业文化，甚至利用手中的权力来恐吓团队成员按自己的习惯行为办事的做法，实属法西斯作风。试想，处于恐惧状态的团队成员又怎么能被激励？不能被激励的团队成员又怎么能出成效？

空降经理人并非不能改变既有企业文化，但那不是简单地靠权力能立即做到的。当你完全融入团队，带领团队成员创造好的绩效，团队成员被你的影响力所吸引和聚集，当你成为企业的强势群体之后，企业文化才能自然而然地打上你的烙印。

空降经理人融入企业文化四要

如何融入企业文化，涉及职业经理人的职业素养问题。

职业经理人的职业素养＝职业道德＋职业修养。

其中职业道德主要包含“责任”“忠诚”两方面；职业修养包含着一个职业经理人个人的文化。一个优秀职业经理人的文化应该是阳光的思维，健康职业的心态，全力以赴做事，有客观准确的自我认知，善于学习，富有团队意识，并能及时总结。

经理人要想融入企业文化，首先应该具备良好的职业素养。如果经理人有了良好的职业素养，自然也就会按如下步骤来做。

（1）要首先肯定企业既有文化

职业经理人的威信不是靠自己板起面孔大吼两声就有的，主要是靠自己带领团队成员持续不断地打胜仗来培养的。一旦不能带领大家打胜仗，自然也就没有威信了。有些经理人一上任就试图把自己的文化带入到组织当中来，约法三章，大家应该如何，不应该如何……这是没有任何效用的。

作为空降经理人应该这样看：尽管新加盟的企业有诸多不是，但毕竟企业能活到现在，为什么？存在即有它的合理性。作为一名空降经理人，应该首先明白这个道理，首先肯定这个合理性，肯定企业原有的文化，才能对企业的一些既定做法不感觉别扭。

如果你看不惯这些做法，上来就改，其实就是在改变企业存在的合理性，这对企业意味着什么不言而喻。现实中许多中小企业，就是在经理人换来换去的过程中，把企业原来存在的合理性改丢了，企业自然也就垮了。因此，经理人应首先肯定企业既有文化的合理一面，继往开来，只有这样，才能为自己适应企业文化奠定思想和情感基础。

（2）要学习企业既有文化中的合理面

作为空降经理人在肯定企业文化的基础上，还应积极地学习企业文化中合理的一面。这就像正规军到了游击队的地盘上，怎么都觉得游击队的做法别扭，不可理解。当然，游击队员进了正规军的营地，也会感觉正规军机械、麻烦，同样难受。其实每一个企业能生存下来，必然有其道理，游击队有游击队的活法，不同地区游击队的活法也不一样。新来乍到的一位司令官，无论如何也要首先学习组织原来的做法，只有把原来的生存之道学好了，学到家了，才能创新。如果游击队还没有学会保护自己，怎么谈得上打击敌人呢？所以，空降经理人应该首先学习企业既有文化中优秀的一面，真正吃透原来的企业文化，才能谈得上应用企业文化，才能适应下来，生存下来。

（3）要在学习后融会贯通，创新发展

空降经理人在学习和吃透企业既有文化后，才能做到知己知彼，这样做起事来才能有的放矢，才会有效果。因为只有学到了企业既有文化的真谛，才能够融会贯通、添加自己的思想，并能结合时代、市场形势的发展变化，去创新和发展，才能够带领团队打胜仗。只有打了胜仗，组织成员才能接纳你，主动听从命令，主动地被管理、被领导，形成真

正的团队，大家齐心协力干事情。在此基础上，团队才能持续地打更大的胜仗。只有打了更大的胜仗，大家才能真正地佩服你。只有大家都服你了，才会心悦诚服地认同你的更多做法。

（4）要实现个人文化和企业文化无缝对接

当组织成员认同你以后，也就认同了你的文化，你说什么大家就会听什么，你让大家怎么干大家就会怎么干。这时，你个人的文化也就自然而然地融进了企业文化。其实，这时你会发现：你的文化中本身就包含着企业既有文化的基因！因为经历了上述过程，你首先融进了既有文化，然后再加上自己的思想智慧，加上自己的个性特色，组织自然也就有了你的个性烙印，也就是实现了企业组织文化和你个体文化的对接。而这样的对接是无缝隙的，这样的对接是对组织发展有利的，而且对个人的职业发展也有积极的作用。

“不换思想就换人”之谬

很多空降经理人不仅不能做到以上几点，反而一上来就大刀阔斧，把自己的文化强加给团队，声称：“不换思想就换人！”有时，换了思想也会换人，因为只是某个成员和你对接了，而整个企业文化没有对接，他换了思想，反而不适应现有企业文化了，这是经理人的“强盗”文化逻辑带来的后果。

处于弱势地位的空降经理人，刚走马上任就想利用手中权杖强行让组织接受个人文化，弱者让强者低头屈服，这根本是违背逻辑的，不可能成功。有人会说，这样做的空降经理人也有活下来的；但活下来的却要以整个企业的巨大牺牲为代价。企业遇上这样的经理人，少则动荡三五个月，多则两三年。因此说，空降经理人一旦把个人文化强加给企业，最终的结果只能是三败俱伤：先伤组织成员，进而伤自己，最终伤整个企业。

警惕盲从文化的轮回

空降经理人还得防止走向另一个极端：当自己和企业文化对接，带领团队打了一个又一个胜仗时，便形成了绝对权威，企业内对经理人形成了崇拜，说什么都信，说什么都对，让干什么都行，这时的企业文化又走向了另一个极端——盲从文化。

一旦形成盲从文化，企业距离集体疯狂也就不远了，这也是企业组织最危险的时刻。其结果有两种：一种是把企业带向悬崖深渊；另一种功高震主，结果必然是经理人下课。而如果经理人在组织成员都处于盲从狂热时下课了，企业又必将陷入下一个大换人的文化轮回。而企业上下因为都适应了盲从文化，对未来的每一位新经理人都会以挑剔的眼光看。无论这个经理人多有本事多有名气，都很难动摇盲从文化在企业成员心中种下的地位和影响力。于是，“不换思想就换人”的文化轮回怪圈又将上演。

2

经理人，莫让官僚主义侵蚀你的权杖

当官不像官，做人要像人。官僚主义与市场经济的发展理念相悖。在以效率文化为主的企业组织内，官僚主义是罪魁祸首，因此，作为传统社会脱胎而来的中国经理人，当你进入一家企业后，千万注意不要让官僚主义侵蚀你的权杖。丢掉一切官僚思想、官架子，挥舞你的权杖，带领团队成员持续打胜仗。如果有官架子，不仅员工反感你，老板也反感你，因为老板不会认为你是官，老板也不认为自己是官。官是要架子的，商人是要票子的，有架子就没有票子了。

许多经理人尽管十分用心、用力，也学习并采用了许多领导方法和管理方法，仍是业绩平平，为什么？对此，经理人大都归因于外，认为是客观要素影响了权力效用的发挥，其实根本原因还在于经理人自身。

影响职业经理人权力发挥效能的核心问题有好几个，其中传统的官僚思想影响尤其突出。这一因素，不为很多职业经理人所注意，甚至是有些经理人自己一贯坚持的。但是它确实严重影响着职业经理人权力效能的发挥。

干部 VS 经理人，区别何在

传统的国有企业都是有级别的，从科级直到部级，统称干部；市场化的企业则根本没有这些级别，都是经理人。而现今很多经理人都是从机关和国企的“干部”转过来的，深受科层制文化影响，或多或少带着企业干部的官僚做派，而这些官僚做派必然会影响到企业文化，进而影响到企业效率。

国有企业干部尽管也经常被要求“先干一步”，但它的本性决定了他们什么都讲究级别对等，不然会认为跌份、掉架子。而企业经理人则要求时刻保持创业精神，和团队成员一道冲锋陷阵，甚至要求冲到最前沿，不讲究级别和做派，只讲究最低成本和效率最大化。跌份和掉架子是次要的，重要的是拿下业务单子，为企业带来收入和效益。

举一个例子：2006 年在北京大学举行的一次高规格的企业论坛结束时，有一位台上嘉宾是位著名的职业经理人，他在三四个跟班的簇拥下，气宇轩昂地离开了会场。当很多记者和嘉宾要跟他换名片时，他仅一句“对不起”就全给打发了。这就是典型的企业干部。大家猜一猜，与其同台的几位企业家嘉宾又是怎样表现的呢？——直接在台上或后台，就和记者或台下嘉宾换名片了，有的还让秘书也一同帮着换。要知道，这些企业家都已经非常著名且有相当实力了。这就是企业经理人（目前很多企业家才是真正的企业经理人）的作风。

同样是参加会议，企业干部和企业经理人的表现何以迥异？因为企业干部讲究的是派头，而企业经理人讲究的是效益。经理人放下架子和台下嘉宾换名片，是希望交换到更多的信息，也许将来用得上。那企业干部为何不愿换名片？怕日后麻烦，还是彰显派头？也许两者都有。

一些经理人之所以不能带领团队做出很好的业绩，其根本原因就是干部做派十足，满脑子的等级思想，追求享受不同等级的待遇。这些待遇不仅体现在收入分配上，还体现在特权以及特权赋予的做派上。这些特权有的是组织赋予的，但更多的是自己利用手中权力私自配置的，目的是在内部团队里表现自己，在外部社交中炫耀自己。说穿了，还是几千年来的封建等级思想意识在作祟。

官僚制度VS官僚思想，谁更坏

官僚特权一旦形成制度，就会促使人们合理合法进而公开地向高级官僚“奋斗”。于是人们为了追求某个官僚位置，就会为标准而奋斗。要知道，这些标准都是过去的东西，而现实是丰富多彩的，结果便是人们为了得到某些利益和特权，会为这些僵化的标准而不遗余力，真正的实际问题反而很少有人关注，因为关注这些实际问题，在官僚体系里短期内是得不到好处的。试想，这样的企业团队有何战斗力？官僚一经制度化就会出现这一系列问题，掀起官僚运动，其危害可想而知。

官僚制度可怕，但如果官僚没有制度化，只是经理人有官僚思想，则更可怕。因为经理人就会利用手中的权力，无章可循地为自己搞特殊！于是，大家都会认为：看来不是位置重要，而是权力重要。于是，人们连官僚的标准路径都不走了，而会直接攫取权力。想要攫取权力而又没有客观标准，有人就会投机钻营，更没有人关心企业效率了。所以，官僚思想严重的人，比制度化的官僚体系破坏性更大。

所以说，官僚制度只是形式，随时可以去除；而去除官僚思想则非朝夕之功，这种思想会表现在日常工作生活的方方面面，以各种形式侵害企业的效率。

破坏制度才能树立权威

权力是什么？从权力的实施对象来说，经理人的权力可细分为管理权和被管理权，领导权和被领导权。

许多经理人在行使权力时，往往会出现这样的情况：只知道自己有管理权和领导权，不知道还有被管理权和被领导权，也就是说在执行管理权和领导权时只想到管理和领导下属，却把自己置于权力的约束之外。其表现就是俗话说的“只许州官放火，不许百姓点灯”，下属违反了制度，立即板起面孔处罚；自己违反了制度，就当事情没发生一样。有这样一两次之后，制度就成了橡皮筋。

有些经理人不是不能遵守制度，而是偏要违反制度，目的是用事实告诉员工：权力在自己手中，自己想怎么办就怎么办，员工要惧怕自己，要接受自己手中权力的约束和领导，不能有任何反抗。

事实上经理人要想用好权力，自己首先就要带头遵守规章制度，起到表率作用。曹操割发代首的故事之所以流传，就是因为组织成员都必须遵守规章制度，无论是谁都不能例外。但许多经理人做不到这一点。可如果你连这一点都做不到，还能做什么？

我接触过不少业绩平平的经理人，他们有两个共同的职业缺陷。一是不敢承担责任，极力躲避责任。作为主管都在躲避责任，员工更不敢扛责任，团队不出业绩是必然的。二是不能率先垂范，主观上不愿被规章制度所束缚，因为他们认为自己的工作是高级劳动。而经理人松一尺，基层员工那里就可能松一丈。有些经理人会说靠严刑峻法或培训员工自觉遵守，但是人的懒惰天性必然会导致任何没有监督执行的制度，都最终流于形式。所以制度一旦制定，经理人自己必须首先带头执行。只有自己接受管理，成为一名优秀的被管理者，才能去管别人，成为优秀的管理者。

官僚主义＝大企业病

企业只有彻底摒弃官僚思想和官僚作风，才能保证大企业像小企业那样鲜活和富有效率。当然，这并不是说小企业就没有官僚主义。只要有官僚思想的经理人存在，小企业也同样存在官僚习气。所以，无论你的企业大小,反官僚都是一项艰巨的任务。对于各级经理人而言，这首先是对自己天性的一种挑战，应当时刻保持清醒，防止官僚主义侵害。

反官僚不能走入另外的极端。反官僚并不等于吃大锅饭、搞平均主义。反官僚时容易一同破坏两大制度：企业的科层制度和晋升制度。

科层制度不等于官僚体系。科层制度只是企业组织架构的一种形式，是一种组织指挥系统和信息传输系统。科层制度虽然往往与分配待遇紧密相关，但企业内部的分配应该是以效率为主导，以效益为标准。分配的标准应是对企业贡献的多少，而不应该以科层制度上的岗位来决定。因此只有加大浮动薪酬部分，才能有效反官僚。

晋升制度不等于官僚体系。企业员工的晋升应依据对企业的贡献大小来决定。员工晋升可以有多条路径，不同的路径是为对组织内贡献不同的成员而设计的。官僚体系则是特权体系，有官僚阶层就会对企业的效率产生危害。

新兴互联网企业为什么吸引那么多青年才俊加入其中，拼死奋斗？一个重要原因就是现代互联网文化的氛围：平等,开放,分享,去中心化，去阶层化，扁平化管理，不见官僚。员工不用顾忌那么多形式上、流程上、面子上的事情，畅所欲言，效率优先，结果论英雄。新冠疫情带来组织的最大变化就是作业模式的改变，数字化已成为这个时代企业组织几乎唯一的选择（除非你是完全的国有行政垄断企业），对应的企业组织体系也发生了彻底改变，从科层制，到矩阵式（全球大工业化时代产物），到今天的平台式（数字化时代的要求），进而对应的企业文化也发生了本质改变，开放、分享、平等、包容，去中心化，效率优先，结果导向。只有这样，才能实现经营管理敏捷化的要求，才能满足自媒体时代客户需求。

3

如何避免经理人权杖膨胀

经理人的权杖从疲软到膨胀的轮回成为许多企业不能避免的怪圈。企业老板为了让空降经理人干成事，起初煞费苦心帮助经理人治理权杖疲软症，当权杖逐渐坚硬起来后，又冥思苦想、千方百计防止经理人权杖膨胀。经理人权杖一旦膨胀，会与老板的权杖发生根本性的冲突。

权杖的轮回怪圈

中国的本土企业无论是国有还是民营，往往陷入这样一种轮回的怪圈：经理人刚上任时，权杖疲软无力，执行力差，无奈之下，经理人不得不绞尽脑汁，斗智斗勇，掀起一场波澜壮阔的或拉拢或粉碎的人事大斗争。几个回合下来，经理人逐步培养起支持自己手中权杖的团队，在此过程中逐步建立起自己的一套管理关系，最后步入文化管理阶段。其间，其权杖由弱变强，渐渐失去监督和约束，并最终膨胀，出现经理人独断专行、个人私欲膨胀、企业孳生腐败等危害企业利益乃至生存的现象。经理人一旦离岗，新任经理人又不得不重复前任权杖从疲软到膨胀的轮回过程。这样轮回下去，反复折腾，会给企业带来极大的伤害。

权杖轮回的两大原因

是什么原因导致经理人权杖陷入如此不健康的轮回怪圈呢？主要原因有以下两个。

（1）关系和文化大于制度

中国传统文化中历来注重关系管理和文化管理，真正的制度管理往往不被人们重视。即使有了制度，也往往被关系管理所利用，被文化管理给冲淡了。大到国家法令，小到企业组织，人们的规则意识很淡漠。社会上广为流传的“归国留学生等红灯”的笑话，就充分反映了人们规则意识的淡漠。在这种大环境下，企业内部也很难树立起强大的规则意识。

上任初期，有权无势。经理人刚上任时权杖疲软无力，有权无势，下属对其开展工作的行为或是明目张胆地抵抗，或软磨硬泡，或观望。经理人处于弱势状态，这是经理人最累的时候：不得不自己当工兵，甚至不得不搞些权术斗争，培植自己的关系网络。通过粉碎老人的联盟，提拔原来不得志的人，调进新人等手段，经理人逐步培养起执行自己命令和意志的关系网络，企业通过关系管理来维持运转。

上任中后期，有权有势。在维持关系管理的过程中，经理人逐步建立起自己的一套管理制度，于是企业进入制度管理阶段。这种基于关系管理基础之上的制度管理，往往执行力超强，经理人权杖的效用非常好。于是经理人带领团队不断打胜仗，大家开始佩服这位核心经理人，其行事风格成了大家效法的榜样，企业进入了文化管理阶段。这种文化管理的基础是以某个经理人为核心的关系管理，这会造成超越制度之外的许多个人文化。以关系为导向的文化管理往往导致经理人权杖膨胀，使其实际权力超越制度权力，导致企业失衡。从一定程度上讲，经理人权杖膨胀后对企业的伤害，要比权杖疲软的危害大得多，因为经理人自身的决策错误、个人私欲的膨胀、个人的离职等都将给企业带来致命的打击。

离任后，无权有势。上述情况一旦发生，就会导致文化管理核心丧失，新上任的经理人将与原文化发生冲突、碰撞。虽然前任经理人不在岗位了，但他的文化影响仍将存在，处于无权有势的状态。“前朝遗民”极大地阻碍着新任经理人的权杖发挥效用，于是新任经理人又不得不通过搞关系管理，来培养自己的势。

（2）法人治理结构缺失或失效

中国企业正处于市场经济建立的过程之中，其法人治理结构往往不健全，即使有也通常只是形式。建立和完善法人治理结构，包括建立健全以下四种制度：股东大会制度、董事会制度、经理人制度、监事会制度，这四项制度相互作用，形成完整的制衡机制，对企业稳定发展和防范风险是非常有效的。然而，再完善的制度也是靠人来执行的。即使是曾在世界500强排名前几位的安然公司，也因经理人长期在岗位上用权过度，导致企业瞬间崩塌覆灭，更何况中小企业呢？

那么企业该如何规避经理人权杖膨胀的风险呢？

避免权杖膨胀的六大措施

企业要避免经理人权杖膨胀，或者说要避免经理人权杖出现从疲软到膨胀的轮回，应该从以下六方面来入手。

（1）查验经理人是否擅改公司战略

一般来说，经理人无权修改公司发展战略。然而，当经理人权杖膨胀到一定程度后，往往会自觉或不自觉地修改公司战略。由于企业的正确战略是由经理人带领着团队成员在一次次战斗中完成的，所以企业应该定期检验组织战略的走向，及时纠偏，保证企业组织沿正确的战略方向前进，如同在大海中航行应该不断靠罗盘检查前进的方向是否正确一样。

当然，企业在发展过程中也应该持续修正发展战略。但战略的修订应该由董事会来完成，应该是光明正大进行的，所以要修正战略，也应该是经理人根据企业发展的实际情况，提出修改战略的依据和报告。在没有得到董事会决定的情况下，经理人不能靠自己的权杖自行修正战略，造成既定事实。

（2）杜绝经理人随意修改企业流程

流程是企业花费了大量成本探索出来的，企业合理存在的前提就是流程的合理性。

经理人尤其是空降经理人，往往把自己的一套行事风格和运营流程带进企业当中，进而给企业带来根本性变化。这变化可能是正反两个方向的，但无论怎么变化，都会导致企业内人事上的风波和震荡，所以企业应从根本上防止经理人随意改变流程。

这一点人们往往不太注意，误认为经理人改变流程是小事，是正常的事情，完全在经理人的职权范围内。其实，许多情况下，正是新上任经理人对流程的小小改变，引起了公司的剧烈波动。因为表现出来的许多现象大家都感觉莫名其妙，结果大家就表面问题争吵不休，而忽略了对流程的改变。因此，经理人可以改变流程之上的制度等，但改流程应慎之又慎。

那么如何防止经理人私自改变流程呢？应从公司董事层面制定出经理人的权限范围，经理人要改变流程必须提交经理办公会讨论，讨论通过后提交董事会批准。这样改变流程，不仅提前做了动员宣传，而且充分酝酿，加进去了方方面面的意见，其合理性、可行性和可操作性大大增强了。与此同时，董事会和经理层上下意见一致，防止其他乱七八糟的事情发生，防止表面现象的干扰，避免由此形成的利益小团体，避免许多非正式组织之间借机搞错综复杂的矛盾，也防止经理人私自改变流程遇到阻力后迫于无奈借助关系的力量推动新流程。这可以从根本上有效防止经理人权杖的膨胀。当然，对于新组建的互联网公司，组织本身也没有历史积淀，流程化很弱，经理人上来改流程或建流程，不会有什么影响。数字化转型的企业，本身就是要利用最新技术工具，重塑企业流程。

（3）完善经理人用人制度

中国传统文化重关系管理，尤其是新任经理人为了便于开展工作，往往通过手中的权杖，拉拢或粉碎一帮人，带入一帮人，创造一种信任文化，很快建立情感信任关系，继而开始了信任管理。基于信任的关系管理，便于最初打开局面，也为后来以经理人为核心的文化管理奠定了基础，进而为企业下一轮人事震荡的轮回埋下了伏笔。为了避免陷入轮回，对新任经理人进行的人事任免、调进调出要有规定。刚上任不能进行大的人事变动，不能大进大出，不能整建制地带进带出，最好不要带入原单位的同事，不能带进与自己有血亲和姻亲关系的人。这样就能避免大的人事震荡，从根本上杜绝关系管理。

（4）完善经理人的轮岗和分权机制

经理人长期在一个岗位，容易结成利益共同体。五年岗位都不变，关系不变，权力范围不变，也不利于企业的创新和发展。尤其是创新特征比较明显的IT及新型服务行业，需要不断地引进新的经理人，或者对经理人的岗位、职权等进行调整，使经理人保持新鲜和创新的动力。这样，经理人的权杖就不会过于膨胀，对企业的危害将会降低。

所以建立和完善经理人的轮岗和分权机制，对防止经理人的权杖膨胀是有好处的。有些企业做得比较有人情味，往往是把经理人派出去学习一段时间，最好是到异地学习，甚至是出国，让经理人离开岗位半年到两年时间，学完后再在同一岗位就业，或重新安排新岗位。学完后再回到同一岗位就业，对经理人是一次理论的提升、实践的重生，对企业的发展更有利。这也是经理人轮岗的一种方法。

（5）建立独立的信息报告反馈体系

企业应有明确、健康的信息报告体系。企业在信息报告体系中容易走两个极端。一是在不信任前提下，建立小报告体系，使企业陷入人人恐惧的“克格勃文化”中。二是基于完全信任的前提，不另设信息报告体系，企业除了正常的权力分级体系外，没有第二条畅通的报告体系，股东会、董事会、监事会的报告来源只有经理人权力体系这一个端口。这对企业来说是危险的，因为经理人有可能运用自己的权杖对信息进行屏蔽和过滤，以至于某些影响企业发展和危及企业生存的重要信息没有及时得到反馈。时间久了，量变引起质变，等到事情爆发也就晚了。

建立独立的信息报告反馈体系，与是否信任经理人没有关系，而是为了确保企业的各种信息及时高效地反馈与传输，从而促进企业正常健康运营。信任经理人并不等于不需要监管，从独立的监督信息体系得来信息并不等于不信任经理人，这是企业健康正常运转必要的组织建设。因此，建立健全信息报告反馈系统是确保经理人权杖正常使用的关键。这个信息报告体系的人员应由董事会直接任命，由监事会来监管。

（6）逐步提升经理人的职业化程度

中国目前的市场化程度还很低，从而造成许多老板和经理人不够职业。笔者曾经说过，目前市场上真正百分之百职业化的经理人也就占20%左右，大多数经理人都不职业。对职业经理人的教育是全社会的责任，应该有这样的机构对职业经理人进行职业化教育，而这不是商学院里的 MBA 课程所能完成的。MBA 课程可以使职业经理人得到专业化的经营管理知识，形成专业化的管理思想和理论体系，并具备专业化的意识。但 MBA 毕业生的专业能力是从市场中锻炼累加而来，同样，职业化的素养也是经理人长期在市场化的职场中修炼出来的，是不同于专业化的一门学问。

目前在不完全市场环境下，不职业不可怕，可怕的是本就不职业，反而自认为职业，并用自己对职业化的所谓理解来教化其他经理人。目前中国的职业化教育要比专业化教育更重要。专业化教育可以舶来，而职业化教育是无法舶来的，它必须与中国的具体市场环境相适应，必须与中国的独特文化氛围相结合。经理人的职业化程度不高，最容易导致经理人手中的权杖膨胀。

4

黑霸经理人，你能走多远

管理不规范的企业很容易出现黑霸经理人，这也是靠感情管理形成的恶果。经理人切忌成为这样的人物，因为黑霸经理人害人、害己、害企业。老板最忌讳的就是黑霸经理人。黑霸经理人等于在老板的地盘上建立独立小王国，直接与老板分庭抗礼。

越是四处开疆拓土的大型民营企业，越需要当心并铲除黑霸经理人。

人们在职场上有时会遇到又黑又霸道的管理者，在这里姑且仍称之为经理人。这类经理人明显的特点有二：一是损人利己，损公肥私，而且通吃、片甲不留，谓之黑；二是顺我者昌，逆我者亡，谓之霸。这里的霸，不是霸气，而是霸道。我称之为“黑霸经理人”。

黑霸经理人大多出现在两类企业：一是做大了却不规范的民企，另一是不太规范的成长型外企。这两类企业共同的特点就是不规范。本文主要分析民营企业里的黑霸经理人，因为只有在做大了又不规范的民企，黑霸经理人才会有市场，才可能较长时期存在。

黑霸经理人如何滋生

（1）挪用老板的信任

信任产生力量，但有条件。如果经理人的职业道德好、自律性强，信任他们对企业产生的是积极作用；而如果经理人是职业道德差、内心没有戒律的，则信任他们完全是负面作用。后者会利用老板的信任欺上瞒下，肆意妄为，排斥异己，建立自己的势力范围，并从中捞取个人利益。

（2）历史形成的小气候

一些人在企业时间比较长，参与了公司的创立或发展，在累积战功的同时，也日积月累形成了小气候，甚至是企业组织内比较大的气候。尽管老板也不想这样，但气候已成，无可奈何。通常老板只能慢慢来消化，担心硬来会影响企业正常运营，所以只能是睁一眼闭一眼，寻找时机。

（3）组织失去对“恩公”的约束

某些特别的人在老板的人生旅程中，或在老板创业的关键时刻，对老板有过大恩大德。历史上几乎每个朝代都有丹书铁券、免死牌，现实中老板虽发不了“免死牌”，但在自己的一亩三分地里，也会对那些有恩于自己的人或其后代给予特殊的优惠。由此，这些有“免死牌”的人失去了组织纪律的约束，自己内心的戒律也慢慢失效。一个没有内心戒律和组织纪律约束的人,什么事都干得出来。尤其当这些人握有权杖的时候，更有可能为所欲为。

（4）握有老板把柄，“黑吃黑”

尽管企业做大后都会趋于规范，但在规范前，有些经理人和老板共谋过重要事情，一些事情也许是见不得光的。于是一些心怀叵测的经理人感觉抓到了老板的把柄，黑吃黑的心理开始作怪，相信老板不会把自己怎么样，于是私欲膨胀，逐渐黑霸起来。

（5）没有系统管理监管

企业做大以后，在没有完全建立起流程、系统、制度化管理前，靠老板自己的眼睛是看不过来的，耳朵是听不过来的。民营企业越大，往往越缺乏有效的监管，于是许多事情就靠随机授权。正常的授权体系及监控体系随之失效，导致企业内部分割成一个个势力圈，圈内部则完全建立起黑霸权力体系。尤其是跨地域、跨行业的多元化超大型企业，如果不建立系统管理体系，这种事情很容易发生。林子大了，什么鸟都会有，专门捞取私利的人自然会登台表演。

（6）社会环境使然

虽然我们有了《物权法》，但是在社会的各个角落里，在人们的思想深处，对私有物权仍没有最基本的尊重，到处都有侵犯他人物权的现象。

尤其在做大了的民营企业，物权表面上受尊重，实则不少人在意图侵占，因为“为富不仁”的传统思想意识与“剥夺者被剥夺天然合理”的“革命理论”还在弥漫。所以，一些拥有权杖的经理人，便私下对企业的物权进行“剥夺”，又因怕行动败露，而建立自己的小圈圈。

黑霸经理人如何杜绝

那么我们如何尽量防止黑霸型经理人在企业中形成气候呢？

（1）信任而不放任

企业在发展过程中，通常要经历老板管理、能人管理、团队管理、系统管理四个管理阶段。在企业没有发展到系统管理之前，对能人和团队的管理应该是信任而不放任。信任产生力量，而放任则会滋生黑霸文化等一系列问题。信任而不放任，就像放风筝一样，放得出去，收得回来，全程管控。没有全程管控，就像风筝线断了，风筝变成了“飞筝”，失去了放风筝的意义。

（2）及时授权 + 及时收权

经理人没有权杖什么事也干不成，所以想让经理人干事就要授予权杖。但也要防止走入另一极端，事情干完了，权杖不及时收回。权杖不用于干正确的事，就有可能干不正确的事。尤其跨行业跨地区的大型民营企业里，老板的事情多，往往授权不充分、收权不及时，给一些道德操守不好的经理人留了空子。

（3）光明正大地授权和收权

民营企业授权收权还存在一个通病：授权时光明正大，收权时由于面子问题，收得鬼鬼祟祟，一般都是暗中收，在关键点位上收，只告诉关键点位上的人。这容易造成矛盾冲突，某些经理人就利用信息不对称做些手脚。应该是授权有文，明明白白；收权也有文，昭告全员。

（4）“免死牌”与权杖不并授

对某些人物应特别处理。那些有恩德于老板的个人，老板要感恩，应该有两种做法：一是，授“免死牌”就不要授权杖。把“免死牌”和权杖同时授就会出问题，很有可能闹出乱子。另一种做法，就是针对那些有恩于自己同时也有舞动权杖能力的人，那干脆就感恩彻底一些。如果说企业给经理人授权是把权杖租赁给经理人，随时都有可能收回的话，那么权杖给那些被感恩的人就不应该是租赁关系，而是卖给他，或者是完全赠予。这样，被感恩的人就不会担心“有权不使，过期作废”，因为权杖是自己的，而是会认真经营和管理自己的权杖，不会胡来。

（5）尽可能阳光经营

尽管目前大的社会环境还不足以诞生完全阳光的企业，但老板在经营企业时尽量向阳光处努力，不要搞那些黑吃黑的事情，不要做过分霸道的事情。俗话讲“老天有眼”，老天的“眼”在什么地方？就在你身边最熟悉你的人那里！不信，为什么许多“英雄”在离婚时不敢主张自己的财产？那是因为距离自己最近、自认为最安全的枕边人，太了解自己的每一个细节了，而且还有变天的账本在手。

（6）适时进行系统化管理

企业做到一定规模以后，老板的眼睛看不过来了。人多了，利益主体太多了，怎么办？就只有靠制度、靠流程，尤其技术的进步为信息化管理提供了比较充分的技术手段，我称之为系统化管理。系统化管理，相对于老板管理、能人管理、团队管理，更客观、更公正、更透明，整体效率更高。有了健全的系统化管理，许多组织中的黑箱、黑灰问题，都会暴露出来，起到威慑作用。所以，系统管理首先就从信息通道上有效遏制了黑霸经理人的产生，把黑霸经理人消灭在萌芽状态之中。

当然，请读者注意，及时的系统化管理，并不是指一个企业一开始就要如此规范和系统而是指企业发展到一定时期，要及时采用系统化管理。如果不到时候，系统化管理将会把企业管死。

（7）招聘关键员工要调查背景

招聘时做好经理人职业背景调查，对那些有过“黑霸”行为的经理人不予录用，或慎重录用。企业可以委托专业的背景调查机构，进行职业背景调查。其实经理人做到一定层面，他的圈子就很小了，一了解全清楚。如果招聘一个经理人，市场上打听不到这个人的信息，那么这个人肯定是骗子。关键是很多企业不去了解，或者了解得不够详细，了解时关注点不一样，甚至是了解人专业水准不够或者职业操守不行，把好的经理人拒之门外，把不好的经理人引狼入室。历史上就有“廉颇老矣”之冤案。

黑霸经理人如何清除

黑霸经理人，员工痛恨，老板担心，对企业危害甚大。一旦形成，该如何清除呢？

（1）不要姑息，不要怕

老板应该认识到：这种现象不能持久，必须彻底根除。不能掺杂个人的感情，应该以企业大局为重；尤其不应抱侥幸心理，以为这种情况随企业发展会自行消失；也不要相信真诚会感化黑霸经理人，因为这类经理人大多是性格使然，是人的本性在没有外在的组织约束时逐步形成的。

无论黑霸经理人多么黑和霸，请相信正义的力量，不要高估黑霸经理人的力量。黑霸，毕竟不是光明磊落的事情，也不是得人心的事情。即使在他的势力范围内，也不是铁板一块，利益分割总会有不均，不均就有不平，就有矛盾。所以，必须采用组织的手段、技术的方法来解决。

（2）恰到好处地运用技术工具

一是重整组织架构；二是调整经理人的权杖；三是设置多业务单元，产生内部竞争，或者新设业务单元，避免内部独霸一方；四是绩校考核，建立内部的优胜劣汰机制。（五是数字化转型，让业务与技术同步，所有的业务、人力、财务全部信息同频同步传输到平台，一目了然且留痕、可检索。）

黑霸经理人能走多远

黑霸经理人在企业中究竟能走多远，或者在职场能走多远？这是大家普遍关心的话题，许多深受黑霸经理人欺负和迫害的职场人，心中充满了气愤，早就盼着这类经理人倒霉运。

企业内两三年。民心的力量是很大的，只是老板还没有动手罢了。尽管内部有几个跟随的既得利益者，但在老板动手时，这种跟随关系往往很快分崩离析。所以说，黑霸经理人最多也就黑个一两年，一般不超过三年。

职场上走不远。当你黑霸一两年后黑霸不下去了，不得不离开，到了职场上又能走多远？这类经理人大多 40 岁开外了，人都已定型和工具化，供选择的行业机会并不多。业内你早因黑霸而臭名昭著，因为你原来的部下差不多都在同行混，早已让你“名扬”圈内。况且猎头公司一做背景调查，也全清楚了。在朋友圈子里找，朋友也会提防着，相互心有芥蒂，很难有所作为。所以，这样的人很难在职场上走远。

创业单干。找不到合适的岗位怎么办？干脆自己创业算了。但创业完全是另外一回事。创业需要有人跟随，又黑又霸道的人谁会跟随呢？也只能是倒腾点买卖，干一个体户吧。

疑似“黑霸经理人”品相如何

与黑霸经理人相近的还有另外两类经理人：一类是霸而不黑，另一类是黑而不霸。

霸而不黑的经理人，是指工作风格上霸道，大有顺昌逆亡之势，但不黑钱。

这种经理人对企业组织的伤害比黑霸经理人要小，一般情况下是在老板可容忍范围之内，有时老板会认为这是一种风格，但也应引起警觉。霸应该有个度，不要太过霸道。霸而不黑的经理人发展时间长了，成气候了，也就会演变成黑霸经理人。

黑而不霸的经理人，是指暗中捞黑钱，而行为上没有霸道作风，甚至给人非常亲和的错觉的人。

这种经理人只顾捞个人私利，而不顾组织集体利益，在组织中做事没有原则，对客户、供应商、员工都不放过，雁过拔毛，表面上客客气气，好好好，实际上不见兔子不撒鹰。这种人对企业的伤害力是很大的，直接损害公司的利益，同时也影响公司的品牌和信誉。所以，黑而不霸的经理人对企业下软刀子，不可小视。

扔掉夺命的魔钱袋

有这样一则寓言故事。有一梦想发财的穷人，有一天上帝送了一个钱袋子给他，并告诉他这个钱袋里只装有一枚硬币，只要你把这枚硬币掏出来，里面就立即会有一枚新硬币，不过袋子里永远只有一枚硬币。什么时间你认为钱够了，你就把钱袋子扔掉。那位穷人从上帝的手中接过钱袋子，伸手一摸真的有一枚硬币，掏出后钱袋子里真的还有一枚。于是他喜出望外，就开始从袋子里掏钱，不停地掏啊掏啊，越掏越多。

看到了越来越多的钱，心想再掏一枚就打住，把钱袋子扔掉，可掏出后，还想再掏一枚。如此重复，甚至累得不行了，还不舍得扔。结果掏出的钱快把屋子堆满了，这位穷人连饿带累地昏死过去。

黑霸经理人的做法无非是想从自己所占的地盘中多捞取些私利，就像那位穷人得到了钱袋子一样，捞到了钱后，还想捞，或许私下也觉得应该捞得差不多就收手，然而，贪心不足，舍不得扔掉魔钱袋子，最后葬送了自己的职业生命。黑霸经理人，要想救自己，就要下狠心扔掉夺命的魔钱袋，做一职业化的经理人。

5

经理人应对老板插手的慢四步

经理人在行权过程中最大的冲突也是最讨厌的事，莫过于老板插手了。为什么老板做不到“放手过程，只要结果”？经理人的“拿我是问”“拿人格担保”当真能够规避老板介入吗？如何应对老板插手，谁在插谁的手，经理人和老板冲突的根源究竟是什么，有办法避免吗？

为什么老板做不到“放手过程，只要结果”？

经理人的“拿我是问”，当真能够规避老板介入吗？

现实中，令很多经理人苦恼的不仅是形式上老板不听其意见，更难受的是老板做事前听了，做事过程中又不听了，甚至直接插手经理人事务，搞得经理人无所适从，继续干也不是，不干也不是，苦闷至极。那么老板为什么做不到“放手过程，只要结果”？下面就是我与一位饱尝老板插手事务痛苦的经理人的对话。

对话：都是插手惹的祸

笔　者：你为什么离开 ×× 企业？

经理人：咳，甭提了，那老板……我正按部就班地执行既定计划，突然老板插进来指手画脚，而且不了解情况，瞎指挥。你越不希望这样，老板越是插手，搞得根本没法干活儿。所以我选择了离开。

笔 者：平时遇到这种情况，你是怎么处理的？

经理人：既然老板插手要管，那我就不管了。不然出错了，算谁的？

笔 者：那你这样做是不是要证明老板是错的，等着看老板的笑话？

经理人：用事实说话。我这样做是让老板长记性，以后不再插手。

笔 者：老板吃亏后，长记性了吗？

经理人：要长记性就好了！这一点就是 ×× 老板的瓶颈。所以，×× 企业做不大。

笔 者：那你说老板该如何做？是不是老板决定让你做后就不用管了？

经理人：对！既然老板安排我做了，就不用管了，等着要结果就是了。

笔 者：万一时间到了，最终没有实现预期的效果，有了大的闪失，该怎么办？

经理人：拿我是问！（经理人这时往往显得很有气节。）

笔 者：拿你是问，问什么呢，能问出什么呢？

这时经理人大多会语塞。但也有的经理人勉强回答："我以人格担保。"此时我开玩笑说："人格能作为担保写进合同文本吗？"

对话：老板为何要插手

笔 者：你想过老板为什么要插手吗？

经理人：不信任！表面上信任，事实上处处设防、跟踪、插手。

笔 者：不信任你什么？

经理人思考后回答："两条。一是能力上不信任，二是担心我做什么手脚。但主要还是能力上不信任。”

笔　者：为什么会产生能力上的不信任呢？

经理人：大多数老板总觉得自己最高明，自己的能力最强！

老板能不插手吗

人品好并不等于不需要约束。很多老板也知道：职业经理人做到一定层面，人品上一般没有什么大问题。但人品没什么问题并不等于就不需要约束和监督。好人和坏人的区别就在于好人能够自觉地遵守制度，坏人是积极地钻制度的漏洞，甚至破坏制度。

发挥能力是需要条件的。能力问题始终是老板关注的问题，然而在实际操作过程中，过去的能力换了环境还能否发挥出来，还有待于检验。职业经理人在A企业做得好，并不一定到了B企业就能做得好，至少你刚空降到一家企业，不会立即如鱼得水，总需要适应。所以，即使老板给了你充分的授权，也要对你的权力有一个跟踪保护的过程。A经理人空降到有5000人左右的企业任总裁，上任当天老板宣布了企业的事情归A总管，但事实上老板都在背后插手。这并不是简单地对A总的能力不信任，而是对A总的一种保护，同时也是一种对企业负责任的表现。试想偌大的一家企业，董事长陡然不管，让位于一位人生地不熟的空降经理人，岂不是开国际玩笑？经理人刚进入企业时处于弱势状态，处于强势的老板若不背后帮你一把，把你扶上马送一程，肯定会摔跟头的。有些经理人会说：既然老板不放心，还不如不宣布让我管。我说不宣布让你管，你连名义支持都得不到，又何谈名正言顺呢？所以说，老板当众宣布，背后又插手，反而是负责任的做法。

老板插手的真正原因何在

老板为什么会插手呢?

从上面分析来看，是老板对职业经理人不信任，似乎是老板的问题；其实从职业经理人的角度分析，也有两大原因。

（1）职业经理人自身存在沟通障碍

现实中许多经理人不知道与老板沟通，不会与老板沟通，也就是只专业不职业，只会做事不会做人。这类经理人大多是专业技术出身，或从外企过来的，对做事在行，但对人际关系不在行或者不太注重，于是存在两大认识误区。首先，认为与老板沟通没必要，特别在应该追求效率的民企不应该再来这一套。这表现在有些经理人与下属沟通还可以，但是对待老板就不会沟通，认为老板高薪请我来就是干活儿的，我没有必要花费那么多心思做些与业务没关系的事。其次，认为老板应该主动与经理人沟通。认为老板高薪请我来，说明我比老板牛，我跟老板沟通降低了身份。这是心态问题，心态有问题做事肯定出问题。事实经验告诉人们：其实就职民企更应该注重与老板沟通，因为民企在成长发展过程中许多信息通道机制就没有建立起来，即使有也很混乱。你若不主动与老板沟通，老板根本无法获得信息。

（2）缺少职业经理人的法律约束机制

由于我国法律机制尚未健全，目前市场化的企业，对职业经理人根本就没有什么约束，而国企对干部的约束倒是相当强。因此，从管理的角度看，民企老板相对于国企管理者来说，处于相对弱势地位，老板出于风险控制的需要，频频插手下属事务，就成了司空见惯的事情。

经理人如何应对老板插手

找到真正的原因就好办了。具体解决办法，我称之为“慢四步”，因为这四步每一步都不是急能办到的，只能用文火，又像舞曲的慢四步。

第一步，做事前主动与老板沟通。

经理人不仅要与老板沟通业务上的事情，还要沟通非业务上的事情。不要瞧不起那些乱七八糟的事，因为它们可能与你做好事有说不清道不明的关系。打个比喻说，老板要经理人做事好比拔掉一棵大树，但如果不把树根周围的堆土清理了，树你是拔不掉的。

当然还有些经理人认为，这些杂七杂八的事情老板就应该替自己打理利索了，自己干干净净来做事。试想老板花高薪请你来是为了做成事、赚到钱，可老板请你来已经花了钱，你本应该为老板做事，凭什么让老板来为你做事情？要是老板能够摆平这些事情，还请你干吗呢？所以这些基础沟通就应该由经理人来完成，必要时你可以请老板帮助你完成。“先刨坑，后拔树”是职业经理人行事的原则。刨坑是做人，拔树就是做事。人做好了，事自然就做成了。

第二步，把自己的决策转化为老板的决策。

许多职业经理人自诩比较直率，自己认为对的事情就敢于直言，强逼老板认同自己的观点。这就好比牛不喝水强摁头，其结果有三种：一是牛直接把你顶死；二是牛喝完水后把你顶死；三是牛的力气大，直接挣脱跑走了。不论哪种结果，作为经理人都是失败的。其实，解决办法很简单，就是千方百计把自己的决策变成老板的决策，把自己想表达的观点最后转一个弯让老板说出来，让老板成为这项事情的决策者。一旦老板做出决策，老板必然会调集各种资源来促成这件事情。如果是经理人做出的决策，所有的资源支持力度就会差远了，尤其新上任的经理人，必然会面临各种资源支持力度不够的尴尬。这是一门沟通的艺术，一门做人的艺术，这也是防止老板中途插手的最好方法。

有些经理人往往会这样认为：老板既然花钱请我来，就应该听我的。此言差矣，老板花钱请你来，又听你的，花钱请个爷，天下哪有这种事？其实我们应该这样理解才对——老板花了钱请你来，理所当然你要听老板的，这才符合公平的市场交易原则。但这并不妨碍你贡献智慧。你必须把智慧贡献出来，让老板来拍板决定，然后你去执行。

第三步，主动保持与老板的动态沟通。

现实中许多经理人这样认为：老板一旦拍板定下的事情，在干的过程中就不需要与老板沟通，老板只等要结果就是了。可这就像让你替别人看三个月孩子，期间不允许孩子的父母过问，父母能不急吗？老板不但要结果，还要关注过程，重视过程。如果你故意阻碍老板插手，那么老板势必越发想插手。为什么老板一定要关注过程呢？很简单，事情都是变化的，老板有权知道事情的进程，便于及时调整。尤其小企业老板，是非常关注小事的，因为每件小事都有可能影响到企业的生存，经理人每一个细小的错误最终都是由老板来埋单；同时由于企业很小，许多情况下，员工的“单子”老板是埋不起的。所以，经理人应注意及时和老板沟通事情的发展进程，遇到问题及时让老板做出决策，确保老板对事情心中有数。尤其是空降经理人，因为老板对你的行事风格不太了解，你更有必要让老板知道你操盘的进程。即便老板对你做事已十分有把握，或者明确表示没时间关注此事，你也可以换一种更便捷的手段与老板沟通，让老板了解和把握整个事情的进程。

第四步，老板突然插手后，积极配合，建设性做事。

老板一直积极支持这项事情，你也全力以赴在推进，突然老板决定不做或者改变方向了；或者老板过去一直没有关注你正做的事情，现在突然插手，在你看来是瞎指挥，乱弹琴，怎么办？这就像师长正在打仗，突然军长亲临前线指挥，师长该怎么办？师长就只能积极配合，否则仗是无法打的。企业做事如同军队打仗一样，正确的做法是如果老板半道插手，经理人首先应该配合老板工作。如果老板插手是正确的，那就遵从老板的意见；如果老板的做法确实是错误的，甚至是乱弹琴，那就认真地非常讲究方法地与老板沟通，让老板接受自己正确的意见；如果老板还是固执己见，也不应该气馁，要改变方法与其沟通；如果方法都用尽了老板还是不回头，仍不要气馁，应该通过自己的努力，把老板错误做法带来的负面效果降到最低。这就是积极地做事，建设性地做事。

俗话讲，沧海横流，方显英雄本色。老板给你出了点难题，正是显你英雄本色的时候，是你挑战自我、成就自我的机会，何必把它当成是困难和问题呢？

洋经验为何行不通

有些在外企干过的经理人老拿外企的做法说事儿，可真正实施外企的做法时又不灵，为什么？原因有二。一是在外企你根本接触不到真正的老板，而只有同样是职业经理人的上司，所以对事情的关注程度、对事情结果承担的责任都不一样；而在民企，面对的是真正的老板，是企业责任的终极承担者，割谁身上的肉谁知道疼。二是外企大多历史悠久，趋于成熟，企业系统结构比较完善，团队免疫系统已经建立，所以信息采集、决策、传达、执行、反馈、修正机制都已经趋于完备，即使老板不关心，系统本身、团队本身都能够自己修正。所以在外企工作过的经理人，千万不要轻易拿外企的做法来套民企。

老板能拿谁是问

其实，真像职业经理人自己所想的那样，不许老板插手，让老板只等结果，是不现实的。尤其对一名空降经理人，老板不管不问，是很难要来结果的。老板等不来结果怎么办？拿经理人是问？在外企和民企是根本问不出什么的——企业做没了，经理人可以拍屁股走人，而老板是叫天天不应，哭地地不灵。企业都没有了，还问你干什么？还能问出什么来？当然，这事情在国有企业比较好办，可以给党纪、政纪处分，可以撤职，可以判刑，可问之处有很多。但在市场化企业，则只能靠老板个人对风险的判断和把握。你说老板不插手行吗？

老板真的插手了吗

老板插手是从经理人的角度来理解的，其实从老板的角度来看，或许并没有插手。本来老板关注企业内部的事情就是正常的，是自己分内的事情，何谈插手？经理人不让老板插手自己正在干的事情，才是真正"插手"老板的事情，是错位和越位的表现。毕竟，不当老板不知道终极风险是什么概念；毕竟，员工只是责任的传递者，而不是责任的最终承担者。尤其是砸地盘的经理人，老板必须彻底干净利落地解决，不能使之成了气候。当然，若不是，老板在深入经理人正常事务时，也应注意分寸和方法。

为什么互联网公司老板插手少

原因有五。一是核心员工的工作内容都是看不见摸不着的，各自干各自的，主要是在机器上敲代码，老板插无可插，只能是结果考核。二是本来就扁平化管理，老板同时指挥很多人干活，干的结果直接呈现在界面上，几乎是纯数据呈现，大家有目共睹、一清二楚，没必要插，结果说明一切。三是核心员工都是自我驱动，拼命干活，只要方向给定，员工就自我奋斗，奔结果而去，无需扬鞭，根本不用插。四是干坏了损益天地之别，互联网公司，干坏了损失的主要是干活员工的人工钱，而传统企业是个系统工程推进，只要一开工，各种原材料、辅料、设备等等都得配套跟上，即使最简单的商业服务业，干错了，采购的商品也都赔掉了，更何况波及企业内外的方方面面，上下游影响、社会影响等，企业是扛不住这种损失的，必须加强过程管控，也就是人们常说的插手。五是现代互联网公司老板对企业认知理念与传统民营企业老板有重大区别：传统老板认为这企业是我的，是我们家的，因此精心经营，赚的是经营利润的钱，靠利润来维持企业的日常运营，维持本人、家人的生计，所以，视企业为自己的生命；而现代互联网公司的老板，绝大多数的创业初衷就是走资本市场的道路，把剧本写好，热点概念造好，把流量拉起来，博得创投、风投以及资本市场投资者的青睐，赚取的是资本市场的增值，根本不是靠企业日常精细的运营管理赚取利润来活命的，即使上市后，企业有了利润，也同样是赚取资本市场的溢价，企业日常的经营利润同资本的溢价相比，不可同日而语。所以，对互联网公司的老板来讲，企业只是赚取资本溢价的道具，只要价格合适，随时可以卖掉。老板对企业的感情和关注度没有过去传统企业老板那么深，插手的事情也就少。

6

经理人为什么要证明老板是错的

行权冲突对企业伤害最大的莫过于经理人带领员工全力以赴做事，但目的都是证明老板是错的。经理人和老板之间为什么会出现如此大的冲突？如何做才能避免这种冲突，让老板乐于纳谏？

职场人和老板有矛盾是十分正常的。在公开和半公开的场合大骂老板，丑化老板者比比皆是。但说归说，骂归骂，真要落实到行动上的毕竟是少数。

可职场中却有一类经理人，专门和老板对着干，他所做的一切工作和努力都只有一个目的：证明老板是错的，反证自己是对的。

我就要证明老板错了

为什么会出现这种情况呢？

一些经理人最初也是被老板三顾茅庐请出来，在万众期待中进入企业，刚开始工作积极努力，出了不少主意，取得了一些成绩。但由于企业治理环境不一样，很多办法和措施实施了一半便行不通，无法落地，于是老板不得不又回到原来的老路上，或者不怎么听经理人的了。于是，经理人心理就开始变化了：怎么回事？要问个究竟。一问，有的老板解释了，有的老板不解释，即使解释的也并不见得实话实说。

经理人这些意见也许是好的，但换了环境并不一定适合，老板也没有把全部原因和盘托出，于是乎经理人和老板就发生了意见冲突。结果老板直接插手经理人的事务，经理人又争不过老板，搞得自己很郁闷。这时有些经理人就想："让你搞……搞砸了才好呢！看谁的对！"事情一旦到了这种地步，这类经理人接下来的一切行为，就都围绕着一个主题来进行了——证明老板是错的。这些行为大致归为以下五种。

第一，不做正向的工作。由于经理人握有权杖，管理着团队，而在此种心态下只是维持现状，不去创新，不做正向工作，结果企业停滞不前，许多事情无法推进，下面干着急没办法，企业出现了肠梗阻。

第二，不发表任何意见，消极怠工。无论是大会小会、公开私下，只要老板问其意见，均表示没有意见。其实心里意见大着呢，只是在和老板怄气，心想：我的意见你又不听，我说它干啥！抱着葫芦不开瓢，老板一时也没有办法。

第三，到处散播消极言论，抨击老板种种是非。虽然面对老板不做任何表态，但没有老板的场合却极力散播消极言论，甚至谩骂诅咒老板，以致把企业的一些机密信息外泄，蛊惑员工"企业不行了"，对企业发展没有信心，告诉属下能走的赶紧走，不要在这儿瞎耽误工夫。

第四，放大老板的错误。当老板做错了一件事，就有意放大老板的错误，到处进行广播宣传，甚至断章取义地放大老板的错误。

第五，助推老板犯错误。当预测或发现老板有可能犯错误时，不是及时想办法制止，而是放任，甚至提供错误或虚假信息，助推老板犯错误，美其名曰：让事实教育一下老板，让老板撞了南墙再回头。

上述的结果，肯定是经理人混不下去走人。只不过走人的方式不同，有的是自己实在无事可干辞职走人，有的因找不到下家一直赖着不走，最后逼得老板没有办法只得辞退。但后者大多会和老板计较一番，索要赔偿。

证明老板错了的理由

如果问经理人为什么要和老板较劲，经理人一般会说：我就是要证明老板是错的，让老板明白不听我的就是错误的，是要付出代价的，让事实来教训老板。

笔者问："老板明白你这样做的用意吗？"

经理人答："明白就好了！老板一意孤行，听不进任何意见，还晕乎乎地朝着失败的方向跑得欢呢。"

笔者问："起到教训目的了吗？"

经理人答："老板本人是否接受教训那是他自己的事，至少公司经济上损失惨重，管理上倒退，人才流失，好多骨干都走了。"

笔者问："没有和老板沟通的更好的办法，非得搞得鱼死网破吗？"

经理人答："沟通了，他不接受。意见也提了，报告也给他了，连个回音都没有，就差我按他的手批报告，就差我当面骂他了。"

笔者问："也许你和老板之间没有找到有效的沟通方法。"

经理人答："不是方法问题，是理念问题，是思想意识问题。他从内心深处就认为自己是正确的，认为自己特殊，特别了不起。"

笔者问："那……老板为什么要听你的？"

这个问题往往问得经理人一愣，不知做何回答。有些经理人思考后回答："不听我的，老板请我干吗？老板要会管理，还用请我们这些经理人？花了不少钱请来了又不听，还按自己那一套搞，这不是傻子吗？"

通过上面的问答分析可以看出，经理人和老板对着干的逻辑关系是：

老板无能才请我来，请我来说明我能干。我能干，说明我一切都是正确的。老板不听我的，就是拒绝正确，老板是错误的。既然老板是错误的，就应该受到惩罚。我做的一切都是在惩罚一个犯错误的人，惩罚一个冥顽不化、愚蠢透顶的人。结论是，我就是真理的代表和化身。老板听我的，老板是明智的；老板不听，就是笨蛋一个。

结果：我会收获什么

试想有这样心智模式的经理人，在职场上会是怎样的职业轨迹？肯定是到任何地方都干不长，因为老板注定不会总听他的。一旦有一次不听，就和老板对着干，想尽一切办法证明老板是错误的。这样一来，企业能好吗？这种经理人老板不请他走，还留着干什么？这种心智模式造成的恶果还有以下几方面。

其一，经理人自己心情郁闷，牢骚满腹。试想你天天都认为别人是错的，自己是对的，别人还不听自己的，你能不郁闷吗？这对身体健康不利。

其二，经理人把这种牢骚、不满传递给下属和客户，而对下属传递就动摇了员工信心，向客户传递则损坏了企业形象。

其三，经理人和老板直接或间接地爆发冲突，影响企业氛围。由于总认为自己正确而老板不听，经理人被负面情绪憋得实在难受，总是忍不住直接或间接地和老板发生冲突，搞得人际关系紧张，大家都不愉快，也影响经理人自己的生活质量。

其四，给企业带来损失。经理人身居要位，不做正面工作却反其道而行之，这必将直接或间接地给企业带来巨大损失。一个只给企业带来损失的人，企业能要你吗？

其五，经理人一定会走人。这种心智模式的人无论如何是干不好的，迟早要走人，要么自己离开，要么被单位辞退，因为这种人给企业带来的是伤害而不是贡献。走得越慢，对企业伤害越大。

其六，经理人职业声誉受损，职业平台越走越低。这样的经理人好企业是不要的，因为职业背景调查总不过关。当然，一般的企业不做背景调查，也许你溜进去了，但也是兔子尾巴长不了：没多长时间，老板在圈里聚会时，也会了解到你的职业毛病，肯定心里犯嘀咕；即使老板了解不到，时间不长自己也暴露出来了。

总之，若不改变自己的这种心智模式，经理人很难干长。

我该怎样让老板乐于纳谏

第一，与老板有效且有节制地沟通。经理人不是普通员工，应该学会与老板沟通，把自己的意见有效地传达给老板。自己提建议老板没有接受，那你得换一种方法再去提建议。一般情况下，一种建议最多不要提超过三次。有的经理人不明白这一点，反复跟老板提同一个意见，三遍、五遍、十遍，搞得老板很烦。老板的时间也是有成本的，有很多事情要处理，你没完没了地跟他提意见，而且提意见的时候不讲方式方法，非缠着老板，强塞给他意见，这种执着精神可以理解，但实在不值得提倡，因为你没有掌握有效沟通的方法，没有学会换位思考。

第二，了解老板固执背后的动因，了解自己的责任。当你反复跟老板提一个问题，老板却一直不接受时，你就要想这是为什么了。这时千万不要想老板是错的，应该想：第一，我的意见本身是否有问题；第二，我提的方式对不对；第三，我提的时间场合对不对。总之得在自己身上找原因，这样你就不会埋怨老板。如果自己的意见确实是正确的，就必须想办法瞅准机会和老板沟通，让老板接受自己的建议，而不是闷在肚子里不说，和老板怄气。如果能从积极的角度看待老板没有接受正确意见的事实，多从自己身上找原因，而不是简单地从老板那里找原因，你就不会和老板对立了。

第三，在执行中修正错误。假如自己的正确意见老板没有接纳，而老板又形成了一个错误的决策，怎么办呢？作为经理人应该在执行错误决策过程中，尽量修正错误，把问题的负面影响减到最小，或者在执行过程中发现问题时，再和老板沟通，让老板及时纠正错误的决策，使事情朝着正确的方向前进。作为经理人，就应该一切为组织的利益着想，在执行中修正错误，在执行中帮助老板完善决策。这就是著名的“即使老板决策错了，我们要执行正确”。

第四，亡羊补牢也是一种职业修炼。老板一意孤行，导致最后错得一塌糊涂，这时职业经理人也应该及时尽可能帮助企业挽回损失，而不能自己幸灾乐祸，到处晒老板的错误，搞得老板很难堪。

第五，老板确实刚愎自用，不如离开。老板也是人，有各种各样的性格。一些性格在创业时期是好的，在成长时期也是好的；在企业做大、成熟时，这些性格却会阻碍企业发展。比如说刚愎自用，听不进任何意见。如果你遇到这样的老板，作为职业经理人也不必非要千方百计证明老板是错的，自己是正确的。这种证明毫无意义。还不如平静地离开，换一个职业平台去发展。

我是“冰坨子经理人”吗

在职场当中，很难说是老板错了，还是经理人错了。站在各自的利益角度看，对方永远都是错的。所以，应该学会换位思考，从自己身上找问题。职场是需要修炼的，一个人只有不断修炼自己，才能不断发展。

职场犹如一锅沸腾的开水，如果你是茶叶，放进去越久则会越舒展，且会香气四溢。甚至可以说，就要像茶叶一样，放在沸水里是放对了地方。

如果你是一块大冰坨子，自认为很坚硬，但放到开水里，很快就会化得无影无踪。那些总以为自己正确的经理人，就像一块块大冰坨子。而如果不是放在沸水里，而是放进了滚烫的油锅里，就不单单是化为泡影，还会立即出问题。

如果说职场真是一锅滚烫的油，那自己就得像一团和谐的面，放进去炼出多姿多彩且飘香可口的美味食物来，而不能总是当冰坨子，放进水里化了，放进油里炸了。

假如自己是冰坨子，你就不要往油锅里去，也不要到沸水里去，就去罕有人去的冰川，自我欣赏吧。

7

老板为何要收回经理人的权杖

经理人要做事，拿不到权杖会难受；可拥有权杖，正干得起劲时，权杖却糊里糊涂地被老板收回了，连个组织程序都没有，这更难受。冲突的根源是什么？经理人自身的十大问题，你踩中了哪一条？

经理人要做事，拿不到权杖会难受；可拥有了权杖后又被糊里糊涂地收回，更难受。

经理人往往闹不明白自己的权杖为什么被收回，于是便开始揣测老板收权的动机，甚至不乏阴暗心理。其实，经理人权杖被收回的原因是多方面的，而且往往是多种复杂因素交织在一起。主要来讲，有以下因素：投资股东、市场环境、企业发展阶段、经理人自身、老板以及其他外部不知情因素等。但我们这里主要探讨经理人自身原因导致老板把权杖收回的情况，我认为主要有以下十个方面原因。

一是经理人的阀霸作风

随着对企业逐渐熟悉，经理人容易把自己原来在其他企业熟悉的一套做法带进来，而不注意企业的实际状况，生搬硬套，而且凭借手中获得的权杖生硬地往下压，出现“不换思想就换人”的阀霸作风，导致组织原有成员和老板的反弹。

比如说，经理人喜欢改进流程和制度，喜欢灌输某些新思想，但老板会担心企业里自己喜欢或习惯的一些原有做法会改变，而对新事物又没有把握。一旦企业内出现了变革的阵痛，再加上经理人没有及时做好上下左右的沟通，就可能导致老板决定把权杖收回。收回的方式可以有多种，或是循序渐进，或是快刀斩乱麻，没有一定之规。

二是经理人“烧火”出错

经理人有时也挺难的。如果事事都和老板先沟通，老板一否定，就没有运作的机会了；如果不沟通而擅自行动，又逢大动作，必然导致老板的干涉，甚至把已经授予的权杖再收回。

人常言“新官上任三把火”,那么经理人上任后这三把火该不该烧？烧什么，如何烧，烧到什么程度？没有固定模式，但无论如何，经理人在烧火之前还是应该先与老板沟通。如果沟通不到位，烧错了，烧早了，烧晚了，烧煳了，都有可能导致老板收回经理人的权杖。即使是职场老将，如果在某一重要事情上做错了，产生了较严重后果，同样也可能被收权。

三是经理人功高震主

功高震主不是经常发生的事情，但要命的是，有时不是经理人存心想“震主”，而是明明不想，可偏偏就震了主。也就是说，“震主”往往是不以个人的意志为转移的。

那么，什么情况下才会“震主”呢？当经理人具备足够的权势时，必然会“震主”。这里一是权，二是势。权和势结合起来构成足够的影响力时，所有的力量、资源、人心都聚拢到经理人一边，经理人自然就具备了“震主”的条件。

这种影响力是日积月累形成的结果，是经理人靠着自己的智慧、能力、勤奋等，握着老板授予的权杖带领团队一步步地打胜仗获得的。积小胜为大胜，大家日渐佩服经理人，经理人说什么是什么，经理人指到哪里大家打到哪里，形成了强有力的战斗团队。

大家会说，这样对企业不是有利的吗？老板躲到后台，坐地收银不就成了？这得分从哪一个角度看，其实事情并不是这么简单。经理人和老板是两个完全不同的角色，所担负的责任是不一样的。在现今市场经济不十分发达，法人治理结构并不完善的情况下，经理人形成了足够的权势，虽然能促进企业的发展，但往往也会形成盲目崇拜。经理人是人不是神，当经理人出现失误的时候，由于角色的原因，同样也会给企业带来灭顶之灾。更重要的是，经理人只是责任的传递者，而不可能承担真正的责任，尤其不能承担投资责任；而老板却要为此全部埋单，尤其涉及法律责任，作为老板（法人代表）是要全部承担的。所以，老板为了避免危局出现，会去矫正企业失衡的权势结构。当然，要消除经理人的势是不容易的，要削权则是很快就能办到的，于是历史上就有一夜之间连降八级的削权经典案例。没有了权的势，和没有势的权，都将不再“震主”。所以，经理人自身的权势积累到一定程度，自然会被老板收回权杖，否则对老板、对企业、对经理人自身都是危险的。历史上也有曾国藩功高后，朝廷正要削其权时自己主动交权的情况。交了权，势仍将存在，但已构不成威胁。

大家不要以为这是东方的特色文化。整个人类就是如此，甚至连自然界都如此。有足够的权势时，你想不“震主”，那是不可能的，各种里里外外、上上下下的因素会逼迫经理人去“震主”，那是经理人自身所把握不了的。

四是经理人的欲望太多

在企业日常经营管理过程中，有的老板会发现经理人的欲望太多、太大。当然这里指的欲望并不完全是非分之想，而是经理人正常的、想把企业做大干好的欲望。

每一个企业的资源都是有限的，有限的资源不可能干无限的事情。有些经理人善于整合资源，但毕竟是有资源可整合，整合也是在一定合理的范围内，离开了合理的范围，就是冒进，是赌，就会出现放卫星的局面。经理人想法太多，会把企业有限的资源分散使用，导致任何事情都做不成。欲望太大，吃了会消化不动，陷入进退两难的境地，最终导致企业出现危局。

企业做大做强是日积月累量变的结果，是所有要素都具备的情况下健康发展的结果。每一家健康的企业发展壮大起来的背后，都有一些鲜为人知的故事，绝对不是媒体披露出来的那点事情，更不是靠漂亮的商业计划书就计划出来，高喊几句激动人心的口号就能实现的。所以，当经理人，尤其是比较年轻的不太成熟的经理人，欲望太大、太多时，老板担心企业资源包括周边资源不够，会把企业带入危局，于是就把权杖收回了。即使不收回，也会用其他要素约束你的权杖，等于变相地将经理人的权杖收回。

五是经理人年龄的变化

人很难逃脱年龄对自己想法和做法的约束。对大多数职场中人来讲，

20多岁的人处在狂想的世界，想了很多，却很难把想法付诸实践，因为自己各方面的资源不够；30多岁的人处在狂妄的世界，因为自己这时身体健康，又积累了一定资源，有了一些经验和能力，自认为世界上没有自己干不了的事情，有一种“粪土当年万户侯”的豪迈气概，相信自己可以踏平万难，渡过汹涌的大海，抵达胜利的彼岸；40多岁的人处在沉静的世界，但心里仍有暗流涌动，沉静是心踏实下来了，暗流是自己还想做一些具体的事情；50多岁的人处在等待的世界，等着退休，等着退出历史的舞台，安享晚年。

所以，经理人随年龄变化表现出来的心理活动特征，决定着老板如何对其授权和收权，对各个年龄段的经理人，权力分配不可能一成不变。更何况，不同年龄段对权力的渴望、应用权力的手法及目的性也有很大的差别，所以授权和收权自然也应跟着变化。当经理人随企业发展、自身的年龄发生变化时，老板也会随经理人年龄的变化进行权力的再分配和调整。

六是发现马谡式经理人

老板对经理人的了解有个过程。当经理人进入企业一段时间后，通过做具体的事情，老板对其了解才能逐渐加深。一个经理人在A企业做得不错，到B企业不一定就能做好。当经理人所处的环境、自身掌握的权力和资源发生变化时，不一定还能干得好。诸葛亮还有把权杖错授马谡的时候，更何况我们普通人呢？授错了赶紧收回就是了，就像遇到了赵括、马谡，讲兵法口若悬河，想法很多，但没有做法，或只有错误的做法，怎么办？也只有尽快收回权杖。

七是发现经理人假公济私

有些不够职业的经理人拥有权杖后，往往会利用手中的权杖把组织的部分利益转化为个人利益。更有些经理人甚至把他人的利益转化为个人利益。这只有授权后观察一段才会发现,发现了怎么办？只能收回权杖。此外，经理人自身也是在变化的：过去职业，并不代表现在职业，将来也职业；在甲环境下职业，到了乙环境并不一定职业。对于侵犯企业利益和他人利益的经理人，老板最好的做法是收回他的权杖，当然，完善组织管理是另外一方面的事情。

八是与经理人有文化冲突

企业文化的形成有一个过程。企业的文化是为企业发展服务的，过时的文化会被淘汰。无论企业处于什么阶段，都要有一个特定的文化氛围与其相适应。然而，一旦经理人的文化与企业文化不协调，甚至发生冲突，怎么办？只能收回权杖。比如企业正处在创立期、成长期或突破期等，需要的是效率文化、结果导向文化，如果此时的经理人是官僚主义文化或一团和气文化，自然不适应，权杖只能被收回。

九是项目型经理人

经理人的使用不仅是阶段性的，而且有时也是项目性的。如果用经理人就是为了完成某一项目，做项目时自然要授予权杖，而项目一旦完成，又没有新的项目，也就只能收回权杖。

经理人有“扛长工”的，也有“打短工”的。随着社会分工越来越细，市场经济越来越发达和完善，这些“打短工”的项目型经理人会越来越多。所以，越来越多的经理人会被授予做具体项目的权杖，项目完成了，经理人的任务自然就完成了，权杖也就自然被收回了。这类经理人属于自由职业者，不愿从属于某一企业，只愿意与老板临时就某一项目合作。

十是经理人主动“弃权”

现实中还有一类经理人，出于各种原因，有时会主动放弃权力，导致企业中的许多事情无法向前推进。怎么办？老板只能把权力收回。比如自认为功高震主，自认为不该干涉老板的某些领域，而主动放权或不作为。这种“自作多情”的经理人，往往属于比较谨慎和敏感的经理人。说者无意，听者有心，老板随便一句话，自己就搁在心上了，马上主动弃权。这类经理人应该说就不适合在市场竞争环境下的企业生存和发展，不如改行吧。

突如其来的外部环境变化

讨论经理人自身原因导致权杖被收回的情况之后，再来谈谈外部变化。2020 年的新冠疫情给全球所有的企业老板和管理者上了一堂课。这是个不确定的世界，人类在大自然面前实在渺小，作为人类社会活动中重要的经济组织——企业，怎么应对这样的变化，也是摆在每位企业老板和管理者面前的重要课题。非常时期，企业不可能按正常的运营管理模式进行，其中，临时授权、收权就成为企业老板应对危机的重要手段。在这种异常危机面前，老板往往采用先临时收权再放权的应急做法，而且不会像平时一样走流程、逐个沟通，而是应急性的，老板斩而不告，因为一切太突然，来不及面面俱到。老板都是点对点沟通，所以，经理人的权杖就在不知情下被收回了。乌卡时代，经理人对上应理解老板授权和收权的做法，对下也应有这种应变能力。

复杂而不可测的原因

我特别想最后补充一点：企业处在复杂的外部环境中，环境中的每一根神经都有可能影响到企业内部的事情，当然也会影响到经理人权杖。

有这样一件事情：X老板接到Y老板的邀请与其做生意，两人一拍即合，Y老板的企业也很快成为X老板企业的主要客户。在合作过程中，Y老板提到了一个人，就是X老板企业内一个刚刚到任半年的总监。Y老板建议慎用这位总监。X老板后来了解到，Y老板与这位经理人有很深的过节。再后来，Y老板索性要求X老板把那位总监辞掉，并暗示若不辞退，就有可能解除合作关系。X老板考虑再三后，逐渐收回了那位总监的权杖。那位总监干不成事情，只得辞职走人。当然，我们可以谴责Y老板一路追杀的江湖作风，但这也说明经理人的权杖被收回背后的原因有时复杂到无法揣测的程度。职场中，也许你得罪了谁，或许你根本没有得罪谁，只是对方自认为你的存在对他是一个威胁，而他刚好又掌握着左右你权杖命运的那位老板的命脉，于是你的权杖便有可能莫名旁落了。

8

老板请我做了绝对大股东之后

经理人朝思暮想要成为真正的股东，那么成为小股东如何，成为大股东又当如何？企业里面究竟谁说了算，是股份吗？老板对应的不仅是权力，更重要的是责任，你有能力承担责任吗？经理人和老板冲突的根源，就在责权利的不完全对等。

许多经理人朝思暮想要成为真正的股东，那么真正成为股东后是什么感觉？结果会怎样？许多人认为作为小股东没有什么实际意义，那么成为大股东是怎样的境遇呢？

我因为做猎头工作，经常接触离职的经理人，有不少是因为股权问题离职的。当我问其为什么离开某某企业时，回答往往是："甭提了，老板答应给股份，等企业做得差不多，也不提这回事了。我一提，他就以各种借口搪塞。对这些说话不算数的老板，还给他干什么劲！"

此时，我就会给这样的经理人讲述那些得到了股份的经理人的遭遇。其中有一位是老板白送的大股东，绝对的大股东。下面就是这位经理人的真实遭遇。

老板请我做了绝对大股东

W老板想投资某一新兴的服务行业，刚好在春节期间遇到了行业内一位风头很劲的A经理人，两人一拍即合，于是注册了一间公司，注册资本500万，资金完全到位，因为此前A经理人已经做了详细的商业计划书，500万元就能完全启动，实现正现金流。

老板非常真诚地对经理人讲："我不懂这行当，我只派财务人员，其他完全由你来经管，法人代表是你，你占60%股份，我占40%股份，前提是不发工资，但业务产生的接待、交通和通讯等费用完全报销。"

这位A经理人非常高兴：天上掉下来的馅饼，怎么能不接呢？于是欣然上任，正儿八经地做起了老板。办公场地就在老板自身拥有产权的写字楼里，且是一整层，比商业计划书里计划的办公场地阔绰多了，办公桌椅和主要的办公设备也都是老板调拨来的。仅办公场地和办公设备一项，经理人按商业计划书一算，就至少节省了300多万元。A经理上任以后意气风发地干起来了，除按计划购置常规的办公用品外，招聘技术人员、行政办公人员，筹建网站，印制宣传品，等这些基本到位以后，开始高薪（高于同行50%的固定薪酬和业绩提成比例）大量招聘行业资深人士作业务代表，一时间行业内不少资深人士云集到这家公司。由于该公司密集的广告推广和资深业内人士的活动，势头非常迅猛，业界人士都意识到，一颗行业新星出现了。

这位A经理人由于占有绝对多数的股份，且是法人代表，自然是全力以赴，同时也把自己家中的许多资源包括车辆等，都投在了公司上，为公司的筹建和发展还动用了不少亲戚朋友的资源，真可谓是铆足了劲儿大干。背后的投资人——真正的老板，尽管也在公司留了一间很大的办公室，但由于忙其他事务，很少到公司来。

（1）业务发展迅猛，管理问题呈现，力劝夫人加盟

由于A经理过去是业务老总，刚开始公司业务启动很快。随着公司业务的快速发展，许多管理问题很快凸显，尤其是业务代表与行政后勤的关系处理问题。A经理人过去一直是经理人，一旦做了老板，处理起问题来有些手忙脚乱，很难应付里里外外的诸多事情，于是便劝说自己的夫人辞掉一家外企公司中层经理的职务，一起加盟公司，零薪水（因是咱自己家的公司）替自己打理内部事务。

（2）夫妻双双零工资拼搏奋斗，而矛盾却层出不穷

夫妻俩为了公司，可谓全身心投入。由于妻子的加盟，本来比较突出的管理问题更加复杂化，不仅业务代表有意见，公司的行政人员也有意见，矛盾错综复杂。没过多久，许多员工便知道了真正的投资人是谁，这样一来，一些有意见的员工便不怎么把A经理人放眼里了，认为你A经理人也不过是个打工的，还开什么夫妻店？于是就有人开始到老板那里告状，甚至是告黑状，紧接着，背后的投资人在公司出现的频率高了。

这时A经理人的身份便尴尬起来，虽然在员工面前仍以老板自居，但只要真正的投资人在场，有时说话就不得不看投资人眼色。大家心领神会，有真正的大老板在场，A经理人也就自然不受最高礼遇。就这样，A经理人的权杖一点点地开始软化。公司业务在磕磕绊绊中进行，自然比商业计划书里的速度要慢许多，尽管有现金流入账，但还是很难达到收支平衡。八九个月之后，现金流开始吃紧，熬过严冬，春天来临时，已是账面亏空，开始拖欠员工工资。等到五月份，账面亏损接近200万，同时一些被欠薪两三个月的员工开始找A经理闹，甚至扬言要告状，有些员工熬不住已经离开了。

（3）无奈签署破产协议，灰溜溜地离开公司

A经理人好生烦恼，期间找投资人商量了几次，投资人也很无奈，A经理实在不能强求投资人继续投资。最后一次商量时，投资人提出了两个解决方案：一是两人先按股份比例把亏损的额度补上，二是公司破产关门。A经理夫妻俩一商量，只能是同意公司破产，就这样，A经理与投资人签署了公司破产协议。A经理无奈、伤心、灰溜溜地离开了公司——趁周末公司没人的时候，开着自己的捷达车，把一年多来陆续从家搬到公司的一些办公用品，装上车又拉回家去，留下了一个亏损200万的公司的办公现场让投资人来收拾。

（4）投资人重新注册公司，重整团队

随后，投资人又在原办公现场筹备注册成立了一家新的公司，注册资金3000万元，吸收了原班人马，开始做同样的业务。那些走掉的人听说后回来要工资，也被老板吸收留下，原来欠员工的工资也都一分不少地发放（前提是这些人必须留下来工作，且按新公司的规章制度执行），同时在内部提拔了一位管理人员，向外招聘两位新的职业经理人，分管不同的工作，老板自己做董事长兼总裁。由于有原来的业务基础，公司半年多后很快步入发展轨道。

名实不符是深陷困境的主要原因

细分析，这位A经理人在公司投入的是智慧和非现金资源，二者也是资本。在本案例中A经理人占据了绝对大股东的位置,并出任法人代表，可谓双保险，但为什么还是出问题了呢？自己投入了时间、精力、智慧和资源，还让家人和朋友也投入了时间、精力、智慧和资源，最后却还

落得欠投资人的资金，表面上看事情根本就没有做成，反而做败了，并且要从法律上承担失败的责任。根本原因是什么呢？

本案例中，A经理人尽管占据了绝对大股东的位置，并出任法人代表，双保险还出问题的根本原因在于：A经理就是一位职业经理人，不论他以什么身份出现，都改变不了这一事实。作为职业经理人，虽然占据了绝对大股东的地位，可没有能量履行大股东的责任和义务，作为大股东的权力自然无法兑现；但名义上他毕竟又承担着这些责任和义务，所以这势必影响到他作为经理人的权力。更要命的是他还出任法人代表，这更让他没有回旋的余地。所以他败得很惨，而且败得名不正言不顺。可见股权对经理人权杖更多是起制约作用，甚至是毒害作用。

以上是2005年的案例。当今的互联网电商公司，包括新技术公司，投资人和创始团队以股权合作的模式一同创业已经很普遍了，股权比例各自不同，也有创始团队占绝对大股东的，但现在的操作都已经更规范化、书面化，签署对赌协议，创始团队不是简单的败后走人，而是将完不成阶段性任务指标进度如何处理，都规定得非常详细，而且把股权、决策权、经营权、监督权四者明确界定，使大家有章可循，有据可依。这样做，能最大限度地整合创始团队的社会资源，便于创业有成。如果经理人想创业，可采用这种清晰的风投模式，前提是有人愿意投你，你明白自己在投资人眼里有多重要。如果不是采用这种清晰的创投模式，经理人应慎重接受股权的垂爱。

9

恰恰是股权，软化了经理人的权杖

大多数经理人梦想有朝一日股权在手，然而梦想成真的那一刻怎么样？本篇告诉你的是成为小股东后的两难选择，成为大股东后的自掘陷阱，离开仅仅是因为股东身份。三个真实的案例诉说着一个事实——股权，恰恰是经理人权杖的软化剂，是行权的障碍，是与老板行权的冲突点。那么经理人什么情形下该拥有股权？该如何拥有股权，拥有什么样的股权呢？

离开，因为是股东

笔　者：你为什么要离开××公司？

经理人：老板答应给我5%的股份，也给了股权证明。可当了两三年的股东，也没有分到一分钱！问老板，老板说亏损。明明这几年企业发展不错，可老板把报表一摊，说亏损了，分什么红？

笔　者：真亏吗？

经理人：不知道，财务我也不管。这几年我成了股东，有什么问题也不好意思提了。稍稍有点意见，老板一句“你也是股东”就把我给噎回去了。

笔　者：为什么会亏损？

经理人：主要是这几年赚的钱又都投进去了。

笔　者：也就是说股东权益增加了，而短期利润没有。

经理人：要权益有什么用？我还不是该干啥还干啥？说不定有一天企业倒闭了，就什么也没有了。

笔　者：这是事实。企业早晚是要倒闭的，注册成立那天起，就意味着一天天逼近死亡。

经理人：所以，还不如要现货，多分点红。现在搞得收入还不如前几年，我越干越没劲，就辞职了。

笔　者：那你辞职后股份做何处理？

经理人：只能是不要了。本来就没有出钱，是干股，也没什么可惜的。

笔　者：原来有具体约定吗？

经理人：有约定，走就要退出股份。即使不退出，有股份也没有用。我天天在公司里股份都没有什么意义，走了就更没有意义了！

其实，持股经理人离开公司后，股份不仅没有任何意义，还意味着责任和义务。等公司遇到麻烦了，你作为股东是要分担的。

现实中许多没有做过股东的经理人也许都期盼着能够持股，当上真正的股东，哪怕是只有很少的股份也算是股东。然而，做过股东的经理人都明白做股东意味着什么，尤其做小股东该有多尴尬。君不见股市90%以上的股民都在亏钱吗？

经理人缘何梦追股份

经理人所要的股份主要有期股、分红股、管理股、真正工商注册的股份等。那么，经理人为什么要股份呢？答案是不职业。

尽管这几年我国经理人队伍在成长，然而职业经理人却很少，其根本原因是我国目前市场化程度还很低。

从经理人获取股权的动机来看，主要有以下几个方面：想做老板，想提高自己的身份，增强自己决策的权力，自己辛苦努力后希望能有所收获，觉得有股份后自己好像就有了产业，未来不干活也可以得到分红，自己早晚有所挂念等，而这些正是经理人不职业的一种表现。

什么叫“职业”经理人

什么叫完全职业化？用我的朋友赵琦的话讲：“读了 MBA 后就甘心一辈子做职业经理人，而不做老板。”其实职业经理人只是一种职业，老板也是一种职业，这完全是两个行当，与挣钱多少没有关系。既做经理人，又做老板，是很难把两种角色同时扮演好的。完全职业化的经理人，至少从心态上讲就应该心甘情愿踏踏实实地去做职业经理人，忠诚于职业经理人的职业，并且以做职业经理人而自豪。

成为股东反而不幸福

（1）成为小股东——角色的两难

有位经理人曾对我讲述了自己得到股份前后的事情。

他在一个企业工作两年后业绩不错，老板为了兑现承诺，赠送他 8% 的股份，而且是做了工商注册变更的真股。股权变更后，他发现自己的心理发生了很大变化。虽然和以前一样仍担任总经理职务，但已然今非昔比：以前自己就是一个职业经理人，无论是思考问题，做决策，发布指示，执行制度，处理员工关系等等，都是处在经理人的角度来思考和处理，变成股东后，双重身份和角色反而导致自己左右为难，角色混乱。比如过去给下属发布命令时，自己脱口就会说出“咱们都是打工的，应该站在老板的角度想想，你要是老板你会怎么想”，这样很容易和员工拉近距离，员工很容易接受。可自从有了股份之后，这话就无法说出口，而且员工还会半开玩笑地说“您现在是老板了”等酸溜溜的话，有些过去和自己谈的话现在都不谈了，于是自己得到的真实信息逐渐减少，与员工的沟通效果逐渐下降，说话的力量逐渐衰弱，工作成绩反比单纯做职业经理人时要差。

老板有时会不高兴，以为他成了股东后不卖力，有时还会直截了当地说“你思考和处理问题，应该转变角色，你现在是股东了”等等。可真正到关键时候，一点股东的权力也没有，还是老板说了算，因为这股份是老板赠的，自己并没有真正出钱，说话也不硬气。自从做了股东以后，不仅没有真正行使股东的权力，更由于老板和员工的双向逼压，加上自己的心理作用，比较严重地影响到了他做职业经理人的权力，搞得他很苦恼，心想还不如不要股权。

这位经理人就是因为股权带来了角色的变化，导致职业经理人权杖软化。经理人在得到了股权后，遇到的首要问题就是“叛徒”和“内奸”的两难选择：要么完全站在老板的立场上，员工会把你看成“叛徒”；要么完全站在员工的立场上，老板会说你是“内奸”，吃里爬外。如果还像过去做纯粹职业经理人那样两方面兼顾，那么你就有了“叛徒”和“内奸”的双重骂名。因此，职业经理人一旦被老板赠送的股份（成为真正的小股东）“套住”，将会很尴尬。

股权就像软化剂一样，使职业经理人手中的权杖疲软下来，职业经理人的业绩也自然会打折扣。

（2）成为大股东——自掘的陷阱

职业经理人成为小股东会遇到上述尴尬局面，那么是否成为大股东就好办了呢？《老板请我做了绝对大股东后》中的案例事实说明了一切。A经理人就是一位职业经理人，不论他是以什么身份出现，都改变不了这一事实。

作为职业经理人，虽然占据了绝对大股东的地位，可他没有能力履行大股东的责任和义务，所以他作为大股东的权力自然无法兑现；但他名义上毕竟又承担着这些责任和义务，所以势必影响到他作为经理人的权力。更要命的是他还出任法人代表，让他作为经理人没有回旋的余地。所以他败得很惨，而且败得名不正言不顺。由此可见，股权对经理人权杖更多是起制约作用，甚至是毒害作用。

股权何时能强化权杖

上面讲的是真实股权对职业经理人权杖的软化作用。

同样起软化作用的还有管理股。管理股不是真正的股份，是针对管理层的分红股，在担任管理职务期间享有股份的表决权和分红权。这种股份对经理人有双重作用：可能会为你在董事会里争取一部分主动性，但是对权杖产生的仍是制约作用。事实上，管理股就是镜中的烧饼，没有什么实际意义。分红股对权杖的作用应区别对待。如果分红股只是针对主要高层，其他员工没有，那么这样的股份也会软化权杖；如果是针对大多数员工的，那么对经理人的权杖则有积极作用。因为此时的分红股是一种激励手段，而且也是一种把现货转变为期货的分配方式，不仅激励了经理人，更激励了大多数员工，经理人可以较好地运用权杖来激励全员奋斗。

期股本身就是期货，是现货延期支付的一种方式。期股是一种分配形式，是一种用未来激励经理人和员工奋斗的方式，同时也能够为企业降低风险。期股如果是针对少数经理人的，那么其对权杖的影响不明显；如果期股是针对大多数员工的，那么期股就变成有效的激励方式，对经理人的权杖起到积极作用。期权也是留人的一种方式，它只有到规定的时间节点才能兑现，所以对人员的留用管理是一个较好的手段；但期股的缺陷是一旦目标实现，激励作用将会大大降低，此时就会对经理人的权杖起消极的作用。产生消极作用的根源可能是经理人自身，也可能来自那些成为富翁的员工。当然，如果期权价格长期跌入行权价以下，激励作用也荡然无存。

当下，互联网电商公司大多采用股权和期权相结合的方式，来激励核心员工。这对凝聚团队、激励奋斗、留用核心员工是有价值的，大家目标一致，冲上资本市场，获取资本市场的溢价。这种权证的激励方式会因进入公司时间长短、职级高低、贡献大小而不同，股权的形式千奇百怪，目的都是同一个，就是激励大家奔未来，完成目标包括服务时间目标。这种完成目标后给予的奖励，是延期分配的一种支付方式，也能为企业降低用工风险。这种股权，没人把它当成真正的股权，只是弹性收入的一部分。这对权杖的影响微乎其微，因为影响收益的是资本市场，而决定资本市场股价的因素就太多元了。

离职前后的彷徨

经理人舞动权杖必然会对他人有所伤害，行权过程必然会和老板发生冲突。当量变积累到一定程度后，必然会引起质变。任何经理人离职都有一个思前想后的过程，而这时经理人内心是极度彷徨的。谁也不想离开曾经奋斗过的舞台，因为奋斗过，肯定有太多的不舍与感情依恋。是走还是留，什么时候走，以什么形式走，走后去向哪里，都是非常难以决定的。读罢本章，彷徨的你会有明确的答案。

本章明确地告诉经理人如何积累跳槽资本。如果是年关跳槽，有太多的学问,年关跳槽的十大秘笈不得不看。面对职业的“火海”，是逃离还是浴火重生？本章还告诫经理人一定要远离老板“疯狂”的企业。无论何种原因离开企业，交权最能体现职业经理人职业化程度。离职后,如何才能避免老东家“追杀”？最后,心态是重要的。天下谁是英雄？其实天下没有第一英雄，也没有永远的英雄。

本章还分析了 40 岁黄金期职业经理人的十大归宿；如果你是名企业出来的，你将会遇到哪些跳槽困局；当你做过老总后，还能做什么；如果你想创业，告诉你，成功经理人创业有 13 大障碍如何克服；想当老板，需要哪些核心本事；如何创造与天才比肩的成就。

1

经理人如何积累跳槽资本

跳槽说起来容易，实施起来难。随意跳槽，最终结果是越跳越不值钱，最后跳不动了，成为职场剩人。因此，跳槽前后一定要盘点自己，目前工作的单位为自己积累了多少跳槽资本，跳往下一家单位能否为自己积累更多的跳槽资本。

如何拿捏决定职业生涯走向的学历、经历和年龄三大要素

跳槽，是需要有资本的。

为什么有人跳了几次后跳不动了？因为资本跳没了。为什么有人离职后找不到工作？因为他们本就没有跳槽资本，一闪念成千古恨。当然，也有人越跳越好，那是因为他们通过跳槽，积累了更多的跳槽资本。

那么经理人该如何积累跳槽资本呢？这里涉及三大因素，即学历、经历和年龄。

学历要“高不成低不就”

猎头顾问在推荐高端经理人时，其学历是必要门槛。尤其是知名的一流大企业，高学历要求会卡住一大批人。即便不做硬性要求，在实际操作中也都是求高弃低。同等学历，也会看是什么学校出身；即使读了研究生，也会看本科是什么学校——因为只有高考是最透明、最容易参考的标准。因而在目前的职场上竞争,普通经理人仅有本科学历就单薄些，最好有硕士学历。如果没有连续读完硕士学历，一般不要脱产读，而是在职读，以保持职业连续性。

领袖级企业对人才的录用标准大多是名牌大学，甚至是有限的几所名牌大学。因而具有名牌大学本科学历的人,就具备了最基本的跳槽资本。当然，如果又读了研究生，就更具竞争优势。

如果读了博士呢？就不一定了。因为全日制读完博士学位，企业里真正合适的岗位就很少了，无非是大集团的总裁级岗位，或战略研究型岗位。总裁级岗位本来就没有几个，战略研究型的岗位也不多，大集团公司就更少，所以读了博士还想在企业间跳槽，应做好面对困难的准备。但我还是劝能读的尽量读了，人们称读完博士，就业无障碍，即使在企业就职，你如果有博士学位，哪怕是在职读的，也便于企业嘴上说起来可以吹吹牛，也可以作为统计数字“我们拥有博士学历的有XX位”。

总之，学历基础不硬的人谨慎跳槽，除非积累了丰富的职场经历和资历。

经历变为资历才有用

我在2010年见过一位基础很好的经理人：本科读的是国内知名综合性大学，毕业后进了世界500强企业，工作6年后开始跳槽。因为有了跳槽资本，所以先跳了一家本土的大型民企集团，下面有两家上市公司，应该说还可以，职务晋升，收入也增加了。但是一年多后他再次跳槽，从此便一发而不可收，开始了习惯性的频繁跳槽，随后 3 年多连续跳了 6 家企业，不过跳的企业规模越来越小，而本人期望值也越来越低。由于频繁跳槽，没有积累起财富，而 30 多岁正是花钱的年龄——房子、车子、妻子、孩子都要钱，所以搞得他越来越急功近利，心态不稳，行为失常。

其实，按常理讲，他的职业生涯应该是刚抬头起步，进入迅速爬升期，然而他却开始掉头迅速下跌。这是因为频繁跳槽令用人单位望而却步，更由于在每家企业停留时间短，背景调查时无法评论，所以用人单位不敢用。可以说，是他离开知名大平台后 4 年多时间的频繁折腾，把原先雄厚的跳槽资本抵消了。他只能重新从低级职位干起,积累职场资本，若干年后才能有资本再跳，不过这是一个痛苦的过程，他必须克服习惯性跳槽，踏踏实实地在一家企业干一番事业。

经理人要想在职场上积累经历资本，就要踏踏实实在某一像样的企业干个四五年以上，而且干出成绩，在业内干出名气，每一步都踩实了，然后才能有资本往更高的平台上跳。

耐着性子做一个完整项目再跳

经理人跳槽千万要注意：把一个项目做完整了再跳槽。很多行业都是项目型的，企业的收益来自于一个个项目，对于这样的行业，职业经理人一定注意，要把一个项目做完整再跳槽。同样，进入一家公司时，最好是项目刚启动或正在启动，加入公司后，把启动的项目做完整后再跳槽，这样才能积累跳槽资本。有的经理人，只看企业品牌，不看项目，进去时，负责的项目进行到一半进度，干完后，又开始了一个新项目，干了半道，遇上新的机会就跳走了，这样是不能积累跳槽资本的。虽然一个项目平均需要3年左右时间，但有些经理人七八年也没有干过一个完整的项目，于是乎就跳不动了。

时间就是最好的考核证明

前面讲到，如果企业业务是项目性质的，要把一个项目从头至尾干完整了再跳。另一方面，如果不是项目型的，比如工业品、快消品、服务类型的公司，在这样的企业，待的时间长短就是最好的考核证明。原则上在一家企业至少要两头挂角4个年头，标志着你成功经历了一个完整的绩效考核年度，否则，别人就会怀疑你是没有经受住绩效考验，被绩效考核考走了。

时间＋提职是你优秀的证明

翻看有些人的简历，跳了很多次槽，职务也一直在提升，但你会发现他的每一次提升都是通过跳槽来实现的，或者说，他从来没因业绩突出而得到提升加薪。这样的简历，雇主一看，就知道他是冲职务和薪酬跳槽，而不是为了实实在在把事情干好的，不敢用。最好的经历就是在一个组织里干了四五年以上，职务得到了提升，职务提升了，薪酬也自然跟着提升了。如果是在每一家单位都干了四五年以上，每一家单位职务都有提升，提升后还能再干两年，这是最好的跳槽。这样的履历说明这位经理人在任何一家单位都能干好，都能得到提升，适应性强，能力突出，有很强的实力。

提职+提职后的时间说明了什么

有的经理人，在单位干了一两年就提职了，提职后，不满一年就跳槽。一般情况下，这说明这人能干，能力强，但忠诚度差，感恩意识差。老板提拔你的目的，是想让你做贡献，你反而有了跳槽资本就跳槽了。如果没有客观的理由，如更高级别的经理人空降后的打压排斥，企业重组股东更迭带来的人事地震，你的忠诚度将会大打折扣，削减你的跳槽资本。所以，提职后，最好再干个两年以上。这样忠诚的指标就亮出来了。

提职后的时间+提职后的业绩说明了什么

如果提职后干了3年还没有继续提职，你也没有跳槽，帕累托定理在你这里应验了吗？如果提职后3年你没有继续提职，而企业还有提职空间，说明你的能力峰值被测试出来了，帕累托定理在你这儿得到了验证，你冲击到你能力的峰值，你的职业高度也达到了峰值。如果你的企业没有提职空间，你就是老板一人之下，众人之上的位置，那要看你的业绩如何。如果你的业绩超越了同行业发展的水平，说明你是优异的，否则不能说明你优秀。如果同行停止增长或者是负增长，你所在的企业是否增长？规模增长了，是并购来的，还是市场扩张来的？如果是并购来的，你在并购中担任什么角色？如果是利润增长，你是通过什么手段？你在其中起的作用是什么？如果企业进行了上下游延伸或平行多元化发展，你在其中起到了什么作用？这些都将影响你跳槽资本的构成。

总之一句话，你在企业工作的时间段内，干了什么事，干成了什么事，你是怎么干成的，这就是你跳槽资本的构成，也是你对企业的贡献值。对企业有正贡献，就积累了跳槽资本；没有贡献，就没有积累跳槽资本。

不同年龄做不同的事

我见过不少经理人40岁左右才开始从国企或政府机构跳出来，但刚跳不久就失去了年龄优势。40岁也许在国企和机关才刚起步，但对市场化企业的大多数经理人来说，已是如日中天。过45岁，机会就不多了。对大多数经理人来讲，40岁就是职业成就曲线的顶点，然后掉头逐步向下，再往上走的人就凤毛麟角，或是进入董事会，不做一线经理人了。当然，如果你在体制内，尤其在国家部委干到了司局长职位，又在与经济相关的部委司局，在年龄四十七八时离开，也还是可以的，因为起点比较高，竞争者少。

对经理人来说，哪些年龄段最有跳槽资本呢？准确地说是35～40岁。延展一下，是30～45岁。然而，很多人没有把握好各年龄段该干什么，所以没有积累起资本。其实人生的每一年龄段都是环环相扣的。

（1）30岁前，学习期

大学毕业后到30岁以前，如果把握得好，就为以后起飞奠定了很好的基础。然而很多人30岁以前几乎什么事都没干，没有向组织学习，没有向长辈学习，甚至大加排斥，认为自己的上司都是笨蛋，自己所在的公司都很糟糕，于是总在跳槽“逃生”。结果，除了交学费还是交学费，错过了最佳的“职场经验学习期”。如果30岁以前没有把握好职场起步期，以后就很难起飞，至少飞不高。

（2）30～35岁，成长期

有不少经理人在职场起步阶段做得不错，开始在经理人阶层打拼。但由于各种主客观原因，也有不少一起飞就飞得晕头转向，开始穿梭乱飞。刚开始经理人并不在意，等意识到不能这么跳时，已经跳了五六次甚至十多次，于是本来很好的职业发展前景，至此最多就是“平移运动”了，因为他错过了最佳成长期，有的只是惨痛的经历。如果 30 ~ 35 岁时，踏实下心来专心致志地把事情做好，按捺住自己诸多不现实的欲望，职业发展将上一个台阶。

（3）35 ~ 40 岁，启用期

因为有了十多年的职场积淀，经理人也证明了自己的能量，所以 35 ~ 40 岁是经理人最佳的黄金季节，也是第一次收获季节。此时组织对经理人的重用，也许超出经理人自己的想象：大权在握，被晚辈处处尊敬，自己处事也得心应手，春风得意。此时的经理人不仅拥有成功的现在，更畅想着未来。应该说，人生有此成功体验就已不错了，也没白来世上走一遭。然而，大多数经理人就是在这里达到了职业顶峰，从此抛物线旋即向下。因为从机会上讲，越往上岗位职数越少；从要求上讲，再往上发展需要的能力模式就发生了质的变化，不仅仅是冲锋陷阵了。然而很多人在这里没有完成职场能力模型的切换，所以止步不前。

（4）40 ~ 45 岁，转型期

这是职场经理人痛苦的转型期，从一个充满希望和激情的人，转化为非常现实、平静的人，转化为学会踏踏实实做事的人。职场人在这个时期必须转型。有人转型早，适应了 40 岁以后成熟的中年岁月；有人转型晚，还像 30 来岁时那样想入非非，就会被人看作不成熟，认为你不着调。

为什么 40 岁以后必须现实呢？不仅因为你成熟了，更重要的是经理人在 35 ~ 40 岁完成了能力模型的转换，进入公司核心层，整天讨论的都是组织战略决策的事情，如果不能踏实下来，还想入非非，会把企业

带入危险境地。此外，这时与你同级对话的全是决策层成员，对下则是各级经理，所以就要求你能够在情理法义之间准确拿捏，包容很多事情，并且学会和老板、和资本对话。经过这一段的磨合，45 岁以后的你就具备了再上台阶的能力，否则大多会走下坡路。

（5）45 岁后，和谐期

如果一位经理人，45 岁以前都能顺利跨过每一道坎，步步提升，那么这位经理人内心会修炼得非常和谐：能够正常在决策班子、董事会的层面上一显身手，正常情况下都能和老板对话，完全能够从资本、经理人、员工以及社会等各个层面上思考问题，自己当然也会有很不错的收益，光荣而安全退休一般来说问题不大。企业投资人真正需要的就是这类经理人，因为只有这类经理人才能与投资人和谐相处，完成职场的全部历练。

当然，如果你是在新兴互联网电商公司做职业经理人，其 5 个周期的年龄，要比传统企业提前 5 岁左右，甚至更早，大多在 30 岁左右就担当大任了，而且每一个周期不是 5 年，而是压缩为 3 至 4 年。在互联网公司，更能体会到什么叫白驹过隙，转瞬即逝。这就是个快的时代，技术更新迭代，让一切都快得超乎你的理解。

职场就像筛子，每升一层，总有一批人被筛下去，最后留下的是真正历练过的经理人。这些人能够工作到超过 50 岁，甚至 55 岁、60 岁，而且越来越受人尊重。

经理人跳槽的资本，就是这样随年龄的增长一步步积累出来的。

当然，有人会问，被职场的筛子筛掉了怎么办？ 40 岁左右职业曲线就掉头向下了怎么办，而互联网企业大多 35 岁就掉头向下该怎么办？莫急，我会在《做过老总后，还能做什么》一篇中告诉你答案。

2

经理人年关跳槽的十大秘笈

跳槽一般都在年关。这个时候，老板刚刚规划了来年以及未来三到五年的发展战略，需要有经理人来帮助实施，于是在年关前后招聘高管，对经理人来说便有了大把的机会。有不少老板希望经理人年前到位，但对经理人来讲，最好是年前谈妥，年后到位，于是便有了无数的内心彷徨犹豫。

年终岁尾，正是职场人跳槽的高峰期。躁动不安的心，彷徨在跳与不跳之间，徘徊于年前跳槽还是年后跳槽的矛盾之中。

徘徊和彷徨的原因如下：对现在的单位有诸多不满意，失望情绪缠绕着自己，外界还有不少精彩的机会在向自己招手，难耐诱惑；但同时又有所顾虑，因为离开了现在的单位，年底的奖金也许就没了，老板的红包肯定没有了，辛苦一年，不忍失去现实的成果；另外，跳到新单位，也不一定就一帆风顺，如果过不了试用期，什么都得不到，原单位该拿的拿不到，新单位也没得到收益，两头不靠，“竹篮打水一场空”。于是乎年关想跳的经理人陷入焦虑、彷徨和苦恼之中。

究竟是年后跳还是年前跳呢？一般人会想，当然是年后跳了，因为年后跳可以踏踏实实拿到年底该得的奖金和老板的红包。但这只是从短暂经济效益来看的，真正该跳不该跳，不能因此一概而论。如果单纯从短暂的经济效益看，确实该留到年后跳。可是变换角度，或从长远看，放到职业生涯来看，放到一生的事业棋局来看，是年前跳还是年后跳，就要认真分析和甄别一番了。

分析判断什么

年前跳或年后跳要做以下三方面分析：一是分析目前所在企业的情况，二是分析将要去的企业的情况，三是分析自身现状。其中，对自身的分析主要包括五方面：年前跳的直接经济损失预估；自己目前在企业的职业状态；自己的职业发展阶段；自己在未来企业的职业发展情况预测；自己目前的经济状况以及其他如住房、婚育等。把各方面都分析透，做一番综合比较判断后，答案自然就有了。

通过分析，大概有以下十类年关跳槽情况及其应对方式，姑且称之为十大秘笈。

第一种情况：都是鸡肋，还是啃现在的吧。

目前自己所在的单位一般，而要跳的单位也不是太理想，两边都是鸡肋，跳与不跳都没有多大意思。大多数人都是处于这种情况。怎么办？那还是踏踏实实干到年底，拿到奖金和老板的红包，年后再说。

第二种情况：摆脱失望，直奔希望。

对自己现在的单位不满意，甚至严重不满意，而要去的单位又是自己向往的，怎么办？机会难得，当然是跳过去。既然对现在单位不满意，有可能是单位效益不好，前景暗淡，或不得老板的欣赏，那年底的奖金红包肯定也没多少，等到年底也是白耽误时间。又或者人际关系紧张，不喜欢目前的工作，痛苦难受至极，那还何必受罪呢？面对一个失望的绝地，还不如痛下决心，奔一个希望之处，至少未来转好的概率是 50%。这样跳到新单位去，年底虽然没有奖金，但老板发个一般的红包总是可以的，也许来年命运转好，有了新的希望。所以这种情况下，应该还是跳。

第三种情况：有心仪的未来，可以舍弃满意的现在。

对自己现在的单位感觉不错，没有什么明显不爽的地方，处于比较满意或满意的现状，而新单位的诱惑是另外一番情景。新单位比现在的单位更好，正是自己理想去处，比如正处在稳定而又快速发展之中，企业有一定的历史积累和社会知名度，并有较高的行业占有率和市场影响力。与此同时，自己到新的单位，职务有所提升，薪酬有较大幅度上升，舞台明显比现在的单位要好，老板希望自己加盟的愿望比较强烈，态度比较诚恳，几乎有明确预期的光辉未来。跳过去也许会有比较大的现实的经济损失，但是在未来会得到补偿，甚至是加倍补偿，而且补偿的不仅仅是薪酬，更多的是成长机会和发挥才能的空间。如果自己刚好又不急需用钱，那么还是跳为好。既然有心仪的未来，就可以舍弃满意的现在，包括年底不薄的红包，因为有舍才有得，大舍大得，不可能好事都得。

第四种情况：直面经济损失，不跳有因，跳也有理。

一般情况下的企业，年底老板发红包都是有惯例的，大概发多少自己差不多能判断出来，尤其是中高级经理人更能判断个八九不离十。除了结合惯例，还要结合企业目前的经济现状、自己所在岗位今年所创造的经济效益以及受老板重视和肯定程度，以及企业下一步的发展战略、自己所在岗位在战略调整中的地位和作用。不同企业发红包的数额是不一样的，更有的企业是把经理人的年薪分成固定部分和绩效考核部分，绩效年薪部分如果所占比重较大，年前跳的话按照惯例是否发放，以及年度绩效在来年的几月份发放，都要考虑进来。这样综合测算就会预估出年前跳的直接经济损失。

预估了经济损失后，就必须直面经济损失。如果自己正处在经济紧张期，急需用钱，虽然未来很诱人，但还是坚持一下，现实些，干到年底拿了该拿的绩效工资、奖金、红包后再说，年后再考虑跳槽问题。这就叫“人穷志短”，必须先解决生存问题，再解决发展问题；先考虑现实物质需求，再考虑精神需求。如果不是急需钱，不穷，就像上面谈到的第三种情况，可以舍弃即将到手的经济收入，着眼未来。

职场三期如何跳

职场有三期，即职场学习期、职场成长期、职场贡献期。不同时期，有不同的跳槽理念和操作方法。许多职场人就是因为不明白这些，所以瞎跳、乱跳，结果跳糟了，跳入了危险的职业通道，追悔莫及。

第五种情况：职场学习期，选择优秀组织潜心学习。

初入职场的人，正处于职场的学习时期，能在一个优秀的组织潜心学习上五年，那是职业发展中的一件幸事。没有学满五年，就很难学到其经营和管理的精髓。所以，处于职场学习期的人，首要的任务是选跳一个与自己禀赋匹配的优秀组织，至于如何选跳是另一个话题。如果目前所在的组织与自己的禀赋匹配，工作与性格和专业匹配，就沉下心来，踏踏实实干它五年以上，完成从学生到专业经验者的过渡和转变。千万不要因为看到自己的同学、同事、朋友们纷纷跳槽，自己也就按捺不住想尽快跳，甚至放弃年终的红包收入而跳槽。在职场学习期，就是要寻找优秀的组织学习，其他是次要的。当然，这里还有另一关键问题，就是如何判断什么样的组织才是优秀的组织。

第六种情况：成长期，在锤炼中成长，年后跳远比年前跳要好。

什么是职业的成长期？入职场学习了五六年后，职场人要完成从经验者向行家、专家的转变，或者从一名被管理者转变成管理者，比如从一名基层主管向经理，从经理向总监，从总监向总经理成长蜕变。企业组织通常都是在年底进行企业战略调整，进而导致组织结构的调整、人事的变迁。成长期的职场人，尤其是沿着管理岗位晋升者，必须要经历这种调整和变化，否则就很难得到锤炼和成长。如果成长期的管理者年前跳槽到另外一家企业，不仅是缩短了你在原来企业的经历，更重要的是失去了在企业年终调整期的经历和锤炼。当然，你刚加盟的新企业年底也在调整，可是你初来乍到，对年终岁尾企业战略调整、人事调整、组织调整、业务调整一头雾水，只能被动适应。由于新加盟没有资格和筹码主动参与调整，这样的组织调整对你来说只有成本，而没有任何收益，甚至调来调去把你这个初来乍到的人调得惨不忍睹。原本是奔着梦想希望而来，结果不仅个人利益受损，而且调得自己心灰意冷，要么自己不适应而主动离职，要么被动离职。不少成长期的经理人，就是因为在年终岁尾的调整期进入一个组织，结果进去后组织调了又调、整了又整，调整得自己不适应，愤愤然、凄凄然离开了新加盟的组织，带着失落、哀伤离开了自己本来无比向往的组织，其他什么也没得到。由于受到伤害，逐渐形成了自我防护心理，到新的单位又主动加了一层自我保护意识，导致自己不能快速融入新组织，处处设防，神经兮兮，结果再次被迫或主动离开组织。如果有了两三次这样的经历，就陷入了习惯性跳槽，职业生涯进入一种无规则的布朗运动，从此在危险的通道中运行，而且越混越不值钱，越来越没人要，这时候你会后悔当初那次年前跳槽——由于年前跳，不仅奖金、红包没拿到，还害得自己一步走错，步步倒霉。

如果当初年前不跳，你得到的不仅是奖金和红包，更重要的是延长了你在原来单位的工作时间，在年关调整的时候，由于你对组织熟悉且适应，就有资格和实力参与调整。你是老人，对组织有贡献，有谈判的筹码，于是你会自觉不自觉地参与到调整过程中，尽管不是主导，也是积极的参与者。作为成长期人士，尤其是管理人员，经历过这种调整是难得的宝贵财富。过了年再跳，等到年底新组织再调整时，由于加盟快满一年，对组织相对熟悉了，就有资格参与到新的组织调整当中，不仅如此，在前一个组织调整中获得的经验，在新组织的调整中也会用得上，你可以主动规避风险，甚至发挥才智，给组织调整带来新的活力，这样组织就会发现你的才华，有可能将你重用和提拔。所以对处在职业成长期的经理人来说，年后跳远比年前跳要好。

同时也得区分另一种情况，就是你现在的组织对你不感冒，要排挤你走，你在这个组织里面怎么混都没有出头之日；或者说组织本身就一塌糊涂，刚好有一个新的不错的机会等着你。这样的话，就不要期望着参与调整，因为你就是被调整的对象。如果你不识趣，非要跻身调整当中，结果可能很惨，甚至影响到你未来的职业发展。既然如此，何不主动请辞，趁早跳槽，到新单位赌一把，也许还有50%的希望呢。等着被组织调下来，那才是悲惨的事情。

第七种情况：成熟期跳槽，年前年后总相宜。

职场人学习期成绩优异，且有很好的成长期，必然会迈入职场的成熟期，于是10多年积累的职场能量开始发挥。那么，成熟期职场人该怎么跳？答案是年前年后总相宜。

如果新老单位都差不多，就是年后跳，为什么？第一，你到任何地方都可以发挥能量，无论是新老单位用的都是你的经验，干到年底，拿到奖金和红包，是理所当然。你只要是提前找好新的地方，谈好年后过去给自己留个位置，新的单位很有可能等着你，因为你是成熟的经理人，正是发挥才华的时期。如果是在职场学习期，年后跳过去，用人单位就不一定会给你留着岗位。

如果新单位比现在的单位更好、更有吸引力，例如职位更好，薪酬更高，成长空间更大，企业的品牌影响力比现在的单位要大，企业有广阔的市场空间和发展前景，那么，作为一个成熟的职业经理人，可以舍弃年底到手的奖金和红包，年前就跳过去，因为那里有更好的舞台等着你，更体面的薪酬等着你拿。既然你在单位都快干到年底了，老板也不会亏待你，尽管你走了，老板也许还会给你一定的红包，甚至一定的奖金，为什么？因为你是成熟的职业经理人，老板对你还有期待呢，如果你到新单位确实发挥不出能力，时间又不太长，你再回来，老板也会欢迎你。所以，一个成熟经理人在年关这个节骨眼上，年前跳到新单位，年底老板又给你了红包，这就标志着老板对你有期望，认为你是个干事业的人，不是简单追求眼前利益的人。如果你到了新单位干不好，完全可以回头是岸。所以对一个成熟的职业经理人，遇到更好的发展平台，年前跳比年后跳要好。

再深入分析，如果新平台确实不错，有一定的市场影响力和品牌知名度，且有广阔的发展前景，就不能简单地计算年底红包和奖金了。年前跳过去，第一职位有保障；第二年底老板也会给红包；第三在新的单位可以干一个完整的年度，到年底红包会更大；更何况成熟规范的知名企业组织，往往有功勋序列，年前跳的，也就是说 12 月 31 日以前到任的，也许在未来功勋序列当中，你就比年后二三月份跳过去的早一个年度，虽然只是早了一两个月。在成熟规范的组织里面，几乎都是以时间节点划线，例如评奖、股权激励、提职、福利等等。年前过去的，刚好满整年度；如果是年后过去的，不仅不满整年度，而且年后加入的人往往很多，涉及利益分配的时候人多就不好办了。就像 1949 年 10 月 1 日前参加革命的都叫离休，1949 年 10 月 1 日后参加革命者叫退休，这就是重大差别。所以，年前跳过去，损失了奖金红包看似吃亏了，但放在未来看并不一定，往往获利更多，收获更大。

当然，作为成熟的职业经理人，现有的单位确实不好，你在这儿没有机会发挥才能，老板连续给你画饼充饥，编造善意的谎言，连续两三年都没有干成任何事情，那么如果有好点的单位，赶紧跳，不然的话你在这儿待上两年就废了。新的用人单位往往考核最近两三年你有什么业绩，如果两三年什么事也没干，最美好的职业黄金期白白耗费了，变成了职业荒漠，怎么用啊？新企业都不知该如何评价你。所以如果现有的单位不好，遇到好单位坚决及时跳，就不要论什么年前年后了，不然，等到年底，老板连工资都发不出来，还拿什么发奖金和红包呢？这样的企业，老板往往有好多承诺，到头来大多都是“镜中的烧饼、水中的月”。

警示：年关跳槽的禁忌

第八种情况：面对老板激情忽悠，年前年后都不能跳。

年关跳槽，职场人很有可能遇到大忽悠老板，为你描绘了一个美好的梦想，一个光辉灿烂的未来，而且官升三级以上，把你从现在的单位一个排长职务，提升为未来的团长、师长，分管很多工作，给予很高的权力，年薪一下翻了好几倍，但月固定底薪却少得可怜。这种情况下，我给你个警告：慎去，或者根本不要去。这种企业的不确定性比较大。比如处于创业期的公司，历史才一两年，有太多的不确定性，表现为企业没有明确的主营业务，没有成熟稳定的盈利模式和现金流，更谈不上行业的市场占有率、影响力和品牌知名度，企业处于徘徊不定的状态，生存问题还没有解决，老板只是给了你一份激情和梦想。这种情况下，年轻的激情经理人，往往缺乏基本判断经验，却又对空头衔很向往，于是欣然前往，其实老板也就是十来个人七八条枪的胡司令。像这种企业晚去个两三年也关系不大，何必在乎年前去还是年后去呢？除非你现在单位更糟糕，即使这样，你也完全没有必要离狼穴入虎口。

更有甚者，老板什么也没有，或者根本不具备做老板的实力，纯粹是大忽悠，把光辉灿烂的未来忽悠给你，鼓动你一起参与创业，许诺给你管理股，什么董事身份，高额提成，甚至是法人代表等等，更有狠的或黑的，让你出现金占有一定实实在在的股份，成为真正的股东。结果你脑子热一激动，放弃即将到手的不菲奖金和红包，毅然决然地跳走和老板一起创业，这种情况下几乎是百分之百后悔。老板蛊惑你放弃眼前的“一”，就会有未来的一百、一千、一万等着你，好像晚加盟创业团队一天，就会错失天大的机会似的。急需用钱的年轻职场人最容易犯这种简单冲动的错误。

第九种情况：自己忽悠自己时，冷静待来年。

职场中，不仅别人忽悠你，有不少人是自己忽悠自己。有的年轻职场人，现在的单位也不错，而自己梦想创业，陡然有一好机会降临，比如有机会做一个知名品牌代理，加盟某某直销团队，一笔不错的中介生意，自己闷头想了一个好的商业模式，或自我感觉遇到了人类历史上从未有过的商机，千载难逢的机会不容错过，自己就兴奋得一晚上睡不着觉，第二天毅然向单位提了辞职报告，神神秘秘地开始了自己的创业，大家都不明白你要干什么，以为你疯了。这纯粹是自己忽悠了自己一把，放弃再有一两个月就可能拿到手的奖金和红包，懵懵然投入自己想象的伟大创业当中。你如果这样做，一定是因为没有创过业一时头脑发热，因为你对创业根本没有概念。这样的创业绝对是要失败的，因为无论你发现了多么“绝密”的商机，其实，这个商机在这世界上一定早已有成百上千的人尝试过千万遍，只是你不知道罢了。所以，建议未创过业的经理人，无论遇到多么好的商机，哪怕是万载难逢，天上掉下的金元宝，都要冷静下来，踏踏实实干到年底，拿到红包后再说。

告知：机会不容错过

第十种情况：年前，优秀的企业向你招手时，勇敢一跳。

招聘战略折射出企业一些深层的问题。老板胸怀宽广的企业、有发展前景的企业、处于健康良性发展阶段的企业，一般情况下都是年前八九月份就做完企业来年的发展战略，根据战略，往往十月份就开始大量招聘高管。所以，年前大量招聘高管的企业，往往是优秀的企业。尤其是北方的企业家，往往都是年前大量招聘中高管，不在乎年关这两三个月的低效益期，因为这时候老板把人才吸引来了，经过培训和文化认同过程，春天来了正好大干。经理人可以据此判断企业的优秀程度。

年后主动招高管的企业，有三种情况。第一，企业战略规划不清晰，不知道来年具体应该干什么、干到什么程度，于是等年后看看行业发展环境、企业的发展状况，来决定招人。第二，老板小心眼，算计着元旦、春节、年关的时候，企业一般干不成什么业务，大家都是沉浸于过节的气氛当中，干不成什么正事，招聘来的人反而要白发工资，所以好多老板本来该年前招人的，他不招，放到年后。如果是这种老板，这种企业你也不要去，那是小老板、抠门的老板，企业没有什么大出息。第三，春节后，高管离职，老板被动补缺。

所以，对一个成熟型的职业经理人，或是有一定成长潜力的经理人来说，年前主动招聘高管的企业原则上来讲都是比较优秀的企业、有明确发展战略的企业、对未来充满着希望的企业、老板比较大度的企业，所以建议你还是年前跳过去。这种企业基本上有一个比较好的未来预期，尽早跳过去，还可以在功勋序列当中占住先机。经理人面对年前的高管招聘，如果认为自己还行，判断企业未来也确实不错，我建议还是年前跳，勇敢地去跳，不要贪恋年底那点奖金和红包。

老板发红包的目的是什么

员工会认为，老板年底发奖金和红包是对过去一年的总结和成绩的肯定，全年工作干得好就应该拿到更大的红包。但是老板一定不是这样想的，甚至是刚好相反。老板发红包是继往开来。“继往”就是对你在过去一年内、过去几年内的成绩评定；更重要的是他对你未来的期许。老板之所以年底红包给你的比给别人的大，是希望你未来做更大的贡献，所以他给你的红包当中，更大的比重是对你未来贡献的一种预期。

如果你已经想着年底拿了红包年后跳槽，一般情况下你年底的红包就比应该拿到的少一些。正常情况下，职场人一旦有跳槽想法，往往就表现出来了，掩不住。如果你想拿了红包节后跳，年底的红包肯定比你预想的要低。红包包的是预期，因为你想跳槽，老板对你的未来没有预期了，给你的红包就大打折扣，留下的部分则是对过去成绩的肯定和部分情面套现。

也许你会考虑：“我正是想通过制造跳槽的迹象，要挟老板给我大的红包，以便留住我。如果老板真心留我，就应该给我更大红包，我得到后也许真的就不跳了。”这只是你单方面的愿望，作为老板、作为组织根本不会这样考虑。如果有人心要动，或者有所行动，或者找到了工作，等着年底拿完红包就走，你要是老板你会怎么做？表面上大家都说得过去，其实年底的红包和奖金已经大打折扣，甚至会采取更多的措施。如果不采取预备措施，陡然一天你提出来走人，老板没有准备，工作肯定受影响。

所以你如果决定年后要跳，同时又想拿到不错的红包，就应该隐藏深一些,等着老板给你发大红包。千万不要拿跳槽来要挟老板给你涨工资、发更多的红包，那是你一厢情愿。无论是经理人还是普通员工，一定要明白老板发红包的目的是什么。

但事情都是两面的。你隐藏很深，年底拿到了老板发给你的大红包，年后却跳槽走了，这等于老板已经支付给你未来一年的预期，而你拿着它套现跑了。一个成熟职业经理人年关跳槽，不要仅瞧着眼前的红包，应该放长远看，放在自己的整个职业发展看，放在职场中和老板关系的维护来看。还是那句话，老板真想用你，即使你年前跳走了，老板年底同样会给你一定的奖金和红包。如果自己拿了包含预期的红包，到年后陡然跳槽走了，你拿走的老板预期会在未来的职业生涯中失去，甚至加倍失去。所以，一定要明白老板发红包的目的和意义，这对职业经理人年关跳槽是很有帮助的。

年关跳槽，是人生的系统工程

年底的奖金和红包，对每一个职场人都是很现实的东西。但是作为职业经理人，在年关跳槽的问题上，一定要全面系统考虑，要放在自己职业发展的全过程来考虑，放在整个职业生态环境当中来考虑，放在整个人生的棋局中来考虑，不要简单地为了这年终的红包。不然，你也许得到了大红包，但同时也得到了职业发展的沉重包袱。也许你失去了眼前的“一”，但未来能得到“十”和“百”；如果不明白这个道理，你得到了你眼前的“一”，却将失掉未来的“十”和“百”。人生的差距就在这里。

我们在做猎头的过程当中，接触过不少只算计眼前的利益的人，有的经理人只算未来一年两年的利益。这样的经理人没有大出息，他们不能承担大任，太短视，太斤斤计较。事实的发展也是这样，这些经理人都是越干路越窄，越干收益越低，混得越来越没出息，最后成了职场“剩人”、“孤家寡人”。如果一个人考虑的是未来五年、十年，甚至一生要干的事情，算的是未来，那这样的职业经理人就有未来、有预期，可以托付重任，因为他的心胸宽广，能够担当，他的视野高远。年终岁尾跳槽的关键时期，关系的不仅仅是年底的奖金和红包，是你未来职业生涯是否顺风顺水的大问题。

3

面对职业的“火海”，是逃离还是浴火重生

跳槽并不都是在年关。平时跳槽的越来越多，有的甚至根本没有找好下家，就辞职了，因为眼下实在是忍无可忍，简直是身处职业火海，希望尽快逃离，一天都不想待。这也叫裸辞。逃离职业火海的代价也伴随而生。那么当经理人面对职业火海时，是应该逃离，还是浴火重生？

跳槽分两种，一是希望型，二是逃跑型。尤其30岁出头的人，表面上看是希望型，其实深藏的大多都是逃跑型。40岁左右的人也有逃跑的，但是同30岁相比就少多了。

很多小有所成的在职者都会为逃离职业“火海”而切换职业，至于逃离“火海”后怎么样，却想都没想，或即使想了也没有想明白。

这是个相对自由的职业时代，理论上每个人都可以自由地切换职业，尝试一下自己喜欢做的事情。但真要无所顾忌地切换职业，其职业代价则是无法估量的。

职业切换分两种类型：一是文化切换，另一专业能力切换，大多是二者都有。

文化切换，为何一年无获

A君早年到P国留学，在P国工作一段时间后选择回国，随后在P国一家世界500强企业一直做到中国区总部运营总监，受人尊重，收入不菲。然而当他为这家企业服务十多年后，却突然选择离职。我劝他先不要着急，有点眉目了再离职，但他说实在熬不下去了，就想离开。我问其职业诉求，他说只要不是P国的企业均可以，干什么都行。虽然我们努力帮他寻找，但一年来始终无果，他也一直赋闲在家。下面是我帮其寻找工作的大致经过。

刚离开P国企业的两个月，其实P国的企业客户问我们要过不少适合他的职位，但他都坚决回绝了，并一再强调只要不是P国的企业都可以。但因他除了汉语外，只会P国语，所以只能为他推荐本土企业。而本土做大的品牌企业一般都要求会外语，他又认定与P国业务相关的企业均不考虑，所以这些做大的国内品牌企业他也不适合，最后只有本土那些成长中的民营企业。我们帮他推荐了至少5家成长中的民企，但这些民企全部拒绝了他，要么直接拒绝，要么是在面试后拒绝，理由很简单——担心他适应不了，因为他过去任职的企业太大了，在世界500强都排名靠前。我每次推荐都和老板充分沟通，说他如何做好了心理准备，他本人也都认真准备面试，老板和人力资源系列的管理者也都认可他的专业能力和职业操守，但最终，都在“等考虑考虑”的推辞下无果。

有一位企业老板在面试A君后，对我说：他的专业能力没有问题，就是担心他干不长。于是又安排公司另外两位老总面试，结果同样。理由除了老板担心他习惯了知名大企业的规范化，到民企恐不能适应外，还有一条就是他拿惯了外企高工资，一旦拿了成长型民企打了三四折的工资（这是2005年前后的事情），心理上可能不适应。尽管A君一再强调没关系，但最终对方还是拒绝了他。

后来又有咨询公司找他，问他能否做咨询顾问。但他在接触后发现，原来还是让他做P国企业客户的事情，于是拒绝了，因为他对P国的企业文化从心理上产生了排异反应。

就这样，一晃一年过去了。再推荐工作时，用人企业就又多了一条担心：他远离职场如此长的时间，还能否适应？所以，A君至今仍待业在家。

行业切换，何必内行跳外行

还有一位高级经理人Z君，他逃离的是一个行业。他从20多岁开始在M行业打拼了13年，做到了业内中型偏大规模企业的执行总经理，最后决定从这个行业逃离。他对我讲，只要是与这个行业没有关联的企业都可以，但有一个前提：收入不能降。他带着这种心态，求职5个月仍一无所获，后经朋友介绍到我这里做职业咨询。下面是我俩的对话。

Z君：您说我离开M行业为什么就找不到一份适合我的工作呢？我在M行业能干得有声有色，到其他领域我相信自己也能干好。

笔者：假若你还回到M行业会怎么样？会找一份什么样的工作？

Z君：那会轻车熟路。我会找一份职务相同，而且薪水比原来要高的工作，因为业内人都知道我，知道我曾经创造的出色业绩。

笔者：那换一个行业，大家还知道你吗？你还能轻车熟路吗？

Z君：当然不了，但我自信能干好。只要给我半年时间，我绝对能熟悉。

笔者：我可以相信而不坚信，但客户不会相信，只是相信有可能。

他认可我的观点，于是我就给他谈了企业的人力资源观。

你在M行业是人才，离开了M行业就变成了人材（具备可以培养的潜质）。人材要成为人才，需要把木字旁去掉，而这一是需要时间，二是需要成本。而且，并不是说时间够，成本付出了，人材就一定能变成人才，只是有可能。

这种“只是有可能”，对用人单位来讲就是风险。第一，万一风险发生了谁负责任，是选人的人，还是用人的人？第二，你大概要有半年的熟悉期，这半年对企业来说意味着什么？竞争对手能等你半年吗？第三，成本有多大你测算过吗？找外行转变成内行，除了时间耽误不起外，重要的是外行的试错成本。内行最起码不会犯常识性错误。

所以，成长型的民营企业对用外行做高级管理人才这件事一般都比较慎重，除非是实在没有内行可选。Z君自己放着内行不干，非要逃离出来做外行，这不是舍易求难、舍近求远吗？A君逃离P国也如此类。

职场中类似的人有很多，他们有一个共同的初衷，就是逃离“火海”！至于逃离“火海”后怎么样，想都没想，或即使想了也想不明白。

切换之后，为何两头落空

上面的案例是职业切换还没完成的，下面我们讲讲切换完成者的案例。有人会举出一些成功切换职业的经典转型案例，其实这些都是低概率事件，大多数人只是多了一段职业经历罢了。

我接触过不少完成切换转型的人。其中有一位大学教授，财会课教得很好，也有一定的名气。2003年，43岁的他突然转行逃离教授职业，原因是实在不想当教书匠了。刚好有自己的朋友做老板，企业干得不错，他就到朋友的企业里做了CFO，工作干得也不错，老板非常满意，薪酬自然比当教授高多了。后来，朋友的企业经营不善，效益滑坡，于是他被迫离开，开始了求职之路。当我们为其推荐服务单位时，遇到了难题：他非常想到知名的品牌企业做CFO，但是这些企业几乎都拒绝了他。一是做高级财务管理人员，他的从业经历太短，做基层的财务总监，又担心他年龄偏大，因为过两年他就是奔50岁的人了；用人单位的另外一个担心是他在企业工作时间短，当教授时间太长，书卷气还没有完全去掉。

后来，他对我说：他的大学同学，出来一直做财务的都已经做到相当高水平了，而自己并不比这些同学差；正不平之时，回头又发现那些和他同资历甚至资历不如自己的大学同事近年来也有非常不错的职业发展。他感慨地说：现在才发现，我的人生职业切换，导致我两头靠不着，亏吃大了！当然他也坚称：我也有了自己独特的优势，既做了大学教授，也有了企业财务专业的从业经历，这是其他大多数人所没有的。

他说的没错，他拥有了别人所不具备的职业经历，这也是一种财富。不过从职业发展和职业成就来说，他却落后了。

何不浴“火海”而重生

与上面所说的几位相反，我接触过另一位高级职业经理人，因为只有初中还没读完的羞涩学历，从参加工作开始就在物流行业做搬运工、库管员，凭着自己不懈的努力和追求，一步一步成长，最终成为一名年薪高达数百万的高级职业经理人。而他尽管跳了很多次槽，但三十多年来从没有离开过物流行业。

我也问过他：你从十几岁开始就干物流，三十多年来就没有换过行，你没有想过换行？还是你热爱物流行业？您猜他怎么回答的？他说：“谈热爱物流业，那是瞎扯！只是干熟了物流，就会干物流。我在30岁左右时曾想换行，因为我非常讨厌物流这一行，整天搬来搬去，存来存去，送来送去，责任、风险、客户投诉等等，想想都烦。可就是因学历太低换不了，没办法，只能是塌下心来干物流，没想到一干就三十多年，今后也不会换行了。我敢说，物流行业很少人有我这么长的从业资历，所以在任何一家企业，所有的人都没有我对物流熟。说我是专家谈不上，说我是专业坚决笑纳。”他言语间充满着自信。

这位物流人士在他的职业生涯中，也遇到过所谓物流行业的“火海”，他也想逃，但他没有“资格”逃，无处可逃，所以无奈在职场“火海”中烧烤了三十多年，结果浴火重生，修炼成数百万年薪的高级职业经理人。

试想，只有初中还没毕业的学历就能有如此职业成就，那么拥有丰厚学历的人如果能坚持，能在职场“火海”中修炼30年，是否会成就更大呢？

任何时候的忍耐都是有价值的！人生也是如此。

自己究竟适合干什么

我经常接触的多是人们所说的职场成功人士，有的甚至是十分成功的知名人士。但他们中有不少人会问我：“你说我适合干什么？”其实，现实中几乎每个人都会问自己究竟适合干什么。一个人的职业生涯非常短暂，也就30年左右，我们都想在这30年左右的职业生涯中发挥出自己最大的潜能，成就自己辉煌的人生。

然而即使是成功者，也不清楚自己究竟最适合干什么，因为自己要了解自己，太难了！通常情况下，人是很难借助工具和专家了解自己的，那怎么办？我的答案是：当你不知道自己适合干什么时，千万不要把自己想干的作为自己适合干的。你适合干什么工作，主要的评判依据是他人认为你适合干什么。这个他人是谁？是比你阅历丰富的人，是你的上司，是有丰富经验的人力资源专业人士，是组织里面主要做人事工作的人。当然，更现实的考察方法是：你已经干过并干成的事情，是最适合你的事情。

谁最容易心生“逃”念

我们也对有强烈意向逃离“火海”者的性格进行过观察、统计和分析。有极强烈的逃离“火海”愿望的，大概是这样三类人：一是求新求变愿望强烈但又缺乏综合分析能力的人，二是性格内向而不善与人交流的人，三是偏执而轻率冲动的人。

这三类人在今天相对自由的职场环境条件下，在职场相对缺乏法律和道德层面约束的情况下，其逃离冲动变得尤为强烈。这种人尽管每次跳槽也都是满怀希望，但往往没过多久又十分失望地离开，满怀希望地加盟新的组织，就这样在希望和失望的切换中谱写着自己的职业生涯，直到跳不动为止。

当然，从年龄段来分析，有逃离行为的职场人士主要集中在 30 ~ 35 岁。这个年龄段的人自信而狂妄，有一定阅历、能力和资源，是“此处不留爷，自有留爷处”信念最强烈、最坚定的时候。这些信念催促着自己不顾一切地逃离现实中的职场“火海”。

跳槽是正常的，但不顾一切地逃离“火海”型裸辞却是职场大忌。逃离“火海”是人的天性，遇到问题和压力人的第一反应就是想逃离。但为什么有的选择了坚持，而有的选择了逃离呢？关键是自己的职业心态历练得如何。

享受一口井打透的幸福，还是尝试打多口井的新鲜

我不反对跳槽，但跳槽要符合职业逻辑。当年龄不占优势时，要特别注意；而在 30 岁左右这一年龄段，更要稳一稳自己的心态。

那些逃出“火海”而仍处在职位休闲期的人士该如何办？我的意见：火海无边，回头是岸；快速回归，方是上策。

当然，世界是丰富多彩的。人生百味，“我就想尝尝新鲜，成功与否无所谓”，有这样的观点也无可厚非。但这样的结果往往是新虽尝了，突破却难有，如同打了无数口浅井，就是没有一口打透出水的。等到明白道理的时候，却已经过了播种耕耘的季节。人生就是这样，很难两全其美：当你享受一口井打透出水的幸福，你就很难品尝到打多口井的新鲜；反过来也一样，当你品尝了打多口井的新鲜时，也就很难享受到一口井打透出水的幸福。人的生命是有限的，职业青春更是短暂的。

4

经理人，远离老板“疯狂”的企业

跟对老板是经理人的必修课，但老板也是变化的，尤其是当企业生意越做越好，规模越来越大，顺风顺水时，一些老板的心态发生了变化，自信、自恋、狂妄、疯狂。普通人疯了毁掉的是自己，老板疯了毁掉的是企业、经理人等很多人。很多经理人不清楚他的老板是自信还是疯狂，如果疯了，疯到什么程度？自己该在什么时候离开？因疯狂而毁掉的企业对自己的职业生涯有何影响？经理人不要贪恋灼人的权杖、刀口上的财富。

老板“进去”，一些高层也跟着一同“进去”，一些中层则面临失业……老板疯狂，遭殃的是经理人。早知今日，何必当初。

前不久遇到了一位职业经理人，他说有一位老板非常看重他，多次邀他加盟，但他担心该企业可能会发生动荡，所以仍犹豫不定。我回答道：企业有以下三种情况不要进入。第一，老板处于疯狂状态的企业不要进，因为企业离死不远了；第二，企业文化与自己行事风格差异过大的企业不要进，进入后的调整成本太高；第三，企业发展阶段与职业经理人自身类型不一致的不要进，否则进去之后不匹配，会很快被边缘化。

他接着问：何谓老板疯狂？我回答道：有三个指标。第一，语言疯狂；第二，行为疯狂；第三，“不务正业”——经营疯狂。

这个老板“疯”掉了吗

（1）语言疯狂

俗话讲：言为心声。语言疯狂，肯定是内心疯狂的外在表现。有些老板把企业做到一定规模后开始疯狂，首先表现为口出狂言，把一切都不放在眼里，瞧不起所有人，认为世界上没有自己办不成的事情，自己仿佛是世界上最大的英雄。类似疯狂的老板有不少,这些人最初并不疯狂，最多只是自信；然而一旦他们超越了自信，便走向了疯狂，开始冒大话，开始出口伤人——其实，是开始伤他们自己。

（2）行为疯狂

人疯狂起来不仅表现在口头上，更进一步表现在行为上。很多早期的民营企业老板发起来后，无视道德法律，无视政府，在自己的地盘里构建权力王国。也有许多老板在逐渐发展起来后，越来越猖狂，最后逐渐堕落为黑社会，行为疯狂到令人发指。

（3）“不务正业”

许多老板本来是做实业起家的，但当实业做起来后，便认为自己无所不能，而跳进资本运作的漩涡。资本运作确实可以加速企业发展，但是许多企业家在尝到了资本运作的甜头后，便开始为资本运作而运作，结果是由做实业变为运作资本。吃草的一旦尝了肉，就再也不想吃草了。这些年，这类企业家越来越多，都在上演着最后的疯狂。“下周回国”的贾会计，以及瑞幸的不幸，都在演绎着疯狂老板的悲情故事。

很少有从实业转向资本运作后真正获得成功的案例。资本运作和实业运作完全是两码事，其规律是不一样的。而有些企业老板认为自己做实业能成功，那么搞资本运作也能成功，于是什么都想干，什么都敢干，自己想干什么就干什么，而且要干就干最大的，要做世界级的产业领袖，疯狂并购！并来并去，结果把自己“并”进去了。

严格说，目前我国的市场环境还不足以支撑纯粹的民营资本运作。所以想当然地把国际上成熟的资本运作手法移植到国内，开始大肆进行资本运作和产业并购，其失败是必然的。

成功老板为何会疯狂

其实，能够做起来的老板，都有过人之处，也都不乏自信心。自信心是必要的，但自信过了头就是自负，自负再发展下去就是疯狂。这个尺度为什么难以把握？客观讲，随着老板事业逐步做大，社会各种关联人群为了追逐利益，本来很刚性的机构和人物纷纷在利益面前失去了刚性。这时本来就自负的老板看到这些人软声下气，会更加自负和狂傲，认为金钱的力量多么了不起！到后来，也不认为是金钱的力量，而是自己的力量多么了不起！于是对那些接踵而至的鲜花、掌声、赞美都毫不客气地接纳，而对某些批评之声，要么充耳不闻，要么打击报复。这样，他就再也不能直接听到批评之声了。他接收到的世界从此失去了平衡，由此，他的思想开始疯狂起来。

这是分析一个老板走向疯狂的过程。当然，不同的人疯狂基点是不一样的，有人也许有了1000万的资产就会疯狂，而有人会到100亿才疯狂。为什么不一样呢？主要在于本身和环境双重因素。

就环境因素而言，如果周围都是100万元家产的人，也许自己拥有1000万时就不知道自己姓什么了；如果周围都是亿万富翁，他或许还能有几年的自知之明。

就自身因素而言，很简单，因为他已不能“承载”这么多财富了。古人云：厚德载物。人之所以疯狂，就是自身的德不能承载外物了。这个德是一个人社会属性和自然属性综合在一起的产物，物是指社会评价体系中的权力、荣誉、财富。一个人如果德不够，是不能承载动社会赋予他的所谓成功的。不能承载时，这个人便会疯狂，离灭亡也就不远了。

老板疯狂的危害有多大

（1）直接毁灭企业

老板疯狂带来的危害，首先是对企业的直接伤害。疯狂的结果是认为自己无所不能，这样真正干事的人才就会离去，聚集来的大多都是逐利之人。疯狂的老板做的事情有以下几种：干企业组织系统干不了的事情，干大家不能干的事情，干违背经济规律的事情。其结果就是盲目投资，盲目上马，造成大量人财物的浪费。疯狂还导致失去民心，周围人都会静盼着其灭亡的一天早日到来。总之，老板疯狂后的企业，必将是风雨飘摇，离灭亡不远。

（2）伤害麾下职业经理人

有人在入职时不明就里，一猛子扎进去，进去后发现企业老板已然疯狂，企业更是千疮百孔，危机四伏。怎么办？想退出也不是那么容易了。所以，职业经理人进入之前要慎重，千万不能眼看着疯狂的老板，你还抱着不管三七二十一，进去后再说的心理。当然，假如你另有动机，想趁乱捞点儿，也很可能是偷鸡不成蚀把米。当你看了下面的危害分析后，你就会重新思考自己的选择了。

危害一，或被疯老板干掉，或一同毁灭。一般情况下，老板一旦疯狂，就很难再回到常态来。只能是遭遇大的打击，而且这个打击又不能是致命的。如果你是位性格直爽、事业型的职业经理人，那你很可能与老板的思路不一致。你会极力劝诫老板，而老板这时一般是听不进逆耳忠言的，你冒死进谏等于是不识时务，所以没有等到企业危局，也许就已经被疯老板“干掉”了（这或许还是你的幸运）。如果你能够忍受老板的疯狂，希望老板自己清醒，甚至你赞同老板的疯狂，跟着老板一块儿疯狂，那结果肯定是一起失败。

危害二，增加找工作的成本。有这样一位有一定名气的老板，本来软件企业做得好好的，忽然心血来潮，开始在资本市场上运作。运作几个来回后，企业崩盘，大量的中高级职业经理人不得不树倒猢狲散，寻找新的职场舞台。然而，职业经理人跳槽是要花费成本的，更何况是被动离开已经崩盘的企业，浪费了大量时间后仍找不到工作的有的是！有的长达两三年仍找不到工作，一个重要原因就是，其他企业不敢要！对方担心这样的职业经理人带着原来企业的诸多隐患，进入本企业后，会给自己带来麻烦。其实，也许你什么“坏事”都没干，最多只是个执行者，但现实就是这样：人们为了保护自己，不希望招惹麻烦，多一事不如少一事。

危害三，职业形象、从业心理的负面影响。作为企业，可以很快地消失掉，不留痕迹；而你作为职场中的一员，仍要继续在职场中混下去。如何混下去？你曾经在一家灭亡的企业工作过，尤其是跟随企业一起灭亡的，试想职场对你会有什么结论？古有“败军之将何以言勇”之叹，失败的将军再言勇，是耻辱的事情。不仅是无法言勇，更重要的是无勇可言。而且心理上打上了失败的烙印，这种阴影很难抹去。这对一个人今后的职业生涯通常有比较大的负面影响。

老板疯狂，远离为上

通过以上对疯狂老板的危害分析得出可以结论，作为目前中国市场中的职业经理人，进入一家企业之前，就不仅要评价企业，更要评价老板，如果发现老板有疯狂的苗头，就应躲远一点儿。作为企业中的职业经理人，如果发现老板开始疯狂，要规劝老板赶紧回到常态中来，如不奏效就趁早离开，不然，最后你就要为你的职业生涯付出巨大的成本。总之，作为职业经理人，看到老板疯狂后，无论是在局外还是局内，都要尽早远离这样的企业，免得跟着遭殃。

5

经理人如何交出权杖

经理人加盟一家企业，往往怀着兴奋、期待、忐忑的心情；离开一家企业则往往伴着失落、忧伤，甚至怨恨、愤懑。在这种心情下该以何种方式离开？这正是考验经理人的时刻。接权很难，用权不易，交权同样需要胸怀和艺术。最能体现职业经理人职业化程度的就是交权，不职业的经理人、普通职业经理人、高级职业经理人、顶级职业经理人在交权的过程中分出了高下。

权杖是管理的核心。接权不容易，交权同样不容易。交好权杖，需要胸怀、手段、方法和艺术。

外企、民企、国企经理人权杖交接的差别

外企经理人交权是相对简单的事情，因为有完善而结构化的管控约束体系，每一个人的知识都已固化在系统上，经理人交权是一件履行手续的事情，不用刻意处理就能完成。国有企业的经理人交权也没有什么太大的伸缩性，不交是不可能的，有各方面的紧箍咒约束，也出不了大

圈儿，必须认真交接。民营企业经理人的交权则是一件重要而复杂的事情，因为过程中既没有国有企业诸多“紧箍咒”的约束，也没有外企结构化系统化的管控约束体系，主要是依赖于交接双方的自觉性和职业化程度的高低，变数非常大。所以，民营企业的经理人必须认真对待权杖的交接，不然轻则影响经理人的声誉，重则出事情。

经理人交出权杖的十大原因

一是聘用合同到期。在具备一定规模的企业里，经理人大多与企业签订了协议，协议规定了聘用期，到期后双方没有强烈的续签愿望的话就会解约，解约就需要经理人交出权杖。这种解约事先都会有思想准备，而且协约规定要提前一到两个月打招呼，所以企业和经理人双方都有准备，已经提前做了沟通，不会感到突然。当然，这样的交权也就相对平静。

二是阶段性使命完成。凡是经理人都面临着阶段性使命完成的尴尬。阶段性使命一旦完成，自己的能力特长就没有用武之地了，不得不交出权杖。正像打天下用武将，治天下用文官，企业是有其生命周期的，每一生命周期内都有发展阶段，不同阶段用不同类型的经理人，阶段与阶段之间的特殊过渡时期用特殊能力模型的经理人。一旦阶段完成，这些经理人如果不主动转变，主动适应企业发展，对企业来讲就是成本。所以，阶段性使命完成后，经理人必须交出权杖。

三是文化不能融合。经理人自身的文化风格是长期形成的，很难改变，而一旦进入新的企业，有可能面临新的企业文化挑战，或企业突然有新资本进入，带来了新的决策团队，同时也带来了新的文化风格。经理人若不适应，怎么办？有时会萌生退意，于是现实逼得自己主动交出权杖。

四是轮岗或提升。作为经理人在组织内轮岗、换岗或提升，是正常的事情。岗位变动了，自然要按组织要求，交出旧有的权杖，接手新的权杖，不交出权杖就会出事情。

五是功高震主。功高震主是许多能干经理人面临的又一尴尬局面。经理人不能干，无论给予多大的权杖都不可能“震主”；如果是能干的经理人，只要授予足够的权杖，再加上客观资源的配合，时间一长，功高震主是必然结果。经理人有能力，再有权杖，必然会带领团队打胜仗，打了胜仗团队成员就会佩服，渐渐地胜仗越打越多，经理人在团队的影响力就会培养起来，就这样，经理人越来越有权势，最后就会“震主”。这不是由经理人主观意愿决定的,而是客观的必然。经理人一旦功高震主，交出权杖是必然的，因为权势中的“势”是无法交的，只有交权。经理人只要交了权，“势”再大也不可能“震主”了，最多也只能是“捣乱”而已。

六是家庭和健康变故。经理人由于家庭、健康等原因，不能为企业更好地服务了。比如企业异地搬迁，而经理人由于家庭的需要不可能到异地办公；或者家庭陡然有重大变故，经理人没有时间和精力履行职责，于是主动无奈地交出权杖。经理人也可能由于自身健康的原因交出权杖。自己的健康出现了问题，需要休息、治疗，或者根本不能再继续履行岗位职责了，只能是交出权杖。也许经理人没有离开组织，但也必须交权。

七是企业战略转型。企业在发展过程中，由于市场的变化，或企业家主观判断市场变化，或资本属性发生较大变化，需进行较大的战略转变，于是经理人也要被动转变能力模型。不能转变或不愿转变者必然面临着淘汰出局的结果，退出管理岗位，交出权杖。

八是老板疯狂。由于企业快速发展，老板没有来得及消化或没有能力消化企业成长带来的财富、荣誉和权力，就有可能自我膨胀，膨胀过度就会疯狂，表现在口出狂言、行为张狂、疯狂购并等。这一疯狂不要紧，很多明智的经理人就产生了忧患意识，担心老板这样的行为会带来企业的末日，于是开始准备远离疯狂的老板，有预谋有计划地交出权杖。

九是股东之间的派系斗争。经理人也许在没有任何预感的情况下，陡然被老板命令交出部分或全部权杖。这在许多企业组织中并不鲜见，多发生在企业内部动荡之际，由于派系斗争，尤其是股东之间的派系斗争带来突然的权杖变化，于是经理人在毫无准备的情况下被迫交权。这时经理人往往是派系斗争的牺牲品，与其本身的能力、人品、作为没有什么直接关系。

十是企业破产关门，不得不走。经理人最难受的就是眼看着企业破产关门，自己又无能为力，于是不得不按法定程序交出权杖。企业也有生老病死，无论多么大的企业，都有死亡的那一天。越是规模大的企业，破亡的来临往往越突然。企业破产一般分为两类，一是彻底死掉，另一是被其他企业购并。无论是哪一种方式破产，经理人都必须交出权杖。

经理人如何交出权杖

经理人握牢权杖需要一段相对长的时间，那么完全交出权杖也需要有一较长的过程，操之过急、草草完事是要出问题的。交权首先要明确交给谁，其次要知道交权后是否离开组织，第三要知道交权的大致内容及时间过程。

（1）交给谁

交权交给谁是至关重要的。交权的对象不同，方法就不一样。交权的对象一般有老板、上司、接替者、其他同事、下属等。

第一种，交给接替经理人。正常情况下交权，就是交给直接接替你的那位经理人，但前提是上司代表组织宣布了你的直接接替者。这时，对方一定会接得非常认真，因为责权利都要归他，接不清楚麻烦事情都是他的。他会希望尽量延长交接时间，希望你交得越详细越好，所以作为交权者是比较省心的。如果接替者是组织外临时空降来的，他还会更谨慎、更认真，也许你交了半天他还没有接明白，他没有接明白就等于没有交接完成。交权不仅是交明白，更重要的是接明白。

第二种，交给直接上司。没有人接替时，往往由你的上司临时行使你交回来的权杖。事发突然，没有找到适合接替你的人，所以暂由上司代行权杖。这种情况下往往比较好交，因为上司比较了解你的工作，你只要把关键点标注出来，或者将一整套文字说明交给上司即可。不好的一面是上司的事情太多，根本就没有工夫管交接的事情，又或者认为你管的那点事情他都明白，没有什么可交接的。但问题恰恰就出在这里。一涉及具体的事情，上司又会怪你没有交清楚，所以你应该把具体的事情交得尽量明白些，最好有个详尽的文字说明。当然，上司接你的权杖，也是上司集权的一种办法。

第三种，交给同事。由上司指派你的同事接替你的权杖，这种情况也经常发生。如果没有合适的接替者，或者是为了减少管理职数，就会让你的同事接替你的权杖；也有可能你的同事是临时接替，等待新接替者出现。同事接替应分两种情况。如果是与你关系不错的，会交接得比较顺利，他不会难为你，你也应该主动交接清楚，尽量少给他添麻烦；如果关系一般或有矛盾，应认真交接，尽量都落实到文字上，最好签字为据，防止过后对方说你没有交清楚，推责于你。

第四种，交给下属。还有一种情况是上司要求把权杖交给你的下属。这种情况一般不会发生，如果真的这样交权的话，一般是让你把权杖分给好几位下属，起到分权的作用。这时你全当是平时工作中的授权，注意授权不要交叉就行了。这样的交接会非常顺利，因为你平时的威势在，下属不可能有什么挑剔，具体的事情下属比你还明白，只要把权交清楚就是了。但不同于平常授权的是你应当立字为据，让接权的各方都在场，明白宣布分权事宜，同时把你分权的具体情况备份一份给你的上司。

第五种，交给大老板。你过去的顶头上司就是大老板本人，那么交给大老板本人的可能性也比较大。如果把权交给大老板本人，说明老板在收权，那你就不能含糊。如果交不清楚，你连个辩解的余地都没有，会直接影响你的职业声誉。这样的交权你必须认真对待，不但要交接好，还要做好备份，当然交好是最主要的，备份是次要的。

（2）交权后留与走

交权后经理人的去向分两种情况：离开组织和不离开组织。如果不离开组织，交和接的都还是同事，这种情况下交接权杖双方都比较好办。接的一方有什么问题随时都能向你咨询，你随时都能解答，尤其大家都在同一幢办公大楼里面时,沟通起来就更方便。这样的情况交接相对容易，因为可以把没有交清楚的地方放在未来的时间中解决。如果是交后离开企业组织，就要认真交接，交得越清楚越好，不要想着还回来再解释说明。不然，匆匆交接后，接的人遇到麻烦找你，而你到新单位又十分忙，这边电话催着不仅影响你的新工作，也影响你的职业声誉，因为一旦离开原组织，辩解的机会几乎就没有了。所以这样的交接要尽可能清楚，哪怕交接时间长些，也要让接的人真正明白。

（3）交接的内容及过程

交权并退出要有个过程，下面是常见的三种错误做法。一是有许多经理人在权杖的交接过程中操之过急，恨不得半小时交接完，其实这是不负责任的做法；二是有不少经理人拉个清单，要接权的人签字，就算完成了，再问就不说了，这是不职业的表现；三是更有极少数恶劣的人因为心里不舒服，对新的经理人故意隐瞒关键点、下套、埋地雷，这是职业道德有问题。

经理人交权时应做到如下四点。

基础权责交接，时间一天。经理人负责任的做法是做到随时随地能完成基础权责交接，也就是把自己的权责及日常工作内容文本化，实现企业平台系统的知识化管理，把自己的知识和平时的职责行为固化在系统平台上，这样随时随地都可以顺利交接，甚至不用交接也不影响正常工作。基础权责交接，一般情况下也就一天，甚至半天就可以。有的经理人认为这就是全部的交接了，这就是那些素质极差的经理人，或者说是不职业的经理人。这种经理人目前市场上十有一二。

权责手续交接，时间一周。虽然平时完成了知识化管理，但并不意味着权杖交接就不必履行程序和手续了。知识化管理系统只是交接的基础，为交接提供了方便；按程序交接是权杖交接的形式，每过一道手续，经手人要签署姓名和日期，写下备注说明，直至手续全部完成。这样做的目的有两个：一是防止权责遗漏，二是划清权责额度，明确界限。虽然按交接程序签字只是一瞬间的事情，但它意味着权杖对应的责任的转移，没有这样的形式，往往时间长了就说不清楚，相互推诿，谁也不负责任。所以，按交接程序完成手续是交接过程当中必要的形式，经理人在交权杖的过程中不得马虎，接权的人和签字的人也不要敷衍了事。权责手续交接，一般情况下是一周时间，绝大多数经理人会认为到此就算完成了交接，一旦签字完成，长出一口气——天塌下来与自己无关了。

权责内容完整交接，时间一月。虽然完成手续标志着权责交接完成，但并不意味着双方真正交接了权责的全部内容，其后必须有一段较长的过渡。尤其是交权方不能较真，手续完成了只是你交完了，和真正接完是两码事。有些经理人借口手续完成和下一家催着上班，对接权人不管不问，为此，逼得不少企业采取先辅导，让接的人熟悉过程后再办理交接手续的做法。当然，正常情况下还是边辅导边交接，还有些企业采用完成手续后再跟踪辅导的方式，确保新手上路。无论采用哪一种形式，接权者如果是外部空降来的，正常情况下需要三个月左右才能熟悉情况，而作为交权方至少要跟踪辅导一个月，也就是说整个交接过程需要一个月。为什么必须是一个月？因为基础文本的内容，谁一看都知道，关键是熟悉动态的工作内容，而动态工作内容一般是以月为工作周期，所以一个月的跟踪辅导后，新接手的经理人基本上就熟悉了大致的动态内容。动态的内容才是主要的，才是经理人鲜活的权责，它与各个方面的内容相关联，涉及企业内外方方面面的人，属于社会关系范畴，比纯粹的工作要复杂得多。作为交权方的经理人，主要是与新经理人沟通权杖涉及的利益各方，如各方的大致情况，历史上有过什么恩怨过节，甚至每个人的性格特点,各种行为禁忌等。虽说高级职业经理人交接至少得一个月，但在这一个月里面，并不是说交权的人每天都必须跟着接权的人，而是要保证接权的人有问题随时都能咨询并得到辅导，要带着新来的经理人熟悉各个工作流程，熟悉各个关键环节，介绍认识相关的人，并为接权的人做好日常工作的基础铺垫。权责内容交接，一个月时间，能完整做到这个程度的百里挑一，这就是非常职业的经理人，是相当高级的职业经理人了。

甘当师傅带徒弟，时间一季度。在大概一个月内完成权责全部内容的交接后，一般情况下就算完成了交接。如果更有责任心的话，就是像师傅带徒弟一样，帮助新接权的经理人解决实际工作中遇到的难题，帮新经理人一把。前面说过，一个新到的经理人对企业要完全熟悉，正常情况下需要三个月（所以大多数企业都把经理人的试用期定为三个月），作为交权方可以一个月完成基础权责内容交接，但后两个月对新经理人来说还是有盲区的，怎么办？当新经理人遇到困难时，应帮助其解决问题，渡过难关，让其权杖真正发挥作用。所以，交接双方即使交接完成后也要保持沟通，有什么问题及时帮助解决，不要推托了事，这也是负责任的表现。不要难为新的经理人，因为他对你的评价在老板那里很重要，况且你走后，话语权就控制在新经理人那里。如果新的经理人有难题没有过试用期，再来新的经理人接替会更麻烦。尽管你是交接清楚了，但接的人没有过试用期，会把你这前任也捎带进去，到时候一笔糊涂乱账很可能算在你的头上。当然，如果新经理人比较牛气，不需要你前任的辅导，那就没有必要了；但作为交权经理人可以有这样的高姿态，欢迎新经理人随时提问，随时解答辅导。师傅带徒弟，时间为一季度或更长，能做到这一步的可以说是顶级经理人了，也许是千里挑一、万里挑一。

（4）交接注意事项

交接要有平常心。无论是什么原因导致自己交出权杖，都应当心平气和地完成交接，因为接你权杖的人往往和你没有任何利害关系。也许你对组织的某一成员有气，但你不能把气出到与你没有任何关系的接权者身上，如果这样就太不职业了。不论交接后是否留在企业内部，都应当认真交接，交接最能反映一个人的职业化程度。

要有高度责任心。交接要有整套的手续，一般情况下都有整套流程，即使你是高层领导和高级职业经理人，也应尽量遵守流程，不仅如此，还应做得更好，更认真细致。经理人权杖的交接是稍有不慎就可能影响一个人甚至一批人的重大事情，还会影响与重要客户或商户的关系，甚至关系到企业的发展和存亡。所以交接不仅要有手续，更要有高度的责任心。

注意控制局面。权杖交接时容易出问题，就像部队换防，交的过程中应注意控制局面，不要认为自己已经交了就算完成了，出了事都是新人的，与己无关。只要交接没有全部完成，出了事情都与交权的人有关。如何控制局面？必要时先控制一部分不动，比如重大费用报销、关键文件审批、人事任命调动等暂时不动，重点做好客户关系、竞争对手关系、公众关系的处理，并做好防火防盗工作以及重点工作的跟踪、重点人员的监控等。千万不能因为新旧权杖的交接，导致局面失控。问题出了，你想走也走不成，而且问题大时还要负责任甚或重大责任。

交接后最好要有组织的书面证明。入职过程中如果需要完整地签署劳动聘用协议书、保密协议书、目标责任书、退出协议书等四书，那么退出时最好有离职证明书、工作评价意见书、离任审计完成证明书、解密期限说明书等离职四书，这些是用来证明自己在此工作的表现，证明自己顺利完成了交接，并经得起离任审计，同时说明自己的解密期限在什么时间，给你的下一份工作奠定坚实的基础。普通的经理人最好要一份工作评价意见书，盖上公章；高级经理人至少应有一份离任审计报告书。所以，作为高级职业经理人，应主动配合审计部门（可以是企业外部的，也可以是企业内部的）完成离任审计工作，当审计完成后有一个组织的说法，盖上大印，然后再离开，心中更踏实。

当然，数字化企业，这些交接手续及内容就变得简单明了，但责任意识仍要牢记。

6

职业经理人如何避免老东家“追杀”

交权了，离开老东家，一笑泯恩仇。但有些经理人为什么会招致老东家“追杀”？职场是另类江湖，除了老东家行事霸道外，更多还要从经理人自身找原因。本文道出了离职经理人的八大禁忌，了解这些禁忌，就可以在一定程度上避免老东家的“追杀”。

每一个人的命运都与性格有关。作为职业经理人之所以遭到老东家“追杀”，除了老东家的毛病之外，更多与自己的性格和气度有关，所以要了解自己的性格并控制自己，方能避免麻烦。也许你为企业发展做出了巨大的贡献，你感觉不公平、太冤了；但老东家并不一定这么看，他没准觉得你占了很大便宜，或者认为你影响了企业发展，损失不可估量。如果自己的言行不慎，导致老东家动气，可能招来更大的麻烦。

职业经理人离开老东家后,若不想招老东家“追杀”,应注意八大禁忌。

第一，忌讳心不平气不和。心平气和地离开是经理人的一种修养。经理人离开前不要说发狠的话，也不要说赌气的话，更不要说建议的话，只说感谢的话。若有必要或者可能，最好以公司的名义给你开一个欢送会。

第二，忌讳违约竞业禁止。经理人应当过了竞业禁止期再去与东家有竞争关系的单位上班，如果没有签署竞业禁止协议，或只有过口头上的协议，也要自觉遵守，不要刚离东家院，就进西家门，而西家就是东家最直接的竞争对手。要去，至少也是过了几个月才去。如果去的单位与老东家的业务是平行相关或垂直相关则放心大胆去，而且刚离开也可以直接入新职，因为这些企业与老东家没有利益上的竞争关系。

第三，忌讳高调入职。无论是去什么单位就职，无论去的企业与老东家有无竞争关系，都忌讳高调入职。即使新东家有意炒作，自己也要清醒，尽量低调，千万不要一到新企业就扯着嗓门高喊“我来了！我要做什么！我要在多长时间做到什么水平！我要做到行业的什么水平！我要击败所有的竞争对手！”等等吹牛的话。口无遮拦地一通吆喝不仅老东家反感，新东家的人也会反感，内外受敌，招来一片反对，你很有可能过不了试用期就灰溜溜走人。

第四，忌讳和老东家打嘴仗。职业经理人离开老东家后，无论有什么深仇大恨，都不要打嘴仗。打嘴仗没有任何益处。风平才会浪静，心里愤愤不平，争吵斗嘴，甚至诉诸法律，直接打起官司，就会变成一笔糊涂账，越打越麻烦。你可能认为只是臭臭老东家，但自己可能也因此滚了一身脏，甚至招惹更大的麻烦。

第五，忌讳和老东家直接发生业务上的争抢。无论是就业还是创业，都忌讳和老东家发生业务上针锋相对的斗争，如果是自己创业就更应该注意这一点。和老东家直接争抢业务，是老东家很忌讳的。也许你的力量很微弱，构不成威胁，但老东家可以容忍竞争对手，却绝不会容忍新离开的职业经理人和他直接发生业务上的争夺，因为你比竞争对手更了解老东家的长短，甚至老东家会怀疑你内外勾结。

第六，忌讳借用公器对老东家说三道四。职业经理人离职后还有一忌讳，就是借出版图书和接受媒体采访之机，对老东家说三道四，进行所谓的揭秘，对老东家进行人格上的侮辱等。当然，你有水平的话，可以出版专业理论图书、发表文章，但不要有所指，不要指桑骂槐，让人一看就知道你在发泄私愤，在揭老东家的短儿。

第七，忌讳公开场合评价老东家的不是。无论你是主动离职还是被动离职，很可能都对老东家有满腹牢骚和怨言。这是正常的事情，不然你也不会离职。但是有怨言最好关起门来说，或者私底下和与自己要好同时又是老东家圈外的朋友聊聊，忌讳在圈内聊，更忌讳在圈内半公开的场合聊。

第八，忌讳和老东家的死敌合作。有些经理人离职后，稀里糊涂地和老东家的死敌合作上了。也许这些死敌和老东家没有什么直接的业务竞争关系，但也可能为你招来老东家的“追杀”。老东家的死敌为什么找你合作？你的情报价值不言而喻，也许对方酝酿着更大的阴谋，只是你不知道罢了。你离职了，正赋闲在家，寻找新的职场，此时有人找上门来，或通过朋友的朋友穿针引线找到了你，毫无痕迹、悄无声息地“融化”了你，你也许只是帮忙，但帮了一段就上钩了，步步入彀，等到明白了也已经陷得很深，也许你根本就没有见到真正幕后的老板，但已经对老东家伤害很大了。随着市场经济的纵深发展，市场竞争加剧，企业规模集中度提升，这样的事情会不断发生，应警惕。你与老东家的死敌合作导致的“追杀”，可能也会带来另一路的“追杀”，那就是老东家的死敌，你的新东家。

7

问天下谁是英雄

离职后，如何才能找到与自己的专业能力和文化相匹配的工作呢？正确认知自己才是最重要的。许多经理人在离职前后，由于过往经历，总认为自己是天下第一英雄，谁都不如自己。这种自封的第一英雄，对找到一份工作和做好下一份工作，都非常不利。

因为做猎头工作，英雄时常眼前过，但谁是真正的英雄？职场英雄们共有的一句话一直在我耳边重复，而且次数越来越多，印象越来越深刻，最后上升为一条经典语录："我是天下第一英雄！"

我在工作中经常接触到职场英雄。当我和这些英雄聊得差不多时，往往会顺便问一句话："该职位我们可以推荐您。但如果双方感觉不合适的话，您能否帮我推荐一位其他人选？"其实我这样说，既是一种人才寻访方法，更是一道面试题。英雄们大多选择了同一种回答："说句不谦虚的话，到目前为止，我还没有在 ×× 领域发现水平在我之上的。"这等于告诉我：面前坐着的，才是天下第一英雄。

如果不是做猎头顾问工作，我也许会认为眼前的真是天下第一职场英雄。但做了长时间的猎头顾问工作后就会明白，"山外青山楼外楼，更有英雄在前头”。职场英雄辈出，但天下并没有第一英雄，也没有永久的英雄。

职场英雄的四个标准

要评价一位经理人是否够得上英雄，我认为应该从以下四个方面衡量：英雄之魂，英雄之气，英雄之志，英雄之事。

英雄之魂，就是有一套为人处世的原则，有一套成功的职场奋斗理念和方法，并符合普世价值观。

英雄之气，就是气度、气质，举手投足都有专业水准，带着征服一切困难的自信和勇气。

英雄之志，就是不得过且过，不以赚钱为唯一目的，而是通过做成大事来体现自我价值。

英雄之事，则是曾经做成了什么事，而且这些事情要与众不同，能成为经典故事而被传诵。

我就是按照这四个标准，来衡量坐在我面前的经理人，是否真的是职场英雄。

“举世无双”背后的狭小

当我那样问许多职场英雄时，其实只是想让他们推荐一位英雄，并没有问谁是第一英雄；但没想到的是，许多英雄就回答说自己是天下第一英雄。就从这所答非所问中，我看出了这些自称天下第一英雄者的内心世界。

第一是超强的自信。凡是讲这样话的人，无论是脱口而出，还是字斟句酌，都会流露出一种自信。这符合英雄标准中的英雄之气，有自信的气势。

第二是自保性的谨慎。如此回答等于拒绝向我推荐其他英雄，也没有把自己朋友推荐给我的打算。我很清楚，这样回答既是说自己的本事天下无双，同时也是说“先把我的事情解决了吧”，是保护性的回答。在我看来，他这种担心是正常的，但没有必要。一种正常而没有必要的担心，反映了个人没有必要的谨慎。

第三是坐井观天的局限。某一特定时期，他们确实是英雄，甚至是独领风骚的英雄；但时过境迁，新的英雄已经出现，英雄们却还认为自己无人能及，发自内心地相信自己就是天下第一。所以，他们在职场上定位不准，自我认知不清，处处碰壁，但并没有汲取教训，一晃好几年过去了，也没有找到人职匹配的工作。还有一种局限性，那就是地域的局限：自己也许曾经是一时一地的英雄，但由于信息不对称，就自认为是全国乃至全世界的英雄；或曾经是某一小领域的英雄，而把自己放大为一大领域的英雄，甚至是全领域、全社会的英雄。

天下本无第一英雄

天外有天，即使你真的是某一时期的英雄，也不见得就是那一时期的第一英雄，只不过由于各种原因，你浮出了水面。所谓“天下第一”，只是反映出了信息的不对称。从我们长期做猎头工作的实践经验来看，天下就没有第一英雄，因为每位英雄都有其过人之处，同时也有不足，都只是某一局部的英雄。

俗话讲，时势造英雄。英雄产生除了自身的英雄基因外，还有一个重要的因素，就是客观环境。客观环境需要英雄时，一定会有英雄出现；而具备英雄条件的人绝对不止一个，最后谁成为英雄有许多偶然因素起作用，也就是全看运气。因此表面上看，成英雄之事者是英雄，其实背后的许多因素才是根本。

既然造就一个英雄需要英雄本人的英雄之魂、英雄之志、英雄之气，需要客观的英雄环境，而英雄本人的魂、志、气都一定会随岁月而变化，客观的英雄环境也必然不断变化，那么永远不变的英雄也就根本不存在。

英雄要想继续成为英雄，就必须适应环境，再造新的英雄要素。一味地沉湎于过去的英雄史，而不继续学习以打造新环境下的英雄之能、英雄之气，仅靠英雄之志就想一直做英雄，则必然是空梦，最后难逃英雄落难的下场。

难免英雄落难

但许多英雄认识不到这一点。就像开篇所述，他们认为自己才是唯一的英雄，因此必然陷入自怜、自哀、自叹、自怨的境地。

落难的英雄经理人有多种情况，主要是在做人方面没有把握住度。对于度的把握，也许来源于自己敏锐的眼光，来源于智慧的头脑，或来自于机敏的天赋，但结果是相同的。这里的度，包括对人、对事情、对权力、对钱财、对荣誉等等的把握。那些犯了事的，至少是某一个方面过了度，失去平衡，就出了问题。

“奇正管理沙龙”曾经探讨过格林斯潘为什么能有五十余年的职业青春，为什么能在美联储主席职位上坐了 18 年，有一条原因就是他没有敌人。

没有敌人是什么概念？就是自己没有树敌。敌人都是自己树起来的。是因为自己有了成就和随后做人不慎，没有把握住平衡，没有掌握好度，才派生出了敌人。此外，还可能是自己成了自己的敌人，自己把握不住自己，自己打倒了自己。

命运迥异的英雄曲线

对职场英雄来说，职业曲线大概有以下三种形式。

第一种：一条抛物线。有过一次职业顶点，然后再也没有下文了。至于这个顶点在什么位置，很难预测，不同的人、不同的职业差异会很大。这就是常说的没有与时俱进，所以没有新的职业成就。

第二种：多条抛物连线。这些职业英雄取得了某阶段的职业成就后，随着时间的推移，进入了职场的低谷；但随后树立新的理想、积累新的能力，在客观条件成熟时，终于又英雄了一把，人生达到新的顶峰。

第三种：螺旋式的上升曲线。这些人的职业成就随着年龄的增长而逐步提升，中间也许有小的波动，但一直是上升的，甚至生命结束后其职业成就还在延续，人类社会还在闪耀着他们智慧的光芒。这些人之所以能够做到生命止息，成就延续，就在于他们是用生命做事情。

我们遇到的职场英雄经理人，其职业成就曲线大多是单一抛物线。那么如何把自己的单一抛物线改写成抛物连线呢？也就是说，如何一生多次成为英雄呢？

第一，认清什么样的企业会造就英雄。市场经济条件下，处于行业的高速成长期和并购整合期时才会出现英雄；作为企业，只有那些龙头企业和迅猛突破的企业才会造出英雄。所以要学会把准行业、企业的脉搏，相机而动。

第二，先做好“人”。首先不要故步自封。英雄都是一时的，不要忘记感谢曾经帮助过自己的人，不要忘记感谢命运的眷顾，只有如此，才能不妄自尊大，才能客观评价自己，才会有更多的人帮助你成功。否则，过去帮助你的朋友会消失，甚至会阻碍你的发展。不要小视这一点，由于自己的不慎，使昔日帮助自己成功的朋友成为敌人的人，历史上比比皆是。

第三，及时总结。职场英雄在取得一次成功后，要认真总结前次成功的主客观原因，不要只总结自己的本事有多大。总结客观原因就是认清个人力量的重要和局限性，同时也能发现下一次成功机会所必需的客观要素。总结主观要素是为了鼓励自己，同时认清主观要素在变化的外界环境面前该如何变化，而不是如何坚持。不会总结的英雄，至多是位糊涂英雄。

第四，学习重整，培养新的成功要素。学习是这个持续变革时代的必备素质和能力。必须学会学习，培养自己学习的能力。只有通过学习，才能整理自己旧有的知识、能力、经验、资源，才能使自己的智慧焕发出活力,充满新的时代气息。一个人一旦被看成老旧者,谁还会与之合作？因此，要想在变化了的时代继续成为英雄，就要培养新的本事，塑造新的英雄之气，树立新的英雄之志；寻找到能够出英雄的土壤，并适应新的环境，通过自己成功做人，来创造英雄之事。记住，第二次成功要比第一次成功更复杂，因为第一次成功使你拥有了许多东西，正是这些拥有成了你继续成功的敌人。

第五，自信而不自恃。我接触过的许多英雄经理人，会走两个极端：一是自信，同时又因英雄史而自恃，只能高而不能低，因此徘徊三五年都没有个正经的工作；二是受到过一些挫折——英雄要比一般职场人遭受的挫折和打击更多——渐渐丧失了自信，所以尽管曾经英雄过，但虎落平阳，不仅失去了虎威，连虎性也没有了，干什么都没有精神。有的英雄会说，这叫成熟和沉稳。其实成熟沉稳和自信并不矛盾，成熟后的自信，才是真正的自信，是能够落地的自信。自信都没有，如何能登上英雄的舞台，如何能挥舞起英雄的权杖？所以，作为曾经的英雄经理人，应该是拥有成熟后的自信，但不自恃是英雄；应该自信能够再干一番事业，但不把过去的英雄光环作为重新寻找舞台的主要条件。

如此反复，可以取得一次又一次的成功，创造一件又一件英雄之事，因此也就谱写了抛物连线构成的职业曲线。

8

40岁职业经理人的十大归宿

40岁左右的经理人正值人生收获的季节，有数不尽的优势，奇怪的是这些“优势”在真正的职场较量当中，往往发挥不出来。成熟了，却失去了往日的激情；稳重了，却开始走向保守；有能力，却往往赶不上变化的节奏……40岁的确是职业生涯的分水岭，一个令职业经理人彷徨的年龄段。此时的我们该如何抉择，归宿在哪里？哪个舞台能让我们痛痛快快地舞起权杖？

40岁的生态五线谱

一位40岁的职业经理人曾这样描述自己的心境：“吹响人生总攻的冲锋号，跨入人生的成熟期。”最佳的时光，最丰富的经历，少了年轻人的浮躁与轻狂，多了一份稳重与责任。

40岁，确是人生职业生涯的分水岭。

如果把人生比作一场足球赛，那么40岁就开始踢下半场了。上半场踢得如何已经是过去时，下半场球怎么踢才是关键。不管采取什么技战术，都会有一个共同的心理特征，那就是放弃了20岁时的狂想，摒弃了30岁时的狂妄，沉淀下来认真盘点自己的职业人生。盘点什么？盘点的是自己的知识、智慧、技能、经验、阅历、资源、健康，并根据时局的变化，慎重选择一件值得下半辈子干的事情。

40岁的职业经理人有许多优势：成熟稳重，经验丰富，阅历多彩，能力冠群，智慧练达，知识结构趋于完善，社会资源基本掌控，身心健康正值人生最佳，有干一件切实可行事情的心态。

然而奇怪的是，这些“优势”在真正的职场较量当中，往往都发挥不出来：许多自己相中的企业，不理睬自己，却偏偏垂青那些不太成熟的年轻人；你气愤不已，然而一抬头，又发现50多岁的人也不声不响地走马上任了，搞得自己更加尴尬……这是为什么？

40岁，正是不惑之年，什么你都能想明白了。但问题恰恰出在这里——你明白了，偏偏更多的人不明白！明白对不明白，不又是一笔糊涂账吗？你明白了也没有用。当然，40岁也有自己想不明白的事情。比如，你正一心一意地为企业卖力，老板没有任何理由地把你解聘了。这又是为什么？

40岁的九大职场尴尬

一是阶段使命的尴尬。40岁的你，也许已不想轻易跳槽了，只想好好选择一间公司、一个岗位，踏踏实实地做出个模样来。然而往往事与愿违，你越是不想跳，偏偏这时候越不得不跳，而且跳得很快——老板此时客气地请你走人，使你不得不走。为什么？经历所致。每个职业经理人都不可能是全能的，能力模型会固化。企业发展是有阶段性的，所以企业使用职业经理人也是有阶段性的。一旦用完，作为企业就只能是把你解聘，招聘更适合企业新阶段的新职业经理人。

二是招聘的尴尬。你成熟稳重，能力强，人脉广泛，身体健康，心态稳定，想干成一件事情，适合担当大任，老板也想用你，但谁来面试倒成了大问题。老板第一个面试？那后面的人就只能跟着揣测老板的结论。老板最后一个面试？也许你早就被刷掉了，根本就见不到伯乐老板，因为你40岁，是对他人威胁最大的年龄段。尽管你谦虚亲和，但在他人看来这也许更可怕。

三是成熟的尴尬。成熟是你的优势，同时也是你的劣势。成熟是什么意思？就像西瓜熟了，虽然香甜，但不能再长大了。所以，职场中40岁的人正是输出经验和智慧的时候，能干多大事差不多定型了。如果你是伴随着企业成长过来的，又不能随之继续成长，那么你就有掉队的危险，就怪不得老板狠心。

四是经验的尴尬。经验越丰富，往往越容易套经验行事。而现实中，经验主义害死人，现实往往是超越经验的。所以有经验而没有智慧的人往往办错事。

五是阅历的尴尬。阅历多彩对自己的职业生涯来说是优势，但在企业和他人看来就不一定了。事情换一个角度看就会出现偏差，看问题的角度不同，相互之间就很难形成一致性。

六是资源的尴尬。你资源广泛，是优势，但这个优势要转化为企业的生产力，需要过程，要有成本，需要很多附加条件，需要环境的配套，否则这些资源优势往往发挥不出来。而且一旦企业转型时，你的资源对企业来讲可能就不是优势了。

七是能力的尴尬。尽管你能力超群，但发挥能力也是需要条件的。现代企业已经没有可能靠个人力量来赢得市场竞争，而是要靠系统和团队的力量。如果你善于操作大系统、大团队，但面对的是尚不成系统的游击队，你如何领军战斗？

八是知识结构完善的尴尬。你的知识结构趋于完善，这是优势。但换句话说，你的学习能力也正在下降。因为知识结构趋于完善，你往往知道什么事做不成；但面对新生事物，你却不能判断它能否做成，因为它超出了你的知识结构。

九是健康的尴尬。因为身心健康，你能处变不惊，稳坐帅席，但同时你也将失去对环境的应变能力。虽然你身体健康，但让你和20多岁的小伙子赛力气活儿，你肯定要输。所以40岁的你，身体状况不能支撑你在许多场合冲锋陷阵了。

40岁经理人的十大归宿

那么，40岁的职业经理人究竟该去向哪里？这要结合自身的成长经历、能力模型、文化模型、性格特点、喜好、生活状态、客观环境，从下面的十大归宿里选择一个最适合自己的。

（1）续写职业经理人的故事

40岁后，继续做职业经理人，根据企业的生命周期，可选择的有七个方向的企业。

①创立型企业。许多投资者非常看好某一行业，但自己经验不足，或者纯粹是一名投资商，需要有职业经理人帮助完成创业。这时就需要那些经验丰富同时敢于冒险的职业经理人，我们称其为创业型职业经理人。创业是非常艰苦的事情，要从零起步，无中生有，因此这就适合那些能够吃苦、激情不减当年的职业经理人，把自己的经验、智慧、心血贡献出来，完成企业创业，实现自己职业生涯的价值。有过公司创立阶段工作经历者更佳。

②成长型企业。企业创业成功后，开始步入成长期，这时非常需要有经验且有创新精神的职业经理人来促进企业成长和规范。我们把这类职业经理人叫做成长型职业经理人。成长型职业经理人在过去的职业生

涯中积累了丰富的经营管理经验，完全可以用于这些正在成长的企业，促进企业成长和逐步规范，实现职业生涯的价值。

③成熟型企业。成熟的企业，一切都能按部就班地运转，这时就需要有相对稳健的职业经理人。我们把这类经理人称作成熟型职业经理人。成熟型职业经理人的特点是稳健，擅长规范管理和利用系统的力量来处理日常琐碎事务，遇到应急问题能凭借自己的经验办理，因此不需要太多的创新和风险。但注意，企业的成熟是相对的，企业有不同阶段的成熟期。不同的成熟期需要不同类别的成熟型职业经理人。

④突破型企业。企业发展总会遇到瓶颈，而且受旧有成员的智慧资源等局限，突破瓶颈很难，或根本不可能突破，于是需要从外部聘请有过瓶颈突破经验的职业经理人来帮助企业实现战略突破。适合这一阶段的职业经理人被称为战略突破型职业经理人。同样要注意，企业发展壮大的过程中战略瓶颈不止一个，在不同的战略突破阶段，需要不同类型的战略突破型职业经理人。

⑤转型企业。企业战略转型不同于战略突破。战略突破是企业向上突破，向更高规模和更高品质的目标迈进，企业的发展方向并没有变；战略转型则是企业发展方向的根本改变。此时就需要那些经验丰富、拥有并善于整合企业内部和外部资源的职业经理人担纲，促进企业实现战略方向的改变。我们把这类职业经理人称为战略转型式职业经理人。但要注意，企业战略转型的特征不同，有的企业是彻底战略转型，有的是部分战略转型，因此就需要不同类型的战略转型式职业经理人。

⑥问题型企业。企业在成长发展过程中，必然会出现问题、危机和倒退，表现在企业效益下滑，人心涣散，甚至出现财务危机，濒临破产等等。这就需要那些敢于冒险、有经验且有大智大勇的职业经理人来扮演救世主的角色，力挽狂澜，破解各种复杂问题。这样的职业经理人被

称之为问题型职业经理人。这样的职业经理人为问题而生，通过解决企业的各种困难来体现职业经理人自身的职业价值。

⑦破产型企业。破产型企业经理人是目前市场上比较稀缺的。企业自身有其生命周期，任何企业都有生命终结的时候。作为职业经理人，如果有关闭破产型企业的能力，那肯定是高手。许多企业在行将破产时，就是因缺乏破产型职业经理人来运作，所以干坐等死，甚至落得败名远扬，欠下巨额债务。比如零售商普尔斯玛特，就是因为不会关门破产，不仅一分钱不值，而且还负有巨额的债务。如果有破产型职业经理人来运作成功，不仅没有债务，甚至还可能赚钱。IBM 用数十亿美元关掉它的 PC 业务，就是成功关门的案例。当然，这并不是说购买方就是冤大头。甲企业虽然到了破产关门的时候，但对购并方乙企业来说可能是很合算的一笔买卖，这叫双赢。所以，并购永远是市场的热闹话题，被购并方卖出个好价钱后寿终正寝也是一种成功。所以，如果你是位破产型职业经理人，在越来越活跃的资本市场上将会大有用武之地。

（2）不再唱职业经理人的歌

40 岁，如果不想再冲锋陷阵，不想继续做职业经理人了，还有很多事情可做。后续《做过老总后，还能做什么》一篇将从另一维度讲，本节从 40 岁职业经理人的角度，先列三个方向。

①咨询机构。40 岁的职业经理人，由于经验阅历丰富，心态成熟稳定，具备应对市场复杂问题的智慧，知识结构趋于完善，往往被专业性的咨询机构相中，聘来做咨询师。这也是职业经理人主要归宿之一。咨询师包含了企业咨询顾问、投行咨询顾问、职业咨询顾问和猎头咨询顾问等四大咨询顾问（这在后面的《做过老总后，还能做什么》一篇会有详细的分析）。

②学研机构。随着市场化程度越来越高，无论是大学还是科研院所，

越来越注重吸收有丰富企业实操经验的职业经理人加盟，聘请其担任客座教授或研究员。这也是目前相对高级的职业经理人的归宿之一。如果这些职业经理人有高学历背景，或者能够补上知识架构的缺陷，那么同样可以到学研机构去担任真正的教授和研究员，不然只能客座下去。

③自创企业。大多数职业经理人都或多或少有过创立自己企业的想法，而且也有一部分真正投入了创业。40 岁的职业经理人应该说许多方面的资源都比较适合创业，但适合创业并不一定能创业成功。为什么？因为创业是需要激情的，而成熟往往就意味着失去了激情，且冒险精神不足。而且，40 岁创业的成本太高了，主要成本是患得患失导致时间蹉跎。

即使是创业型职业经理人，也并不一定创业成功。因为创业型职业经理人玩的是别人的钱，是替别人创业，挣的是工钱，每月自己的收入是正数；一旦玩自己的钱创业，不仅没有进项，而且要不断地从自己的库存中倒钱，得到的是负数，什么时候能把负数变正数则有很大的不确定性。那么，创业型职业经理人在自己创业时，能否忍受收入方面的巨大落差？能够忍受多长时间？也许刚好走到成功的大门口，弹尽粮绝，而最终与成功失之交臂……

另外，40 岁的职业经理人由于其思想成熟，价值观与行为习惯趋于固化，当其创业尤其是做法人代表时，一时很难改变过来；创业老板的心理压力，也要比职业经理人不知大多少倍、复杂多少倍。这些都是没有创过业的职业经理人无法想象的。因此，创业年纪越轻，创业成功的成本就越低。

40 岁经理人的三大禁忌

一忌透支健康。身体的健康是许多职业经理人不太注意的。即使注意，但 40 岁的职业经理人无论在什么样的企业都是顶梁柱，是核心骨干，工作压力大，往往过于拼命，结果弦绷得太紧，断了，或者积劳成疾，从此职业生涯大打折扣，或过早地面临结束。可以这样讲，一旦身体健康出了问题，一切都将不存在。正常人 45 岁前，往往不会关注自身健康，但 45 岁以后，病就找上门来了，之所以病会找上门，是因为在 40 岁前，是你找的病。所以，应该注意积累健康知识，不要透支健康。

二忌心态守势。40 岁的职业经理人如何才能将优势发挥出来？如何才能使自己保持鲜活的创造力？其中要做的功课很多，但最重要的是保有开放的心态。世界上任何事情，守是守不住的。如果你采取守势，想保住自己的位置，保住自己的收入、待遇和尊荣，都是不可能的。

三忌拒绝学习。40 岁的职业经理人如何才能不丧失自己的优势？办法就是持续学习和纳新。作为一名职业经理人，如果整天借口忙而不注重学习纳新，最终必将沦为落伍者。学习不只是要拿一个学历证书和资质证书，更重要的是学习新的知识。世界上每天都产生新的思想、知识和技能，不接受和学习它们，就意味着创新能力的衰退。学习和纳新的办法有许多，交流是非常有效的办法之一，尤其要与不同质的人交流，而且要保持独立思考的能力。学习要为用而学，学了就要输出，要与人共享，不要学了以后认为是多么重要的宝贝，自己捂着。知识只有在用和交流时才是知识，否则只是机械的符号。最后，还要不断地通过总结而学习，总结思考提炼，找到事物的规律，这本身就是最有效的学习。

9

名企精英的跳槽困局

当一名年轻的经理人在名牌企业里快速成长到相对高位，成为“名企精英”，而短时期又无法继续快速成长时，心比天高的精英们便遇到了自己的天花板。在慨然离开名牌企业后的四海闯荡中，这群精英却纷纷遇到了特有而类似的跳槽困境——身陷水深火热般的“四大尴尬”，两三年内都无法适应“新鲜”的平庸环境，失落彷徨……这已成为全球职场都普遍存在的精英难题。

名牌企业必然会培养出大批名牌人才。然而，名牌人才在离开名牌企业后，却往往在两三年内都无法适应“新鲜”的平庸环境，而失落彷徨。这已成为全球职场都普遍存在的精英难题。

世界上的名牌企业都是各国的骄傲。支撑这些名牌企业持续“名牌”的，当然是优秀的人才。然而，名牌企业也不是世外桃源，其中的人才也并非心无杂念的苦行僧，他们同样在意饭碗内的丰俭，追求宽广的成长舞台。

特别是，当一名年轻的经理人在名牌企业里快速成长到相对高位（我们暂称之为“名企精英”），而短时期又无法继续快速成长时，这些心比天高的人才便遇到了自己的天花板。但在慨然离开名牌企业后的四海闯荡中，这群精英却纷纷遇到了特有而类似的困境。

名企精英的素质特征

名企精英，除了“出身”显赫外，其内在特征归纳起来有以下八点。

年轻。名企精英最大的特点就是年轻。比如在海尔和华为，三十岁左右就成为分公司总经理、大区总经理或事业总部总经理级，率领着几千人的团队，运营着几十亿元甚至上百亿元资金的经理人，屡见不鲜。

敬业。名企精英能真正地把工作当事业做，比如在传统的海尔、华为，前卫的 BAT、JXZ 等等，主动加班毫不稀奇，问题不解决不下班是常事。这些名企精英是真正在全身心地工作。

高效。名企精英工作之高效令人佩服，他们能把顾客反馈的意见，以最快的速度传递，并以最快的速度解决。曾有顾客向海尔提出产品改进意见，意见在下班时反馈到总部，而在第二天上班时，新的样机就出来了！数字化企业的代表字节跳动更是反应速度快，这在大多数企业里，恐怕得两三个月，甚至是半年、一年。

廉洁。名牌企业必然有优秀的企业文化，而这些企业文化无论个性如何突出，都有一个共同特征，就是相对廉洁。

创新能力强。顾客的个性化需求是千奇百怪的，名牌企业之所以能在激烈的市场竞争中胜出，是因为名企精英有持续不断的创新能力，能够持续不断满足客户的需求。

客户意识强。名企精英以满足客户的需要为最高宗旨。有关部门曾做过测试，在顾客有上门服务需求时，海尔的服务人员 15 分钟内能赶到现场并开始服务，而其他企业最快的也要一个多小时。小米手机完全以客户为导向，让客户参与产品的研发设计等全过程，让客户参与营销。

团队意识强。名企之所以能够为客户提供高效优质的服务，原因就在于这些企业是靠整体团队作战、平台作战，形成了一个完整的作战系统，而不是一个人单打独斗。

尊重系统。名牌企业的管理已在激烈的市场竞争中趋于成熟，而成熟的标志就是规范化管理。长期规范化管理，必然形成员工对系统的尊重。

正是名企精英的上述职业特征，让许多普通的企业愿意用高薪和高位来吸纳他们。也正是这些机遇和诱惑，使那些感觉遇到天花板的名企精英选择了离开名牌企业。

名企精英跳槽的四大尴尬

然而，当这些怀抱着无限憧憬和梦想的名企精英果真离开"航母"后，才猛然意识到独驾"小舢板"搏击巨浪的剧烈颠簸，在诸多方面不适应、不习惯，甚至感到难以忍受。他们想找回过去在名牌企业的感觉，然而这几乎不可能，于是只能开始新的逃离与漂泊。

追寻离职名企精英的职业足迹，会发现过去他们在名牌企业一干就是五年、八年，然而离开名牌企业后，在每一家新公司顶多干上一两年甚至是两三个月。频繁跳槽，给人的感觉是职业忠诚度不高，又导致职业生涯贬值。

这究竟是怎么回事？归纳一番便不难发现，问题的症结恰恰与名企精英自身的八大优秀职业素养有关，可以归纳为四大尴尬。

第一种尴尬——光环消失。

有不少这样的名企精英，在进入普通企业后，再也找不到在名牌企业那种自豪的感觉。有一位某名牌企业的三级管理人员，到了一家普通企业，职位晋升为二级管理者，收入也比原来高许多。但他很快发现，在交际活动中，自己报上现职企业的大名，并不怎么引起人们的关注。回想起过去在名牌企业时，一说企业“名号”，就会立即引起人们的瞩目，成为公众的焦点；而现在，只有诉说过去英雄史时，才会引起人们的一些兴趣，由此可见企业品牌的力量。这时，他才渐渐明白，原来所有的荣光均来自名牌企业的光环。如今自己摘下光环，却还得靠昔日光环来吸引眼球，就像再婚了还得仰仗前配偶的名号，其尴尬程度可想而知。

第二种尴尬——虚度光阴。

名牌企业之所以能有社会瞩目的辉煌，是全体员工干出来的。这个干是真干实干，于是人们在这些名牌企业里长期工作时，就养成了马不停蹄的忙碌习惯，一旦换了工作环境，就会立即不适应。一位某名牌企业的三级管理人员，到另外一家企业任高级管理人员，工作了半年后，因为实在享受不了那份清闲，而决然离开了。自己还很年轻，正是奋斗拼搏的好年华，怎能在清闲中度尽余生？

第三种尴尬——眼里不揉沙。

有一位服务主管，在某名牌企业养成了极强的责任心，笃信顾客的需要高于一切，不把顾客问题解决掉，心里总是不踏实。也正是这一点被一民企老板相中，对方以翻倍的薪水将其挖走，让他负责客户服务工作。自然，老板非常认同并支持他的工作，但他入职后才发现企业已积重难返。虽然每个人都认为客户服务十分重要，但是在实际工作中远非这样：他自己的部门里，客户服务电话铃声持续地响，部门员工仍若无其事地闲聊不止；客户问题没有解决，员工到点儿照样下班，甚至争先恐后地离开办公室，生怕被投诉电话缠住……有些客户服务工作需要其他部门的配合，在会上一些经理都说得十分好听，但真正遇到客户的实际问题，往往推来扯去。于是他找到老板反映情况，老板也十分生气，在会上狠狠地批评，但老板又不经常在公司里，于是他的工作更难做了。就这样，他在公司里既遭到部门内部的反对，部门之间又相互掣肘，领导实际支持也不力，导致客户抱怨不断，所有矛盾均指向他，日子实在难熬。于是，年仅26岁血气方刚的他在刚刚上任3个月后又匆匆辞职了。

第四种尴尬——水深火热。

凡是有权力的地方，就有可能发生腐败。民企由于内部缺乏完善的教化体系和防范监管体系，尤其有可能腐败成风。有位名牌企业的四级经理被聘到一家民企做高级主管，却发现企业里存在大量吃拿卡要的现象，严重影响企业在供货商及众多合作商眼中的形象，还有些人干脆和代理商、经销商串通一气损害公司的利益，这与他过去经历的企业文化迥然不同。经过深入的了解和观察，他更发现，连某些高级主管也有腐败的嫌疑……腐败在企业内部已经成为风气，甚至成为半公开的秘密。

他深感不能在这样的企业再停留：一是怕自己被传染，二是担心企业恶名累及自己的职业名声。进公司4个多月后，他悄悄地离开了。他甚至不知道日后该不该把这段工作经历写进自己的职业简历。

名企精英的跳槽军规

名牌企业的人才离开了名牌企业，该去什么样的企业工作？当然应该是比名牌企业更优秀的企业，但事实上，职场跳槽却有个残酷的规律：一般情况下，越跳，企业的规模越小，品质越低。守恒原理在起作用：你是靠原来相对高品质企业的供职经历，来换取相对较高的薪水和职位。

那么，当你考虑要跳到一般企业时，该如何面对以上困局呢？

第一，正确评价自己。无论自己贡献多大，作为名企精英的你，都只不过是名牌企业事业大厦中的一块砖瓦，万不可放大自己的能力。过去你头上的光环只是名牌企业光芒的反射，正像月亮借助于太阳的光辉。如果有一天，人们感兴趣的不是你公司的名字而是你的名字，你就真的是职场英雄了——但大多数名企精英并不具备这一实力。即便一定要离开，前提条件也是你在名牌企业干够了五年。如果不够五年，那你最好不要动，因为你还没有把名牌企业的精髓学到，出来也是半瓶子醋。此外，还要看你的年龄、学历等门票化的职业关键要素在职场是否有竞争优势，如没有，也最好先稳一稳再说。

第二，客观评估目标行业。显然，名企精英在人才市场中很受青睐，但是否有人招手就去呢？目前，离开名牌企业的人才，大多涌向了与该行业相关联或类似的行业，这是否好呢？要细分。如果这个行业是处在起步阶段的成长期，当然可以去，因为刚刚起步的成长行业，正是人才高度稀缺的时候。换句话说，要去风口行业。如果去成熟期行业，要去知名品牌企业，走下坡路行业千万别去；周期性的行业，要去的话一定是去顶尖企业。

第三，全面评估目标企业。首先，评估企业文化，如果与现职名牌企业的文化反差太大就不要去了。其次，评估企业规模，如果规模相差悬殊，也会有诸多不适应。跳槽的名企精英多是中层经理，而中层跳槽最忌讳企业规模跨度太大。再次，是评价企业生命周期阶段。如果企业是处在创业期，最好不要去，因为名企精英大多不是真正的创业型人才。

第四，正确对待难免的失落。当你站在名牌企业的舞台上头顶闪耀光芒的时候，你感觉到了自己的伟大，你顶到了天花板，你可以列出无数离开名牌企业的理由。但这时你从心理上一定要准备好承受离开名牌企业后心理的失落，一定要能够从容应对。当然这需要有个过程，而你的任务就是忍受这个过程，且尽快缩短这个过程。

第五，准备好适应“持久战”。在名牌企业待得久、深受优秀文化熏陶的人如果突然跳槽，一定要有心理准备：你必然会有一个不适应的过程，而且这个过程不是一天两天，也不是一两个月，至少得两年！所以，名企精英们要准备接受两年以上的心理调整，在两年之内你都会对过去所在的名牌企业怀念有加，尽管也许以前你认为它不怎么样。

第六，学会观察和适应。每个人初到一家企业都面临着适应环境文化的问题。如果进去以后发现文化差异比较大，自己难以忍受，怎么办？首先要学会的不是反抗，而是不反抗，学会观察和适应。不要一上来就试图改变一家企业的文化，按自己的行为习惯来行事。即使自己是头几号权重人物，新到一家企业你也是弱势者。应该先观察了解，找到解决问题的突破口再下手，通过兴利来达到除弊的目的。在你上任之前，如果老板信誓旦旦地鼓励你如何如何，也不要轻举妄动，毕竟企业不全是老板一个人的。

第七，坚信职业素养是金。虽然你离开了名牌企业，但你在名牌企业训练成的职业素养仍在，是职场中难得的金子。是金子就总会发光。但你同时也要明白，这些良好的职业素养“发光”是有条件的，这个条件就是与你原供职的名牌企业相类似的企业环境。

10

做过老总后，还能做什么

在前面“40岁经理人的十大归宿”一节中，谈到40岁经理人的归宿。本文是从另一角度来谈，经理人做过老总后，即职业经理人达到职业峰巅后，该何去何从。

做职业经理人做到了自身职业峰巅，达到了职业成就抛物线的顶点后，该做什么？很多老总，尤其45岁以上的职业经理人问我：“我究竟还能够做什么？”

不要把这句话误解为老总们不自知、不自信。其实这句话包含以下五个方面含义：老总们适合做什么，能做什么，让做什么，喜欢做什么，想做什么。作为职场人，把这五个方面完全分析到位，找到自己这五个“做什么”的交集，就找到了自己的职业最佳立足点、兴奋点和爆发点。

要做出正确选择，首先要明白大千世界、芸芸众生，总共有多少条赛道。答案是五条赛道：运动员，教练员，创业，做公益，遁空门。每一条赛道都有无限学问，也都有巅峰。

通常人们熟悉理解的赛道，其实是运动员。在我们当前的市场环境下，体制内和体制外分别是6级，体制内是科员、科长、处长、司局长、省部长、国级，体制外是科员、主管、经理、总监、总经理、总裁。在运动员的道路上，靠敬业、职业、专业，靠智商也靠情商，靠能力也靠水平，一步步升级。然而总有升不上去的时候，因为越到上面绝对数量越少，而个人能力总有个瓶颈。升不上去后怎么办？就像同一簇烟火，有的能蹿到 10 米高，有的能蹿到 20 米、30 米，但总有掉头向下的时候。前面讲到的职业经理人达到职业顶峰，就是在运动员的赛道上做到了自己的最大值，如同烟火达到了最高点。下一步怎么办？

被后浪推至沙滩上的平与不平

如果你还在运动员赛道，必然进入职业的下半场，也就是职业抛物线的后半段，掉头向下的职业生涯。这时面临的问题是，第一，你曾经的同级变成了你的上级，比你年轻的曾经的下级变成了你的同级和上级，你的心态能平吗？我从 2003 年做猎头以来，见过太多这样的实战案例。这些曾经辉煌无限的大总裁们，被他原来的下级超越，可能是在同一单位，也可能是聚集到新的单位。你能否接受过往是你下级现在是你上级的人的管理、领导、指派任务、批评，甚至惩罚？如果能忍受，能理解，就 OK。一定要理解，因为你也是这样超越了你曾经的上级，这就是市场竞争，长江后浪推前浪，无论你心有多不平，但后浪的优秀和超越就是事实，是必然。第二，假如你不想接受曾经的下级的管理，也可以躲避其锋芒，去到下一台阶规模的企业做老总。下一个台阶做老总，你就必须要承受小企业的诸多无奈，以及在市场竞争中的弱势，而竞争者就是你原来的下级。

当然，也还有极少一部分老总能够逆势继续成长。这毕竟是少数，因为这样的成长不仅需要经理人的专业能力，更需要智慧、心胸、眼界和运气，需要凤凰涅槃的历练，从体力、精力到学习力都是逆人性的挑战。

教练员的赛道能跑吗

前面讲的是运动员的赛道。做运动员需要的核心要素是专业、敬业、职业，不同级别运动员的专业能力和职业水准是不同的，分别有不同的胜任能力模型；而教练员的核心能力模型是三化，即知识结构化、思维结构化、语言结构化。所以，做教练员的人不少，但能做好的不多，其根本原因就是这三化程度不高。一些顶尖名校的本科生、研究生，一毕业就能做教练员，就是因为这三化的程度比较高。对一般人来讲，可以在运动员的赛道上干个十年以上，干到专业总监以上层级，在日常的经营管理中锻炼成长，逐步提升专业知识结构化、思维结构化、语言结构化的程度，方能具备做教练员的核心能力。所以，做过老总后，看自己能否做一个好的教练员，就对照一下三化的水平。

请注意，做运动员是冲锋陷阵，自己干活，做教练员是教运动员干活，要考虑好自己是否甘愿做绿叶和布道。当然，做教练员相比运动员时间有弹性，约束少，操心少，这也是吸引老总们的诱因。

教练员赛道上，主要有五类选手。

（1）企业咨询顾问

这项工作是许多老总最愿意做的，也最能直接实现能力转换。真正能做好企业咨询顾问者，应该是当过企业老总的人。这一批人有丰富的实践经验，是在中国特色市场经济发展初期企业里打拼出来的，正是目前许多成长企业需要的老师。

企业咨询顾问在美国是非常成熟的行业，然而目前在中国，由于经济结构的多样性、复杂性，企业咨询顾问有一些变了味。一些企业需要的不是真正的企业咨询，而是另有目的，也就导致部分企业咨询变成了体力活儿和政治智慧买卖。另外，目前从事咨询顾问的有不少是刚从校门走出来的年轻人，于是乎，咨询公司从卖咨询变成了卖知识，卖知识最直接的体现就是卖纸。这也不能单怨咨询公司，因为很多成长型企业不愿意为真正的经营管理咨询买单。但相信会有越来越多的企业认识到专业咨询，尤其有丰富实战经验的老总们做咨询的价值。

老总转型为企业咨询顾问，应具备以下三个条件：一是有丰富的经营管理经验，二是有完整的理论知识架构，三是有做咨询的战略性思维和人际沟通能力。做过老总的人，一般经营管理经验很丰富，但其知识理论架构的形成应通过 MBA 系统学习。而完成这件事情不一定非要去脱产读 MBA，社会上有专业的机构来培训老总，能使一名老总快速地转化为企业咨询顾问。

老总们做咨询，千万注意不要纯卖经验，而应该是卖咨询，即卖整套的知识体系加经营管理经验及智慧。

（2）投行咨询顾问

如果说企业咨询顾问是解决企业经营管理问题，那么投行咨询顾问，则是解决企业的资本发展瓶颈问题。许多企业发展得不错，但要在资本市场卖个好价，就是个问题，所以必须有专业的投行咨询做企业买卖。老总做投行咨询顾问的最大优势，是能通过自己对企业和企业所在行业的了解，迅速地判断出企业的价值所在，为企业做出价值评估，并通过专业的资本渠道，帮助企业在资本市场上卖个好价钱。老总转做投行顾问，需要补缺的是对资本市场的认知，对行业战略高度和经济走势的把握判断，以及对国家政策的敏感。所以，做投行顾问，既要懂企业经营管理，又要懂资本运作，因此最好是企业咨询和资本咨询的双料顾问。

要注意的是，做投行顾问不同于做老总。二者的区别主要在于了解企业信息的方法、渠道和目的。

虽然都是要了解企业经营状况，但作为老总进入企业后了解信息，是一家之长在熟悉自家的情况，了解信息的目的是为了发现问题，解决问题，改善企业的经营管理。而作为投行顾问，要了解企业的经营管理，就没有老总们的岗位优势了，企业方提供的信息，你首先要判断出是真是假，水分有多大；此外还要想办法通过各种渠道和方法，和企业的经营方斗智斗勇获得企业的真实信息。然后你就要做出判断：企业的优势与劣势在什么地方，和资本市场如何对接，如何找到买家，找到战略投资方。也就是说，投行顾问了解企业经营管理的优势和问题，只是为了做价值判断，并不是为了解决问题。找到匹配的战略投资人，只是为了让双方优势互补，求得双方都满意的一个成交价格。

所以，投行顾问是买卖企业的人。即便投行在投资后派驻经营管理团队，目的还是将来能卖个更好的价钱。

（3）职业咨询顾问

投行顾问和企业咨询顾问服务的对象都是企业，然而职业咨询顾问就不一样了，其服务的对象是具体的职场人，需要对个人进行职业咨询辅导。如果说企业咨询顾问和投行顾问做的是 B2B 业务模式，那么职业咨询顾问做的则是 B2C。

其实，作为职场过来人的老总，都有很丰富的经验和教训，这些是职场后来人十分需要的。在国外，个人职业顾问很普遍，就像聘请私人律师一样，但在中国还暂时没有。事实上，过来人大多都在对后来的人提供各种各样的职业传承和辅导，只是没有形成固定的经营模式。我们在实际工作中也明显感觉到有许多这方面的需求。人们常说：“一个人能走多远，看他与谁同行；一个人能有多成功，看有谁指点。”而且在我们日常的工作中越来越感觉到，即使很成功的老总也需要专业人士的职业辅导，因为术业有专攻，做职业辅导也是一门很大的学问。

作为过来人的成功人士，请敞开胸怀帮助一下后来者，把自己的经验和智慧分享给他们，让他们在职业的十字路口彷徨时有明确的方向指引，这将是功德无量的好事。当然，前提是有人愿意埋单。而这些人之所以愿意埋单，是你的职业辅导要确实有价值。

老总如何转化为职业咨询顾问呢？

目前，社会上也有职业规划师的培训班，但学过之后，很难说就具备了做职业辅导的能力。真正能提供职业辅导服务的人，应该具备三个要素。一是过来人，具备年龄优势，至少要到不惑的年龄，最好是知天命的人；二是成功人士，做过企业老总，有丰富的职业阅历，历经职场沧桑；三是心胸开阔，阳光灿烂，乐于与人分享经验的人。

当然，具备了这三个要素，也只具备了做职业咨询师的基础条件，还应该经过专业培训，再有一段实践经验的积累，方能称为合格的职业咨询师。不然，自己还迷惑着，整天唉声叹气，怨天尤人，如何能够为他人提供一条职业发展的光明坦途？

（4）猎头顾问

猎头顾问是职业咨询顾问和企业咨询顾问的综合服务形式。猎头顾问既是企业的咨询顾问，也是个人的职业咨询顾问，一手托两家，是双方的咨询顾问。因此，猎头顾问对人的素质要求更高，除了必须是一名合格的职业咨询师外，还必须是一名合格的企业咨询顾问，必须把二者有机地结合起来。

为什么有些猎头顾问很难帮助企业猎到合适的老总？其原因就是这些猎头顾问本身不是一名合格的企业咨询顾问，对企业的战略和文化根本不了解，只知照着企业岗位描述找人。企业自己都找不着，你猎头公司就能找着？如果找到，也是赚取信息不对称的钱，而不是真正的猎头咨询顾问工作。真正的猎头顾问，应该对企业的发展过往、现状、未来战略清晰了然，对企业的文化透熟，这就需要下功夫了解和研究企业发展战略对应招聘岗位所需人才的能力模型，了解企业文化对应招聘岗位所需人才的行为风格模型，把能力模型和行为风格模型结合起来，就是企业所需的人才素质模型。有了所需人才的素质模型，再从市场上寻找合适的人才，按图索骥，才能找到，否则就是瞎猫碰死耗子。

当然，做猎头顾问不是职业咨询顾问和企业咨询顾问的简单叠加，而是需要以二者为基础的一种综合能力，甚至是一种智慧和艺术：需要的是对人性的了解；需要的是天赋极高的心理学专家；需要的是沟通协调专家；需要的是淡泊名利的成人之美、度人之心。不然，一心只想着赚钱，不可能成为一名优秀的猎头顾问，趁早甭进这一行。所以，做过老总的人，如果天赋很高，又不缺钱，愿意成人之美、为人作嫁衣、善心度人，不妨做一名猎头顾问试试。我认为做一名优秀的猎头顾问，必须本着做公益的心态，以及做艺术品般的精心和耐心，方能把猎头顾问做好。做到了这一点，也许反而会有不错的收益。

（5）培训顾问

培训顾问相对简单，就是为企业（B 端）或个人（C 端）讲授企业经营管理的专业知识、技能等，做过专业总监以上的职业经理人，基本都能讲，因为平时都在企业里做了培训讲师，但真要作为一个职业，靠这吃饭还是需要培训一下，如讲课技巧、体力节省等。需要注意的是，培训顾问职业生涯较短，50 多岁以后就遇到两个瓶颈，一个是体力，一个是知识概念的老化。这远不如其他 4 个顾问。

创业的跑道，你敢上吗

做过老总后，有许多人想过创业，但绝大多数人都是想想后放弃了，再想想后又放弃了，下不了决心。为什么？表面的原因可能有很多，比如没有好项目，没有资金，资源不够，吃不了苦等等，其实，这些都不是真正的原因。真正的原因是复杂的，综合的。我见过不少做过老总后创业的，其中有暂时成功的，但绝大多数都失败了。做过老总后，虽然拥有丰富的资源和经营管理经验，有一定的资金储备，但这对创业究竟起的是积极作用还是负面影响，却不能一概而论，应该辩证地看。本书中关于经理人创业障碍的篇目，想创业的老总们可以看看，也许对创业有帮助。其实，经理人创业不成功的原因就是没有搞明白创业的目的。为什么要创业？创业其实是个悖论：如果不是为了钱，创业肯定不成功；如果只是为了钱，一旦赚了钱后，麻烦困扰就来了，社会上太多的人奔你的钱来了，因为企业赚钱了就是大家的，这又与赚钱的初衷相违背。怎么办呢？应该不断调整创业的动机。最初创业就必须奔钱去（但这又与经理人的为人处世哲学相违背）；随着创业财富的积累，应不断调整创业的动机，提升自己的精神支撑，持续扩大“大我”的范围，树立为越来越多的人活着的价值观，但这又与创业初期形成的为钱创业的行为习惯相冲突。如果不持续改变自己的价值取向，困惑是难免的，甚至很有可能出事。所以，创业的过程，就是不断痛苦地改变价值取向的过程，同时也是持续改变行为习惯的过程。用一句话来概括，创业就是一种生活方式，一种逆人性的生活方式，一种连续改变自己价值观和行为习惯的生活方式，也就是因时因地改变自己文化的一种方式。如果适应这种不断改变文化的生活方式，你会觉得创业是一种享受，就有可能成功；如果不能适应，就会很痛苦，创业也不可能成功，因为适者生存是自然界最基本的生存法则。做过老总的人，年龄一大把了，价值取向固化，行为方式很难改变，所以很难适应不断改变自己固有文化的生活方式，成功的可能性很小。但也有能够适应的进而创业成功的，只是概率很小而已。所以，我经常劝老总们不要轻易去创业，改换自己的人生跑道。

创业不仅逆人性，在当下，创业更是一条背负法律和道德风险的道路，所以难度要高于做教练员。

创业有五种创法，分别是独自创业、合伙创业、风投创业、加盟创业、平台创业（创客）。

①独自创业。独自创业就是自己把家里的钱拿出来，一个人创业，或夫妻、父子一同创业，这叫不穿底裤的创业。为什么这么说呢？创业赔了后，继续从家里拿钱出来创，最后把家里钱拿完了，借钱创，借不来钱了，关门了，不仅没赚到钱，反而欠了一屁股债，输掉了底裤。这是绝大多数人的创业血泪史，至于创业有成者那是少数中的少数。独自创业也是最绝对的创业，优势是矛盾少，自己一人说了算；劣势是势单力薄，一个人资源有限，能力有限，智慧有限，抗风险能力弱。

②合伙创业。合伙创业是几个朋友商量好了，一起兑钱来创业，又叫穿底裤创业。这种创业赔了后，大家最多再兑一次钱，等到没人兑钱了，公司也就基本黄了，不至于把家里钱拿光，更不至于欠钱，所以，底裤还留着。合伙创业的优势正是独自创业的劣势，但不足是遇事大家要协商，意见不容易达成一致，容易各怀心思，劲不往一处使，出了问题不仅生意做不成，朋友还容易闹掰。

③风投创业。用风险投资的钱创业，也叫借钱创业，自己不出钱或出少部分钱，主要承担创业的对赌责任。这叫穿内衣创业，因为平时还能领一部分生活费，平时的生活费赚出来了，暖暖的，穿着内衣；钱烧没了，不会赔钱，不裸奔。投资人还会给一些投资建议，整合一些资源。但风投创业的劣势是投资人给予的压力还是很大的，有时投资人的建议也得听取，经常与投资人沟通也费神费力。

④加盟创业。朋友创业成了，你加盟进来，出一部分钱成为小股东。这叫穿运动衣创业。朋友同意你加盟，首先是绝对信任关系，二是要解决某些重要问题，比如财务问题、人力问题、运营问题、全面管理问题

等，所以你还得像运动员一样奔跑。加盟创业的优势是有信任基础，沟通顺畅，风险很小，收益有保障，没准IPO成功，绝对会财富自由；不足是自己是小股东，重大决策的时候还得听大股东的，成就感不是那么强。

⑤平台创业，俗称创客。在成熟的大平台上创业，其实是承包分成，我叫穿西装创业。大平台有品牌，有资源，有支持，你只需出专业能力即可，像职业经理人那样干活，所以叫穿西装创业。平台创业与职业经理人不同的是，不拿年薪，但干的结果是和平台分成的，收入无上限，可以尽最大努力创业，其实就是给自己干。不足之处，平台不是自己的。干了有收益，不干了没有收益，干不好，可能还不如做职业经理人挣得多。

真正做公益，要比做老板难

公益事业是一项伟大的事业，它排解的是人类社会的负向问题，这需要强大的免疫力。做公益不是简单地赞助一个贫困学生，帮助一次孤寡老人，往灾区捐一次款，这只是一项偶然的慈善行为。真正的公益是长期从事一项公益事业。如太阳村的创始人张淑琴，从1996年起，为救助服刑人员无人抚养的未成年子女，一直干到现在，在全国建了十个太阳村，太阳村的居民最多的时候达5000人，这才是真正的公益。这个社会有太多阳光普照不到的地方，照亮这些地方就需要有人来完成，长期或终生致力于这项工作的人，才是做公益者。一个人长期从事这项工作，需要远比做老板更坚强的意志力和免疫力，因为老板创业干的毕竟是光鲜靓丽的事情，而公益是来抵抗社会负面因素的冲击，是用人性的光辉来温暖社会冷暗中的人们以及自然界的生灵。这实在是了不起的品质，向真正公益人士致敬。

遁空门的赛道，赛的是什么

世人常把出家遁空门看做是一种不正常的现象。其实，真正的遁空门是一条抵制欲望的道路，能修成得道高僧，那也是一项了不起的事业。北京的龙泉寺吸纳了不少少年班学生，有不少清华北大的学生。能在空门里修行，参悟人世间的道理，也是对人类社会的一种贡献。当然，那些花和尚、把道场变商场的人，不能算是遁空门，那是披着空门外衣捞钱的俗人，他们比欲壑难填的俗人还要俗不可耐。遁空门的赛道赛的是压制欲望后，对天地人的感悟，实在是高深的学问。

上述五种赛道：运动员，教练员，创业，做公益，遁空门，难度系数是递增的。越来越多职场经理人做到一定年龄，有初步的物质财富自由和生活保障后，往往会选择做投资。这种不费心力赚钱的方式，其实是业余的投资，和退休无异，可以归结为退出赛道，不再奋斗，享受人生余下美好时光。这不失为一种选择，也是所有职场人的归宿，只是退休时间早晚问题，我不称之为赛道，而将它视为退业。退业后，等待你的将是人生句号。

感恩，实现职业转型

做过老总的人，最佳的职业选择方案，我的建议是做教练员或平台创业，或者二者结合起来。当然，其他方案也是可选项，完全根据自己的实际情况决定。

做教练员，不少老总们总感觉心有不甘——刚找到在舞台上拼搏的感觉，怎么就不让表演了呢？请不要这样认为，我们只不过是换一种角色，从台前演员换成了台后导演罢了。从运动员到教练员也有心态转换的过程，前提是你已经具备做教练员的素质和能力——知识结构化，思维结构化，语言结构化。同时我们该引以为豪的是，自己毕竟有机会在市场上拼过，感谢时代为我们提供施展才华的机会，这样的机会并不是每代人都有的。应做好心态调整，让更贴近时代的年轻人去弄潮，为这些年轻人提供咨询辅导服务，为成长的企业提供咨询服务，而这也是时代赋予老一代经理人的新的历史使命。

如果实在不想做教练员，可以继续做运动员，其优劣势前面已经分析过了。真想拼搏、有太多劲无处使的话，建议你去做创客，平台创业既有稳定性，又能最大限度地展现你的全部才华和实力。

11

成功经理人创业的 13 大障碍

创业几乎是这个时代的主旋律和永恒话题。职业经理人，尤其是高级职业经理人，这个时代精英的主体构成者，在忍受够了学历羞涩、无知无畏的“业余”老板的“蹂躏”和“盘剥”后，放下经理人的权杖，毅然决然地开始创业。然而，他们历尽千辛万苦，却往往颗粒无收，负债累累。痛定思痛，百思不得其解。本篇将告诉你，那些表面上的优势其实就是阻挡精英们创业成功的 13 道门槛，你能越过其中的一道吗？要成功，道道门槛都得过！

谁说见多识广的职业经理人就比无知无畏的“业余”老板更容易创业成功？谁说能驾驭巡洋舰就必然能掌控小舢板？

放眼中外，当今那些频登富豪榜的老板中，不乏学历羞涩者。这引得一些职业成功人士既艳羡，又不服，认为自己的资质、素养、背景比他们不知道好多少倍，再看到那些老板的种种不专业做法，于是认为自己若创业肯定比他们做得好，并果真在职场受挫时毅然创业（本文称之为“后发创业”）。然而，他们历尽千辛万苦，不仅大多成不了富翁，反而颗粒无收,负债累累。他们往往感慨自己时运不佳,但果真罪在机遇吗？

天下的老板并不一定都是人杰，阿斗也可以做老板；但天下的职业经理人，尤其是高级职业经理人，却几乎都是精英。然而，高级职业经理人在创业过程中，却往往会遇到表面上看来是优势而其实是障碍的问题。

许多事实证明，如果你在职场当中取得了很大的成功（尤其成功的职业经理人，甚至是玩过几十亿、几百亿资金的人），最后真正让你回来创业时，成功的概率倒低了。作为一个成功人士，他在职场当中做职业经理人，做技术，做市场，做管理，最后做到副总裁、总裁、CEO，他很成功，很辉煌，甚至成为社会名人，有无数的资源，到他再创业的时候，成功的概率反而就很小。

13 大障碍是什么

这是为什么呢？我总结了 13 个方面的原因，与后发创业的职业经理人做一个交流。

成功的职业经理人，肯定是职业化程度很高的。职业化越高，在职场中越容易取得成就，但在创业时却不容易成功。经理人创业要成功，必须把原来的职业习惯打乱重塑。职业经理人创业的“拦路虎”具体体现在 13 个方面，我把它总结为后发创业者创业的 13 种障碍。

（1）价值定向，固化难改

价值取向主要是指个人对事情的评判标准。也许你在做职业经理人时十分看不惯老板的某些做法，于是把自己认为正确的价值取向带到了自己的创业现场。然而，其作用究竟是正向的，还是反向的呢？

创业是艰苦的工作，尤其要忍受较大的心理压力。可以这么说：如果普通员工的心理承受压力系数为 1 的话，那么一位中层经理的相应系数就为 3，一位高级职业经理人的相应系数为 10，而创业期老板的相应系数至少为 100！这些压力来自方方面面，特别是来自挑战内在价值取向的压力。

作为高级经理人，往往具有较好的教育背景和个人素养，因此他们的价值取向倾向于：个人性格上，儒雅清高，孤芳自赏；事业追求上，求大求洋，好高骛远；公司治理上，照章办事，四平八稳；收入分配上，按劳取酬，有限风险。而创业却要求人们放下架子，忘我投入；大处着眼，小处入手；灵活务实，不拘形式；大胆决策，风险自担。因此，高级职业经理人的价值取向，往往会成为其创业的障碍。特别是高级职业经理人大多年龄偏长，改变价值取向更为困难。

创业老板作为企业的最终责任者，必须时刻为企业的生存考虑，即企业必须赚钱。因此，创业老板的价值取向就是——赚钱、赚钱、再赚钱。

而当高级职业经理人成为创业老板时，其原有的价值取向很有可能与企业要赚钱生存的取向发生冲突，比如：不能为了点儿钱把人做没了；不能为了点儿钱让生活变得鸡飞狗跳；不能为了点儿钱搭上自己的老命……然而进入创业时期，时刻面临着企业生存的问题，这将猛烈冲击后发创业者固化的价值观。何去何从？着实令人痛苦。

成功的职业经理人要重新创业的话，就必须把这些固化的观念改变，摧毁原有的价值观，转变成适合创业的思路和习惯，而摧毁是要成本的，就像你写错字要改的时候必须擦掉。另一方面，价值取向很难重塑。人最难办的就是改变自己的价值取向。有句非常革命的话：“头可断，血可流，革命的理想不能丢。”这里的理想就是指人的价值取向。改变自己的价值取向就是要背叛自己，谁愿意背叛自己，当自己的叛徒？

（2）生存无忧，动力不足

有人会问：那些创业成功的人就完全是唯利是图吗？当然不是。这需要我们辨别清楚：人为什么去创业？创业的动机是什么？无论原发创业还是后发创业，都需要赚钱，然而支撑创业的原动力是不一样的。高级职业经理人，后发创业主要是为了实现自己的人生价值，为了某种情怀，为了证明点儿东西给人看，甚至是为了面子；而那些原发创业者，根本就没有退路，只有破釜沉舟。他们若不成功，只有饿肚子，面临的是"生存，还是毁灭"的问题。因为这些人士可能连给人打工的资格都没有，或者根本没有就过业——在过去相当长的时期内，尤其改革开放初期，职场上存在这样一种现象：一流人才进政府机关，二流人才进事业单位，三流人才进国企，四流人才进民企，五流人才连打工都没人要，只好创业当老板。当然，今天，这种现象有所改变，创业者大军中，一流人才越来越多。

相比原发创业者，高级职业经理人在后发创业时，原动力就小得多。这就是为什么人们常说，一只健壮猎狗未必追得上一只跛脚兔子。兔子是为了生存，为了活命，而猎狗只是为了一顿饭，这就是原动力不足。职业经理人往往为了事业而创业，这个动力太小。事业和发展怎能与生存的本能相比呢？正是原动力不足导致创业时问题很多。

（3）困难太多，退路太多

后发创业者通常面临着来自方方面面的巨大压力，综合起来有四类。一是经济压力：做职业经理人，天天干活，月底领工资；而一旦开始创业，不仅没有收入，反而在贴钱，感觉花钱就如同没有阀门的水龙头，止都止不住，想想就心慌。二是杂事太多，不胜其扰：过去高级白领的派头也摆不起来了，现在既是老板，又是领导，还是管理人员，更是一名工兵，烦不胜烦，烦则生压力。三是心理落差巨大：这些现实的落差，总会折射到心理压力上。四是上面谈到的，自己价值取向受到挑战的内心压力："向自己妥协吗？"的困惑不时拷问自己的良心和忍耐力。

在面临困境和压力时，后发创业者很可能会留恋起自己作为高级职业经理人时的潇洒轻松，又想到，自己干什么都会有不菲的收入。于是，后发创业者开始盘算自己还能够干什么，一想就会想起很多可干的事情，进而就会想起那些老话："退一步海阔天空""何苦一条道走到黑"，便开始安排诸多退路，当然很难全身心地投入创业。那些原发创业者也会面临这些困惑和压力，但是他们往往别无退路，只能继续走下去。

创业和职场中承受的是两种截然不同的压力。职场压力大多可以逃避，创业压力大多是不可逃避的。创业的压力非常大，如前面的比喻所说创业者要承受 100 个大气压。100 个大气压为什么还能承受？因为是一天天加上去的。这只是来自外部的压力，作为一个创业老板还有来自内部的压力。外部的压力是要经受千锤万击，内部的压力则是源于自我膨胀。创业者要防止荣誉、财富和权力的积累对自己造成膨胀的压力，这三项内部膨胀压力，哪一项都可能把一个创业老板摧毁。这就是为什么有人创业得到一点成绩以后就灰飞烟灭：他经受不住这种内压。

面对各种压力，尤其是外压时，作为职业经理人退路太多。职业经理人作为成功人士，面临问题和过大压力时会想："我大不了干别的去。"干的时候就想着怎么退，就像前线打仗时不能背水一战，不能破釜沉舟。职业经理人容易去想我过去一年挣 100 万，现在干了一年了，全公司还没有赚够 100 万。这样一来，就时刻想着退路，退路太多的话就时刻想逃跑。战场上想逃跑的士兵是不可能打胜仗的。

（4）机会太多，岔路太多

后发创业者在创业过程中不仅退路太多，同时也面临着机会太多、岔路太多的诱惑。高级职业经理人因为是成功人士，所以资源广泛，社会关系网络都已构建起来，这些社会网络能给你提供很多机会。但与此同时，每一机会来临时，你又不得不抽出一定的时间和精力来分析探讨这些问题，哪怕只是应酬也会占用一定时间和精力。

作为经理人，资源多，这是优势，同时也是劣势，劣势是什么？今天这个人给你说一件要干的事，明天那个人又有一件事给你机会太多，你就是不知道该做哪一个。某位颇有名气的高级职业经理人，在开创自己的企业时，几乎每周都有人找他洽谈生意。也正是由于他刚开始创业，没有固定的盈利模式和运营模式，所以往往是同时谈几个项目，而哪一个项目都谈得不彻底。究竟先做哪一个项目，放弃哪一个项目呢？看每个项目都不错，犹豫不定，结果是多头出兵，资源分散，在左右摇摆中错失良机，一个项目也做不好。其实，在这些机会诱惑面前，能抓住一个机会做好就是成功！试想，你把钱都赚了，别人还赚什么？

职业经理人后发创业，人脉关系广泛，但诱惑太多，朝三暮四是不可能成功的。

（5）时间分散，精力分散

职业经理人创业之后，很可能还要做很多其他事情，把精力都分散了。一位颇有名气的专家型职业经理人在创业时，曾有很多人采访、约稿，更有出版机构约他写书、讲课、评审。这对他个人当然是机会，但同时也可能让他错失机会。因为企业初创，一切还都未定型，老板也只是工兵，过多的社交毕竟分散大量的时间和精力，可能用于自己企业的时间很少，这无疑加大了创业的时间成本和费用成本。他创三年的精力还不如别人一年的多，别人创一年的业，等于他创三年。这是最简单的可以量化的东西。你说他可能成功吗？时间分散，精力不集中是很难成功的。

而那些原发创业者，在最初创业时根本不可能有此众多分散其精力的“良机”，因此他们便能全身心地投入，专注创业。在一定时期内把有效时间积累够了，量变必然引起质变，成功也就水到渠成。

（6）管理高能，赚钱低能

管理重在约束、稳定、规范，追求绩效和效率，化繁为简是其突出特征；经营能力重在激励、创新、灵活，追求收入利润，无中生有、以小博大是其基本要素。高级职业经理人往往拥有很强的管理能力，然而企业在最初的创业阶段主要不是靠管理能力，而是靠经营能力。创业初期经营能力其实就是赚钱能力，需要你拳打脚踢挣来钱把公司养活下来。然而这些高级职业经理人往往恪守成熟企业或者成长企业的管理套路，过于按部就班，结果是企业的基础底子打得很牢靠，可往往没有等到开花结果便夭折了。而那些原发创业者由于根本没有考虑这些管理问题，或根本就不懂什么管理，只明白赚钱是硬道理，等赚到钱了再逐步解决管理问题，这样企业反而能生存下来。

用造船和开船来比喻，做职业经理人就是开船的，锻炼的是开船的能力，创业者是在造船，锻炼的是造船的能力；创业家就是造成了船给一个会开的人开，即给职业经理人开。当然，你造的时候肯定也会开，最后船大了，你没时间去开，或者开不好，就要去找一个真正的高手来开船。造船和开船需要的技能复杂程度是不一样的。创业老板需要经营也就是赚钱的能力，职业经理人需要的是管理能力。经营和管理完全是两个概念，一个是把复杂的事情简单化，一个是把没有的事情把创造出来实现 0 到 1 的质变。所以作为职场经验丰富的、成功的职业经理人，往往是管理能力强，赚钱能力弱。

（7）社会属性强，缩手缩脚

自然属性是人与生俱来的动物本能，社会属性则是相对于自然属性来讲的，是人作为社会群体组织中的一员，在后天成长过程中形成的知识、技能、意识、观念、信仰等等。目前虽然有很多有利于创业的政策环境，但是毕竟市场的发育程度还有待提升，社会属性越高的高级职业经理人，反而越容易被束住手脚，不能放手做事。他们同时还要考虑值与不值的问题，认为不赚够一定的数量就是赔的。过多地考虑机会成本也制约了创业冲动，加大了创业成本。自我心理设限，约束太多，思前想后就不敢创业了，创起业来也不能全身心投入。

而那些原发创业者，根本不考虑值与不值的问题，因为对他来说机会成本是零，干什么都一样，只要赚钱，赚多少都是赚。原发创业者在创业时社会属性也相对低，正所谓“无知者无畏”，因此能一猛子扎下去，反而捞到了第一桶金。

（8）见多识广，无所适从

高级职业经理人长期在规模企业工作，而且直接接触企业最前沿的经营实战，善于大兵团作战，大处着眼，高处入手，可谓见多识广，出手不凡。在其创业初期，往往也会沿袭这样的做法，但结果是，面对满眼赚钱的机会，他们就是抓不住，始终找不到切入点，徒然着急。

为什么会这样？因为初创企业的资金规模不够，甚至根本没有系统平台，没有成熟的配套作战团队，没有稳定的客户基础，企业没有运营惯性轨道，没有外部环境配套支持。在此情况下，还采用成熟企业的操作思路和手法是绝对不行的。所以，高级职业经理人在创业初期，总爱回忆过去运营大资金和大团队的豪气，感觉自己就像一只困在笼子里的老虎，有劲儿使不上。

（9）赢得起，输不起

职业经理人后发创业时，也许已经工作 10 年或 20 年了，与社会的关系程度高，从而有较广的影响。比如你有家庭的话，一旦创业，不但你的生活方式改变了，整个家庭都得跟着你改变。你上有老，下有小，还有很多跟你关联的人，你一旦创业失败，最后造成的社会波及面很大，所以你只能成不能败。这就叫赢得起，输不起。作为经理人后发创业，尽管是职场精英，关系广泛，但是经理人的资源都在人脉链上，不在资金链上。一旦没有资金，周围的人脉关系干着急，使不上劲，所以也输不起。而原发创业者不存在这个问题，他们本来就什么都没有，所以输的成本几乎是零。输了，就从头再来。

（10）试错成本高

创业就是试错。未来的风险都是不确定的，原发创业者也是一个一个地试错。其实每一位创业成功人士与其说他多么高瞻远瞩，发现了什么机会，不如说他是在不断地试错中进步。作为后发创业的人，其实也是在试错，而成功的职业经理人后发创业，试错的成本更高。越成功的人试错的成本越高，因为一旦失败，心情受挫，名誉受损，社会波及面也比较大；同时时间也不允许经理人有更多的试错机会，毕竟人生短暂，经理人已经年龄偏长。

（11）角色错位，利益失衡

这个问题一般不被关注。高级职业经理人的职业化习惯，使其角色定了型，即他在企业日常运营中，既考虑老板的利益，又要考虑员工的利益。就像一场排球赛，他就是中间的裁判，一边是老板，一边是员工。职业经理人长期的职业习惯，在老板利益和员工利益的博弈当中，取得了一种动态平衡，于是企业组织是健康的，能够在平衡中发展。但是高级职业经理人也容易把自己的这种职业习惯带到创业现场，自己还是站在裁判位置，在排球场的中间线。尽管自己投了资，朋友投了资，或者搞到了风险投资，但是这场球赛只在半个场地举行，没有老板，只有员工，员工的利益一拉他就跑到员工这边去，就是没有人替老板、替投资人说话。

尽管他现在是老板，但他的角色还是职业经理人。最后他跑到员工的半场，在半场中间当裁判，这个企业组织利益失衡，是不健康的，肯定无法前进。车不平衡要翻车，船不平衡要翻船。职业经理人在后发创业时因角色定位错误往往导致创业失败。

（12）缺乏必要的创业教育

目前是市场化的初起阶段，尽管很多人想创业，但整个社会还缺少创业经验的积累和知识的传授。可能有很多创过业的人来跟原发创业者讲创业，但是职业经理人在后发创业时，很少有创业家来指导，因为经理人大多都认为自己比老板高明，他也不会听老板的。我们看到的只是一个个鲜活的案例，这些案例有成功的，有失败的，很少人把这些案例的实质全面地总结出来，即使有人总结，也是支离破碎，甚至内容是片面的、错误的，对成功和失败的归因也是错误的，大都各执一词。其实，创业就像造船，它也需要必备的知识、工具和技能。

（13）创业环境恶化

我几乎每天都会见到创业失败归来的英雄。创过业，失败了也是英雄，我和这些英雄们聊天，分享他们创业的故事，而他们大多都谈到创业环境问题。

美国每年有4000万家新企业诞生，其中35万家能够破壳成长，概率是8.75‰，最后能站稳脚跟的只有4万家左右，也就是说，存活率只有千分之一。用我的话表述，每年新诞生的企业，能够活过婴儿期进入成长期的企业不到百分之一，能够进入成熟期的只有千分之一，就是这千分之一的企业为美国提供着新的就业岗位。在目前的中国，每年新生的企业能够进入成长期和成熟期的概率要比美国低多了，绝大部分企业都胎死腹中，或者死在襁褓中，死在刚刚萌芽的道路上。在这种为生存而战的企业发展道路上，能够活下来的民营企业纯粹是幸运，是万幸。创业老板们只凭发财的憧憬或干一番事业的雄心就开始了创业，但走下来后发现发财的道路和事业的征程异常艰辛，尽管政策环境向好，但客观环境的恶化对中小企业、民营企业的生存空间形成挤压，具体死亡数字上网一查便知。

客观上说，目前中央及各级政府的创业政策是好的，是积极的，是前所未有地支持人们创业的，但整体的创业环境是差的。原因是什么呢？

造成企业生态环境恶化因素太多了。要分解的话，可以辨析出很多表层的东西；但要高度归纳起来，就是人心，是人心共振的结果。几千年封建社会人们固有的传统惯性意识，陡然之间面对汹涌而来的资本，不知该如何是好，从而引起全社会几乎各个层面上的人们心理上的恐惧和焦躁。多种复杂矛盾心绪的纵横波交织在一起，带来人们思想的地震，而且是多层面立体的地震。尤其是当今国际环境多变和新冠疫情的影响，更使得民营企业举步维艰。

每个人的主观愿望也许都是好的，但好的愿望不一定有好的客观结果。也许正是一些好的愿望，合成了复杂恶劣的创业环境和民营企业的生态环境。抱怨是无济于事的，只能慢慢地适应和改变，相信面包会有的，一切都会好起来。复杂恶劣的民营企业生态环境也许正是中华民族崛起过程中必须付出的成本。

“后发创业”的三大原则

通过上面对高级职业经理人后发创业所遇 13 大障碍的分析，我认为高级职业经理人在后发创业过程中要牢记的原则如下。

（1）学会向自己妥协

人生在世，也许你低过很多次头，向很多人、很多事情低过头，但从来没有向自己低过头，从来没有向自己妥协过。这是由于你有坚定的理想和信念，你有成熟的价值取向。但是一旦投入到创业过程中，这些你原来固有的价值取向就不得不改变。尽管这非常难，但为了整个创业团队，你有时不得不这样做。所以，高级职业经理人在后发创业时，要做好改变自己价值取向的准备。既然你的角色变了，价值取向中的某些内涵也必须跟着改变，换句话说叫“背叛自己”。如果不能“背叛自己”，就说明你没能完成从职业经理人到创业老板的转变，你就不是一名合格的创业老板。如果你心里过不了这个坎，就不如退回去继续做职业经理人。

（2）学会专精，只做一事

创业其实很简单，就是专精经营。如一位很有名气的家电老板，就属于“五流”人才，初中没上完就出来创业。这时大多数人会继续上学，用 10 年读到硕士毕业，在学历上取得了成功。而这 10 年这位老板在干什么呢？没干别的，就卖家电。接着他又卖了 10 年家电。常说“十年磨一剑”，他 20 年还能磨不成？因此，他成了中国家电零售业的巨头。许多人都认为 GE 是多元化成功的典范，其实 GE 若不是韦尔奇上任以后把业务范围砍掉了 90%，也许早被多元化给拖死了。所以，尝试用一万种方法做一件事，就一定会做成。

（3）着眼西瓜，着手芝麻

高级职业经理人后发创业时，切忌沿袭企业成熟阶段的做法，要学会从大处着眼，从细小处入手。从大处着眼，就是要有战略眼光，入对行，做对事，要有战略雄心和构想，激励创业团队和自己。从细小处入手，就是要有弯腰捡芝麻的心态和做法。经理人原来抱西瓜是靠一个团队，靠一个平台，现在靠个人或者新的创业团队，抱一个西瓜抱不动，但是芝麻又不会捡：原来操作过大团队，赚过很多钱，现在再一分一分钱地赚，不知道怎么做。怎么办？西瓜抱不动，就一定要能捡芝麻，学会捡芝麻。只有这样，等芝麻捡多了，也就成规模了，这时再练抱西瓜的能力。有些高级职业经理人创业时总希望上来就抱西瓜，希望融进大规模资金。一来这不现实，二来若真的融进来了，你的角色也就又回到职业经理人了。

12

创业当老板十大核心本事

当老板究竟需要哪些核心本事呢？在这一篇，我结合自身的创业体验及接触到的诸多老板，来直观地把老板的核心本事描述出来。

创业是当今中国几乎每一个人的梦想，但要实现创业梦想，得需要真本事。经常有人嘲笑某老板："就那水平还当老板？"那只是看到了老板"菜"的一面，比如说话不行，学历不行等，但这些"菜"的一面不是影响做老板的关键要素。当老板的关键要素（本事）如下。

第一，超级强健的身体

经常有职业经理人到我这里咨询，打算创业。我就顺便问一句，你身体怎么样？回答：很好。我说有耐力型运动员的体魄吗？回答：没有。当老板首先是要有超级强健的好身体，这里说的好身体不是简单的没毛病，而是有耐力型运动员的身体素质。

创业当老板，必须是 5+2，白加黑，朝九晚五是普通员工的工作状态，996 是职业经理人的工作状态，老板则必须是 007。什么样的身体才能扛得住这样的劳动强度？一般人很难，必须得有超强的体力和耐力。这就是为什么很多优秀的老板是军人出身。网上曝光 70 多岁的任正非深夜一个人提着行李打出租车，王健林一天的超级行程安排，二者都曾是军人。分析军人身体好的原因，一是先天身体没什么毛病，二是后天持续的有规律的训练，把锻炼身体当成了习惯。

身体超级强健是因为什么？除了先天遗传因素外，更重要的是后天长期的体力锻炼和耐力训练。为什么说超级强健的身体是一种本事呢？因为，身体超级强健者，肯定能吃苦耐劳，有锻炼身体的好习惯，能够战胜自己。人的天性是懒惰的，身体超级强健者，都是能够战胜自己的人。一个慵懒的人不可能有超级强健的身体。很多人都把锻炼身体的计划罗列了千万次，甚至购置了健身器材、买了健身卡，但从来都没有付诸实践，或是虎头蛇尾，锻炼了两天就歇息了。所以说，拥有超级强健的身体，就是老板的第一大本事。没这个本事，要想创业成功，纯粹是做梦。有人对百位亿万富翁做过调查，发现他们共同的特点之一就是坚持锻炼身体。

作为人，身体健康是 1，其他都是 1 后面的 0。作为企业，老板是 1，其他要素都是 1 后面的 0。那么，作为企业老板的 1 是什么？就是超级强健的身体和维持强健身体的良好习惯。维持强健身体的背后，折射的是一个人对锻炼身体持之以恒的坚持，这需要耐力、毅力和强大的心志及梦想驱动。要把锻炼身体，培养成一种习惯。

第二，自成一体的穿透力

超级强健的身体是创业老板的第一核心本事，但仅有这个本事还不够，还必须有自成一体的穿透力。什么叫穿透力？就是对事物本质的认知。

我接触过很多老板，尤其成功的大老板，他们有一个共同的特点，就是具有穿透力，而且是自成一体的穿透力。纷繁复杂的事情，一下子就抓住本质和关键点，然后再抽丝剥茧地把复杂的问题解决了，这是一种非常重要的核心本事。

有一些人读过很多书，知识总量很大，知识结构很完善，但只是死的知识，不会活学现用，更不用说穿透了。这并不是说读书无用，而是说创业做老板必须要有穿透力。同等穿透力情况下，自然是知识总量越大越好，知识结构越合理越好；而且知识总量大，知识结构合理，更有利于形成自成体系的穿透力。有些学历羞涩的老板，虽然没有受过正规的学历教育，但后天的学习力特别强，尤其学习新知识能力强，因此，长期积累了足够的知识总量，再加上丰富的实践经验，穿透的事情多了，也就形成了自成一体的穿透体系，有了一套体系化的认知和改造事物的能力，老板把这种认知和改造事物的能力用来解决遇到的各种问题。这种本事是老板长期学习他人经验和自己大量实践后，经过持续不断地勤悟、深悟后概括总结，经过长期实践、思考，反复提炼，练就的一种认识世界征服世界的能力，既看穿了事物的本质，也能抓住事物的本质，有效解决问题。这种能力，既是一种思维模式，也是一种智慧，更是一种习惯。

第三，风险及机遇的预判力及决断力

做老板必须敢冒风险。敢冒风险不是盲目地冒险,而是要有风险预判。正因为老板有自成一体的穿透力，才能比一般人有更早、更健全的认知及风险预判体系。当别人未知时，已先知，提前布局行动；当别人狂欢时，首先发现风险，提前撤退，避免危机；在人们普遍认为危机来临时，不仅不恐慌，反而因穿透力，从容应对，在危机中寻找机会，抓住机会。这是老板的又一核心本事。

但老板在预判风险及机遇的基础上还要有另一核心本事，就是决断力。看到机会，就大胆行动出击，这是一种勇气、胆略和担当，也是一种度的把握。有些人也有穿透力，但穿透了，不决断，犹豫不决，错过了大好时机。该进击的时候犹豫不进，丧失机遇；该退的时候犹豫不退，身陷危局。能够练成这本事，既是性格使然，更是长期成长环境的熏陶，是后天日积月累的修炼，及对名利的淡然态度。所以，决断力是做老板的一种核心本事。

做老板往往有很强的风险意识，既要有一叶落而知秋的敏锐洞察力，又要有果敢的决断力，同时也要有承担风险的勇气和魄力。这才是老板应有的本事。王健林讲过自己有两成把握就敢投资，这就是风险预判和决断力的关系。李嘉诚在风险预判方面更是令人赞叹不已。其实做老板，每天都会遇到需要决断的事，这其中就涉及对风险的预判和迅速做出决策的能力。

第四，坚强的意志力

创业做老板尽管需要有穿透力、对风险及机遇的预判力以及果断的决断力，但是，这还不能保证事情一定能成。凡事都有运气的成分。什么是运气？我们每个个体，甚至一个组织，包括人类自身，对我们所处的市场、社会、自然界等的认知都是非常有限中的有限，那些未认知的东西同样在做事过程中会起作用。如果起好作用，事情成了，就是好运气；如果起负向作用，导致事情失败，就是运气不好。对那些不能把握的事情，失败了怎么办？做老板，必须学会坚强应对。其实创业做老板，不是天天面对成功，而更多的是面临失败和问题。

古人云：福无双至，祸不单行。创业做老板更是如此，人多事多问题多，好事不会双喜临门，但问题及失败来了一个后，会接二连三地来，怎么办？只有一种办法：应对，练就良好的心态，从容应对。

每天面对无数的问题和失败，必须要有好心态，尤其面对那些突如其来的意外，更不能急，不能乱了阵脚，必须练就坚强的意志力，应对各种复杂变量。所以，坚强的意志力也是必有的一种核心本事。

第五，能量满满，始终激情澎湃

创业做老板，拥有抗拒挫折和失败的坚强意志力还不够，还必须在挫折和失败面前有好状态，这个状态就是始终激情澎湃，能量满满。只有这样的状态，才能不惧失败和挫折，才能把失败的大门关闭，把成功的大门打开。一切事以解决问题的理念、思路和方法来做，问题早晚会得到解决。俗语称：问题像弹簧，你强他就弱，你弱他就强。另外，老板只有能量满满且持续激情澎湃才能影响和带动团队去解决问题，才会最大限度地汲取社会资源，把事情做成，合作方才会有信心把事情交给你做。所以，老板必须能量满满，始终激情澎湃。怎么做到这一点？这就是老板的本事，是理想、信念、强健的身体以及其他因素的共同作用，总之是一种精气神，是一种压倒一切困难的能量场和气息。

我曾描绘过一位大老板的状态：荒无人烟的沙漠地里回响着“我要征服全世界”的呐喊，循声望去，发现是从一间钢铁水泥铸就的密不透风的地宫里挤出来的。走过去，打开地宫坚固的大门，发现空荡荡的大屋子里，放着一个上了大锁的大铁笼子，笼子里蜷缩着一位四肢全部被捆绑不能动弹的人，脑袋也被固定着，眼睛被蒙着，耳朵被捂着，只留一张嘴。而“我要征服全世界”的呐喊就是从这张嘴里发出的，而且声音充满了激情、力量及自信。这个被捆绑的呐喊者就是老板。这是何等的信念，这本事需要什么样的身体机能和外部机缘才能修炼成？

第六，知进退

创业当老板，除了要有抗拒挫折失败的坚强意志力及持续激情澎湃的状态外，还要有进退有度的本事。这本事是一种智慧。作为个体，也许可以任性，但作为老板必须以大局为重，知进退。该进的时候，勇敢进击；该退的时候，毫不犹豫地退守。这就是长期在生意场练就的智慧，是对度的把握，切不可为了贪小利而忘大危险，也不可惧小难而舍弃大机遇。当老板一定要明白“留得青山在，不怕没柴烧”的哲理。

李嘉诚进退有度，是创业做老板的楷模。你是老板，你要有责任感，你要对全员负责，对顾客负责，对供应商负责，对社会方方面面负责。做了老板，才能真正知道什么叫社会责任。有了这种社会责任，为了企业组织，你有时不得不背叛自己，因为有更大的“我”需要你牺牲小我。因此，必须要把握住进退的度。

第七，搞人的本事

做小生意靠自己辛苦，但要把生意做大，必须靠人才。老板搞不定人，是不可能把生意做大的。笔者与这个时代里各个年龄段有代表性的老板大都有过接触，发现大老板都有搞人的本事，有把人搞进、搞顺、搞成、搞走的本事，有天下英才不归我有但皆归我用的人才理念，大多都有识人、选人、用人、留人、辞人的本事，知道如何让员工充满希冀而来，全情投入干事，感恩微笑着离开。

凡是成就大事业的老板，不是企业发展起来了，赚钱了，才去招揽优秀人才，而是创业初期一无所有时，就凝聚了优秀人才，比如马云的十八罗汉，复星的四剑客，腾讯的五虎将等，正是老板最初凝聚了优秀人才，才创造了伟大的事业。看一个老板能否成大事，有一个重要的视角就是看老板用人的理念、眼光以及凝聚人才的水平。

当然，老板的时间精力有限，根本搞不了那么多人，或自己搞人的本事有限，那怎么办？找到能搞人的人来搞人。只要把这个能搞人的人搞定就行了。这也是老板的核心本事。刘邦、刘备都是这方面的典型代表。

第八，赚钱的本事

创业必须赚钱。如果不赚钱，那与慈善机构有何区别？老板前面的本事都具备了，还得练就赚钱的本事。赚钱是老板最核心的本事，老板必须练就发现赚钱生意的眼光，同时能够快速决断，调动资源，赚取最安全最大的利润。这些赚钱的本事都是靠老板的直觉和智慧。如果老板没有这样的本事，赚不到钱，谁会跟着你干？

第九，分钱的本事

赚钱不易，分钱更不易。老板赚了钱，如果不分钱或不会分钱，也同样没有人跟随。分钱是胸怀和格局，更是智慧和艺术，这是老板的必备的核心本事。分钱的最高水平是分得大家都满意，并能为赚取下一笔钱而继续高兴地奋战。不会分钱，即使把钱都分了，也会有人不高兴，甚至所有人都不满意。分钱的艺术就是满足人们欲望程度的艺术，分钱的过程就是管理人欲望的过程。华为任正非舍得分钱，但分钱后，又通过股权激励手段把钱都收了回来，大家都又把钱、资源、时间、精力重新投入下一年度的战斗中来。这就是分钱的艺术。

第十，激励全员奋斗的本事

创业做老板不是一个人单打独斗，必须是团队成员全力以赴地奋斗。激励全员不是一味地许诺。刚开始创业的时候，啥都没有，拿什么许诺？拿什么兑现？所以创业当老板必须练就在不同时期、不同阶段、不同环境下，都能找到最能激励全员忘我奋斗的本事，让大家一直拼搏在奔向未来的路上。如果员工赚了钱后，成为富裕员工怎么办？如何让富裕员工持续拼搏奋斗，这更是老板必须练就的核心本事。创业做老板，就是带领全员一起经营未来，分配理想，享受艰辛创业的过程。这才是真正的核心本事，这个本事从组建队伍的那一天起就得有，到企业关门破产时还得发挥。没这个本事，一边歇去吧。

13

通往圣殿的云梯

你不是天才，那么你如何才能创造和天才比肩的成就，甚至比天才创造更重大更长久的贡献？譬如说不幸地站在牛顿身旁，那么能打败他的肯定不是高度，而是长度。做到这一点的还实有其人，就是奠定了化学基础的科学家波义耳（1627~1691）。从生卒年来看，波义耳与牛顿（1643~1727）同时代，但比牛顿略早，与牛顿有众多交集。看懂了波义耳，你就看懂了如果自己不是“牛顿”，职业生涯该怎样走。

国际环境的变化、经济环境的波动、新冠疫情的暴发等等，导致很多百万年薪乃至千万年薪的职业经理人，较长时间歇业在家，无所事事，慨叹着自己还年轻，还不到退休年龄，该干点啥？真的退出舞台了吗？在此我讲一位历史人物——化学学科的创立者，英国科学家波义耳的职业人生，也许能给迷茫中的你点亮未来步入圣殿之路。牛顿能做到的，你努力不一定做到，因为牛顿是天才；但波义耳能做到的，你努力肯定能做到，甚至做得更好，因为波义耳资质平平，职业经理人的你资质肯定好于波义耳。那波义耳是怎么做到的呢？

波义耳都做了哪些牛事？

波义耳没有牛顿有名，但他比牛顿还牛的地方，在于他为人类奠定了一个大的科学门类：化学。牛顿更多是集大成，而非奠基和开创（他的开创，几乎都伴随争议）。而且，波义耳这一奠定，可不比亚里士多德的两千年前到处都是处女地，而是人类已走入近代科学的时候，是和牛顿同时代，是和天才同时代，而且是和一群天才同时代——而他自己，却并不是天才。

那么，波义耳都做了哪些很牛，甚至比牛顿还牛的牛事？我们不妨来扼要地历数一下。

先说大家耳熟能详的波义耳定律。波义耳定律是第一个描述气体运动的数量公式，为气体量化研究和化学分析奠定了基础。

波义耳还率先提出了化学元素的概念。同时，他首先提出了微粒说，牛顿是后来在他的基础上发展了该学说。

影响至今的物件上，波义耳成功研制石蕊试纸，至今广泛用其测试溶液酸碱性。记载着现代人类文明的钢笔墨水，也是波义耳发明的。波义耳还在化学实验中发现硝酸银白色沉淀物遇空气会变黑色，这是后来照相技术的基础。

此外，波义耳首先将化学分析方法用于临床医学，证明了血液中含有氯化钠和铁。

波义耳还干了一件超越牛顿的牛事，那就是对英国皇家学会做出了无可替代的贡献。波义耳是英国皇家学会的倡议者，也是三个主发起人之一。英国皇家学会是人类迄今为止历史最悠久、从未间断的唯一科学学会。

另外一处超越牛顿的，在于波义耳还是一名预言家。他对未来的 24 项愿望清单如今有许多已经实现了，包括延长寿命（当时人均寿命只有 40 岁）、植牙、整容、器官移植等。

波义耳与牛顿迥异的职涯走势

胜负，还不仅是在学科开创层面。笔者所谓波义耳在长度上超越了牛顿，怎么讲？其实波义耳也没有牛顿长寿，他只活了64岁，而牛顿活到了84岁，相差达20年。但是，波义耳为人类做贡献的“有效寿命”，可大大超过了牛顿！

波义耳是牛顿的前辈和朋友，比牛顿年长16岁。波义耳的职业生涯走势是沿一条主线一直呈上升趋势，而牛顿则是中途戛然而止。二者相差迥异，非常值得当代人研究和玩味。

二者的职业生涯同龄起步。同是18岁，波义耳在自己的庄园里建起了化学实验室，开始化学实验。同岁，牛顿走进了剑桥大学三一学院，学习数学。但后面，就不一样了。

（1）波义耳走出了一条一直上升的职业曲线

波义耳23岁开始关注空气，34岁完成波义耳定律实验，35岁发表波义耳定律。34岁，波义耳的代表作《怀疑派化学家》正式出版，一举成名，此书出版被定义为化学元年。39岁，发表了《物质形态的性质与起源》。46岁，波义耳根据实验发表《关于火焰与空气关系的新实验》，揭示空气是燃烧的必要条件。53岁，从尿中提炼出磷，发表《夜光气》，晚年主要研究磷，以致劳累中风。54岁，《化学悖论》出版，是对火进行了14年研究后的成果。57岁，出版《人血的自然史略》这部医学著作。58岁，发表《矿泉水实验研究史的简单回顾》，描述了一套鉴定物质的方法，成为定性分析的先驱。63岁，出版《静流医学》，测得众多金属的比重。64岁，出版《物理学的观察与实验》，当年去世。

波义耳的职业成就，全部是勤勤恳恳做化学实验得来的，没有半点的天赋成分。每项重要研究，大多花费了10年以上。62岁后，自知身体实在不行了，波义耳谢绝一切社会应酬，还是顽强地出版了两本著作。这是何等的毅力和科学精神！

（2）牛顿走出了一条多领域交混的职业曲线

牛顿自18岁起，即展现出超级天才资质，而且几乎是全才般的天才。22岁，创立微分学。23岁，创立积分学，并在万有引力定律研究取得重大突破。24岁，担任大学研究员。26岁，发表《分析论》，担任数学教授。27岁，发明反射望远镜。29岁，成为皇家学会会员。43岁，《自然哲学的数学原理》出版。46岁，代表剑桥大学成为国会议员。53岁，担任皇家造币厂的监造员。56岁，成为皇家造币厂厂长。58岁，代表剑桥担任下议院议员（类似政协委员）。60岁，担任皇家学会主席。61岁，旧作《光学》出版。62岁，被封为爵士。84岁，去世，享受国葬。

牛顿的所有科学研究发现几乎都在30岁前完成。虽然61岁出版了《光学》，但也是牛顿30岁前的研究成果，因胡克作梗，牛顿一直忍着，直到自己当上皇家学会主席后才出版。就连《自然哲学的数学原理》这部鸿篇巨制，整理的其实也是他30岁以前的研究成果。假若没有哈雷的督促、协调、帮助，牛顿中年连这本书都不会有。因此说，30岁后的牛顿，学术研究几乎为零。

（3）波义耳和牛顿的职业取向差异悬殊

牛顿30岁后，功成名就，长袖善舞，参与政治，追逐名利，尤其62岁被封为爵士到去世的22年时间内，占据着皇家造币厂厂长和皇家学会会长两个重要职务，是第一位享受了国葬的科学家。这期间他不仅在科学上没有任何成就，而且居然是皇家学会人数最少、人气最低的时期。

恰恰相反，波义耳一生专注化学实验，虽然他是皇家学会主发起人，但他却连成立大会的典礼都不出席。后来人们推选他为皇家学会会长，他也坚持拒绝就任。可见波义耳淡泊功名利禄，对权力丝毫没兴趣。

后半生，两人同样是关注炼金术，牛顿研究了30多年没有任何发现，但波义耳很快有了对人类科技发展产生重大影响的众多发现。比如波义耳推翻了传统的关于硫、汞、盐三元素的说法，提出了化学元素概念；又比如发现硝酸银白色沉淀物遇空气变黑色，为后来的显像技术奠定了实验基础；再比如，波义耳提出了酸碱盐等化合物分类，是对化学学科的重大突破。

可以说，波义耳一生虽然比牛顿少活了20年，却比牛顿在科研上多干了30年。而牛顿，却在科研上虚度了整整半个世纪！

为何两人职涯走势截然相反？

任何事情的发生都是偶然中的必然，必然中的偶然。波义耳为什么会走上化学实验这条道路，并终其一生将精力和时光致力于此呢？为什么牛顿走出了权力、荣誉、财富相交的职业发展之路呢？

两人虽然都是终身未娶，但人生走向完全相反，而且几乎是在成年前就注定了。

牛顿是从最艰苦的环境中成长起来，此后通过个人奋斗，生活环境逐渐变好，以至于后期有条件追求多元的职业人生。所谓最艰苦，是因为牛顿生下来就是苦命孩子，几乎经受了孩童时代的所有苦难：遗腹子，父爱缺失，3岁时母亲改嫁又和继父生了三个孩子，11岁时继父去世。牛顿就这样和自己同母异父的三个弟妹与妈妈一起住在外婆、舅舅家里。这种寄人篱下的生活，只有“享受”过的人，才知道是什么滋味。牛顿作为长子到学龄时，妈妈不仅供不起他上学，还想将他作为家庭劳动力使用。但牛顿太爱学习了，所以他的妈妈在痛苦的纠结中，让牛顿的学业断断续续。牛顿生活在这样的家庭环境，必然会经常遭受同龄孩子们的欺凌。

试想，这样的孩子会是什么心态？在牛顿幼小的心灵里，渴望的是荣誉和尊重，是财富和权力，是世俗世界的一切东西。所以，在30岁获得足够的名声后，他就开始追求权力、财富了。这就是补偿心理。牛顿一生是什么都想得到，而且一旦到手，死不松手。

而波义耳正相反，他在早年什么都有过。

波义耳出生在富贵之家，其父是爱尔兰首府科克郡的伯爵和首屈一指的富翁，是伊丽莎白时代的一位冒险家，子女14人，波义耳排行老幺。3岁时，波义耳的母亲去世。因为体弱多病，他少年的心灵里，扎下了要在医学领域里做一番事业的梦想。他17岁时，父亲在英国内战中牺牲。没了双亲，这对他是一个致命的打击，从此他决定远离政治。他年纪轻轻就经历了人生的诸多风雨：体弱多病，双亲早故，少年阔绰却江河日下，而且看到政治的极端形式——战争带来的生灵涂炭。因此，波义耳厌倦政治、战争，对权力和财富也看得很淡，一切皆空。这一点有些像贾宝玉。

一个17岁的有志青年，既不追求财富，也不热衷权力，总要有个人生出口。当时英国自然科学热潮正兴，波义耳在关注研究医学的同时，发现很多问题本质是化学问题，而且化学当时还有很多错谬，十分粗糙。建立在粗糙、错谬甚多的化学基础上的医学，怎么能有良好的发展？而化学问题是需要实验证实，而不是数学学科的逻辑推理。就这样，波义耳在未成年时，就决心走上化学实验的道路。正所谓十五而志于学。

波义耳走上化学实验道路，还有一客观物质基础：父亲牺牲沙场后，他继承了一大笔遗产，分得了伦敦一处庄园。他18岁时就在自己的庄园里建起了化学实验室。在这个实验室里，他召开了很多科学沙龙，因此，他的庄园聚集着当时英国最有才华的自然科学家。这就有了后来皇家学院的成立基础。

波义耳之所以只干化学一件事，还因为他资质平平，能把化学实验这一件事干好就不错了。而牛顿则是天才，而且是全才，所以一生干了很多事情。但牛顿式天才百年遇不上一个，而波义耳式天资却是生活常态。自然，对我们更有启发的，是波义耳。

波义耳值得今人学习的职业亮点

（1）坚定的理念

波义耳走上化学实验这条道路，是有自己完整清晰的逻辑理念：看淡了财富、权力、厌倦了政治、战争，一门心思做那个时代最蓝海的自然科学。他选准趋势热点，这个热点一直持续到17世纪末。由于自己早年体弱多病，再加上母亲早逝，很早就想从事医学，随后发现医学的基础问题是化学问题，而化学地位卑微。这就有了使命和方向，使波义耳决心通过化学实验来验证一切，彻底提升化学的地位。因此，他提出了实验才是真正的科学理念，树立了要把化学变成科学的梦想。从这个理念出发，他的一切科学研究都是建立在实验基础上，不仅18岁便建立起自己的实验室，而且这种理念还深深地影响到他的助手胡克，就是发表胡克定律的那位实验天才。正是由于坚持实验的理念，才有了波义耳的所有科学成就。

现在很多职场人，没有完整而系统的思想体系来指导自己的职业发展，只是跟风随流，人云亦云，所以很难有职业成就。成大事者，必须有自己完整的职业理念。

在这方面，笔者将其比喻为选山头和攻山头，分为六级。既能选对山头又能攻上山头，这属于一等一的顶级人才，像波义耳就是这样的人才，属于有坚定职业理念之人；第二等级的是不会选山头，看他人选的山头不错，自己就开始攻这样的山头，并把山头攻下来；第三等级，他人规定一个山头，自己攻下山头来；第四等级，在他人指定山头后，并在他人的指导督促下，把山头攻下来；第五等级，只会选山头，但不会攻山头，无论如何也攻不下山头，坐而论道者；第六等级，既不会选山头，无论如何也不会攻山头，攻不下山头。你是哪一级？

（2）挚爱精神

波义耳为了自己挚爱的化学事业，可以舍弃一切。

有清晰的理念，才会有执着的精神。波义耳讲过：“化学到目前为止，还是被认为只在制造医药和工业品方面具有价值。但是，我们所学的化学绝不是医学或药学的婢女，也不应甘当工艺和冶金的奴仆，化学本身作为自然科学中的一个独立部分，是探索宇宙奥秘的一个方面。化学必须是为真理而追求真理的化学。”波义耳能有如此的化学认知理念，折射出他对化学的挚爱，把化学变为科学的崇高的理想和使命感。

因此，波义耳挚爱化学，挚爱实验，把化学上升到真理的高度来认识，因有此崇高的认识，才能一辈子坚持在化学领域耕耘，耐得住寂寞、禁得住诱惑。从 18 岁建起自己的化学实验室，一直到 64 岁去世，46 年人生岁月里，波义耳能如此持久地专注一件事，而且是全身心地做化学实验研究，他已不是简单地工作，而是为了理想和信念。

正是由于波义耳对化学充满神圣般的挚爱，所以他满脑子都是化学实验，每根神经都是为挑战化学世界的未知而绷紧的，满眼都是化学奥秘等待揭开。因此才有了他在实验室里，由于身边的君子兰无意溅上实验溶液变红色，从而发现了石蕊遇酸碱的颜色变化，进而制作出测试化学物质酸碱性的石蕊试纸的成就。也正是这种宗教般的挚爱，才使他在助手拿错了做实验的溶液时，对错误实验带来的黑色结果感兴趣，有了墨水的发明。

在当今快速变化的时代，职场人普遍干什么都缺乏耐性，没有定性。其根本原因，还是缺乏对自己所从事的职业的挚爱，只是一味追求所谓形式上的成功，追求金钱财富，所以，一辈子都在追逐之中，始终无法达到事业突破，财富也收获寥寥。因为缺乏这种挚爱，即使机会到了面前，也往往视而不见，因为机会都穿着一套不经意的外衣，甚至长着一张失败的面孔。所以，缺乏对事业挚爱的人，只盯着所谓华丽的成功、绚烂的财富，根本不可能耐着性子做事，观察事情过程中每一个细微之处。因此，心虽向往，但事与愿违。

其实，波义耳天赋普通，资质平平，做个实验都做不好，还是到牛津大学招了个实习生，帮他完成了实验，才发表了波义耳定律。他以普通的禀赋、平平的资质，竟然奠定了人类最基础的三大自然学科之一——化学，靠的是什么？就是前面讲到的坚定的职业理念和挚爱的职业精神。有此两点，你也能像波义耳一样，站在人类文明的圣殿上。

后　记

这是一本写给经理人和有志于在未来做经理人的年轻人的书，溶入了作者本人三十多年来职场奋斗的切身感受和体会。

职场，首先是个搏击场；职场中的职业经理人，则是这个搏击场的核心斗士。那么，怎样凭借经理人这一舞台实现自己的人生理想，怎样为股东创造价值，怎样妥善处理企业中纷繁复杂的人际关系，便是每一名职业经理人不得不时时面对的问题。

本书讲了经理人从选老板、选企业，到融入企业，舞动权杖，再到与老板发生冲突之后彷徨离职，离职后创业过把瘾的一个轮回。

这一轮回，可谓惊心动魄。这就是市场竞争，有惊心动魄，才会有未来的波澜壮阔。经理人和创业老板一样，都是这个伟大时代的精英群体，他们的奋斗融进了时代的旋律，构成了这个时代的最强音。也许若干年后，没有人记得他们中的个体，但正是这众多的个体，才构成了强大的群体，成为这个时代的先驱，甚至是先烈。他们用辛勤、忍耐、付出、智慧、超越、创新等元素，推动着这个伟大的时代滚滚向前，谱写着时代的篇章。这其中，也一定有人会像400多年前的波义耳一样，在通往人类文明圣殿的云梯上攀登。

五十年后，一百年后，当人们回首中国改革开放最初三十多年的累累硕果，其中一项就将是职业经理人队伍的形成和壮大。中国第一代职业经理人作为一个整体，必将写进中华民族崛起的辉煌篇章。

景素奇

2021年5月